新怀疑论

探究与可靠知识

The New Skepticism

Inquiry and Reliable knowledge

[美]保罗·库尔茨（Paul Kurtz） 著

郑 念 译

潘 涛 校

上海交通大学出版社

内容提要

本书系"科学思维书架"之一。作为保罗·库尔茨世俗人文主义理论的哲学起点,本书回顾了历史上的怀疑论流派及其表现形式,考察了可靠知识、推理、主观性、客观性、想象、伦理等哲学家们一直关注的主题,指出人类应运用科学探究的方式和准则来反思哲学、人类历史和人类社会领域的各种现象,并最终回归到善行慧。作品构成了对生命的意义和如何过一种正面的、有价值的生活的积极思考。

The New Skepticism, Amherst, NY: Prometheus Books, Inc. Copyright © 1992 by Paul Kurtz. All rights reserved. Authorized translation from the English-language edition published by Prometheus Books.

本书中文简体版专有出版权属上海交通大学出版社,版权所有,侵权必究。

上海市版权局著作权合同登记号:图字 09 - 2019 - 755

图书在版编目(CIP)数据

新怀疑论:探究与可靠知识/(美)保罗·库尔茨(Paul Kurtz)著;郑念译. —上海:上海交通大学出版社,2021
(科学思维书架)
ISBN 978 - 7 - 313 - 24127 - 6

Ⅰ.①新… Ⅱ.①保…②郑… Ⅲ.①怀疑主义-研究 Ⅳ.①B083

中国版本图书馆 CIP 数据核字(2020)第 249098 号

新怀疑论：探究与可靠知识
XINHUAIYILUN：TANJIU YU KEKAOZHISHI

著　　者：[美]保罗·库尔茨(Paul Kurtz)　　　译　　者：郑　念
出版发行：上海交通大学出版社　　　　　　　地　　址：上海市番禺路 951 号
邮政编码：200030　　　　　　　　　　　　　电　　话：021 - 64071208
印　　制：苏州市越洋印刷有限公司　　　　　经　　销：全国新华书店
开　　本：880mm×1230mm　1/32　　　　　　印　　张：9.125
字　　数：208 千字
版　　次：2021 年 3 月第 1 版　　　　　　　　印　　次：2021 年 3 月第 1 次印刷
书　　号：ISBN 978 - 7 - 313 - 24127 - 6
定　　价：78.00 元

版权所有　侵权必究
告读者：如发现本书有印装质量问题请与印刷厂质量科联系
联系电话：0512 - 68180638

谨以此纪念国际探索中心创始人、主席、世俗人文主义之父，我的师友，保罗·库尔茨先生

编 委 会

科学思维,开启智慧的钥匙

一

信息社会、全媒体时代,人人都是传播者,又是信息接收器,自媒体无处不在。这就会导致两种不同的情况:一是话语权的分散和民主意识的觉醒;二是权威话语权的缺失,甚至谣言满天飞,真假难辨,敢说大话假话的人到处忽悠人,骗钱发财;迷信与伪科学搭上科学的便车;主流价值观难以树立,文化冲突日益加剧。

在这样一个时代,人们面临的最大挑战是什么?换句话说,这个时代带来的最大问题是什么?最大风险又是什么?显然,光有知识是不够的。"有知识没有智慧,知识是干枯的",智慧就意味着正确的方法和思想。因此,只有达到学、知(思)、行的统一和结合,才能满足时代的需要和体现素质的内涵,也才是具备科学思维的表现。

科学思维的本质是理论和证据的协调。从科学理论的演化角度讲,科学思维有两个阶段。一是研究阶段,即设计实验并检验理论;二是推论阶段,即将所得到的结果解释为支持或拒绝理论的证据,并在必要时考虑备选解释。科学思维的内涵是科学精神和科学方法的统一。科学精神可以概括为科技共同体在追求真理、逼近真理的科技活动中形成的一种独特气质,包括探索求真的理性精神,实验取证的求实精神,开拓创新的进取精神,敢于怀疑的批判精神,竞争协作的包容精神,执着敬业的献身精神。科学方法则是科学探索中所使用的理性思维方法,包括实验、观察、逻辑、归纳、演绎、统计分析、社会调查、评估和判断等。

科学思维有助于我们正确地认识世界和改造世界。科学思维作为正确的思维模式和思维方法,为我们正确认识和改造世界的活动提供了思想武器:一方面,我们可以自觉地遵循形式逻辑的要求,反对相对主义、诡辩论等错误;另一方面,我们还可以运用辩证方法,去反对形而上学思维形式和思维方法,用联系、发展和矛盾的眼光看问题,全面动态地把握世界。

科学思维促进各门学科的发展。现代科学的发展离不开正确的思维模式,科学思维能够使我们判断事实是否与理论相符合,有利于我们综合运用各种科学思维方法,面对新情况,解决新问题,从而有所发现、有所发明、有所创造。自然科学各门类学科的产生和发展都离不开科学思维的推动。

科学思维是人们思想交流的基础,也是公民科学素质的重要内核。人与人的交流离不开正确的思维,科学思维就像融合剂,不同民族和信仰的人们可以在科学知识的世界中和谐共存;科学思维是精确的、可以检验的,有普遍的适用性,所以,它能使我们了解假设和推论、臆断和证明之间的区别,能帮助我们增强辨别能力;科学思维还可以帮助我们正确地对待“思维定势”:一方面利用思维定势快速解决问题,另一方面又不被思维定势的负面影响所左右。

科学思维可以让我们正确对待未知,避免陷入无端的惶恐。如果人类生活在一个自己难以理解的世界上,就如同将动物转移到陌生的环境里动物会惊恐一样,人类也会因经常性的惊慌失措而苦恼。现代社会虽然科技发展日新月异,但仍然充满未知。面对未知的情况，如果缺乏科学知识就会被所谓的神秘现象困扰，进而导致杞人忧天，传谣信谣，引发群体性恐慌。面对未知，如果我们具备基本的科学思维，就可以运用简单的方法加以评估和判断，就可以正确应对，避免恐慌。

科学思维可以帮助我们自觉地掌握正确的思维方法和工作方法，尤其可以帮助我们养成良好的思考习惯，不为一时的假象所迷惑。在实际工作中，尽管科学的思维方法不能确保每项工作都取得成功，但毫无疑问，科学思维一定比其他思维方法更可靠，可以使我们少走弯路，尤其在某些现象较为复杂、谬误来源极多的学科中，运用科学的思维方法就显得更加重要。这是因为，与科学思维相伴随的科学方法，可以使我们正确地预测未来，把握方向，因而可以减少盲目性，减少对未知的恐惧。

现实社会中，很多求助于神灵的民众，正是不能很好地运用科学思维和方法，而对未知产生恐惧，于是转向超自然的神秘力量。殊不知，正如《国际歌》中所唱的，"从来就没有什么救世主，也不靠神仙皇帝，要创造人类的幸福，全靠我们自己。"马克思主义者历来用唯物主义的认识论，用科学的思维方式作引导，唤醒民众，才能打破旧世界，创造新社会，实现人类共同的美好理想。正是由于中国共产党坚持以马克思主义作为指导思想，才使中国发生了翻天覆地的变化。在实现中华民族伟大复兴中国梦的过程中，我们要进一步发挥正确理论的指导作用、科学思维的认识功能、科学方法的解决问题功能，以不断解决发展过程中的矛盾、问题，克服不平衡、不充分发展现象。科学思维不仅是科学研究和探索中的正确思维方法，同时也是解决社会发展问题的法宝，是开启智慧的钥匙。

二

在人类文明的发展历程中，人们对宇宙和自然充满好奇，并始终保持着求解未知、探索未来、揭示神秘的浓厚兴趣。正是这种好奇和兴趣，成为人们探索自然、社会和人类自身的不竭动力。人类社会在与大自然进行斗争的漫长岁月中，不断适应、选择和进化，逐渐形成不同的知识体系、认知方法和理解途径。纵观人类社会发展的历史，在探索自然、社会的过程中，思维的发展对于知识体系的形成和接近真实的反映，具有重要的意义。正是科学思维的形成，才使人类的认识朝着揭示事物真相的方向发展，才导致科学知识体系的产生。尽管与人类社会的历史相比较，科学的思维方式和知识体系、认知方式和理解途径产生的历史很短，但是，科学技术的发展却很快，与之相应的知识体系、认知方式和思维形式，已经成为探索未知、揭示真相和实现创新的主要路径，成为推动世界发展的主要力量，成为人类社会发展的巨大动力。

翻开人类社会发展的历史，我们发现，我们的祖先付出了无数的艰辛、努力和牺牲，经过数千年跨越民族界限的积累，才有今天的进步，使人类从懵懂走向成熟、从迷信转向科学、从人身依附达到自由发展！我们这些当代的继承者，当然不能无视先贤的努力和辛劳，拾其糟粕，丢弃精华，重新陷入迷信的泥淖，失去探索前进的动力，并使我们的后辈重新陷入迷茫之中。因此，我们有责任、有义务、有能力，把人类的优秀文化遗产、科学发现、宇宙真理传承下去，让后辈沿着先辈的正确轨迹前行，站在巨人的肩膀上，看得更远，走得更好。对此我们应该有清醒的认识，才能做到在继承中创新，在创新中发展。

从知识体系来看，人类社会通过长期的创造和积累，逐渐形成了科学、非科学和伪科学的知识体系。

　　科学的知识体系包括科学知识、科学方法、科学精神和科学思想，以及由此产生和转化而来的技术知识、工程、方法和思想。其中的每一个方面都是一个知识系统，都是科学知识体系在不同领域的运用，都是构成科学知识体系的重要内容。科学知识体系内容丰富、结构复杂、思想精深，是到目前为止人类在探索自然、社会和人类自身发展中所取得的最先进成果，已经成为一个国家、民族和地区发达水平、文明程度的重要标志。不同国家和地区发达的程度、发展的快慢、前途的好坏，在一定程度上取决于对这些先进成果的理解、继承和运用，取决于对现有科技的掌握和创新，取决于未来科技新知识的创造、生产和使用。而要真正实现继承和创新，就要不断提高公众的科学文化素质，让更多的人理解、支持科学事业，积极投入科学探索的行列中，并不断取得新发现、新理论和新成果。所以，我们不仅要继承和传播现有的科技知识体系，还要培育科技事业的接班人，培育科学探索的下一代。现代社会是学习型社会，普及科学技术是一个终身教育和学习的任务，科普教育是整体教育的重要组成部分，基于教育而又不囿于教育。科普就是要唤醒公众学习科学技术知识的主动性，提升科学探索的热情，克服迷信和对未知的恐惧。正是科普的这种功能，把教育和学习延伸到全体公民，延伸到人的一生，延伸到学校的围墙外。

　　非科学知识体系包括宗教、艺术、文学和习俗。所谓非科学主要指其获得知识的方法不依赖于科学方法，形成的知识不可检验，大多数结果不可重复。比如宗教的知识体系、艺术的成就和成果、习俗方面的地方知识和隐性知识，都是非科学知识体系。但是，我们要注意的是，非科学知识并不一定是伪科学，有些知识不能被科学检验，但并非没有用，有些技术可以通过师带徒或者通过体悟、"修炼"和训练的方法获得,有的习练者甚至可以取得一定的成就,但由于难以模式化、定量化和智能化,仍然不符合现代科学发展的范式,仍然存在风险和不确定性,不适宜进行广泛推广和传播,不能作为科普的内容。

伪科学知识体系则是指科学技术研究过程中发生的错误、失误被认为是新发现、新发明、新成果,以及各种超自然现象的声称以科学的名义登堂入室,冒充科学,以骗取公众的钱财为目的。主要包括:算命术、预测学(如占星术、血型与性格、生物节律、五行八卦、纸牌算命等);各种超自然声称,如伪气功、通灵术、魔杖探矿等。

从认知和传承的角度来看,可以分为已知和未知两大领域。对待不同的领域有不同的态度,不同的态度会导致不同的认识结果。

对待已知领域,人类与其他动物不同。人类会主动在已知领域进行教育和传承,通过建制化教育、家庭教育、社会教育等方式,系统地学习和获得知识;通过科普、宣传、传播等方式,传承技艺、思想和文化。并且在这个过程中不断纠正错误的知识,提高认知水平,深化认识层次。这也是不断进行的知识积累过程,这种积累达到一定程度就会从量变到质变,最后实现认识的飞跃。随着科技的发展、社会的进步,已知领域会逐渐扩展,认识方法也相应地日益科学和理性。

对待未知领域,人类在不同时期有不同的方法和态度。在人类社会的早期,由于认识自然的能力和技术十分低下,面对强大的自然力量,比如地震、洪水、风雨雷电、生老病死,人们在极力抗争并不断提高认识水平的同时,对于一些暂时无法解决的问题,只求助于超自然力量。通过一定仪式,寻求保佑和庇护,希望借助超自然力量,征服自然,消灾弥难,实现人与自然的和平共存。随着人类社会的发展,人们在漫长的探索过程中,通过积累和传承,形成了正确探索未知领域的方法,尤其是现代科学诞生以后,这种探索已经突飞猛进,产生了质的飞跃。但是，由于在人类探索自然界奥秘的过程中，始终存在着时空无限性和人类认识能力有限性的矛盾，虽然科学提供了先进技术和方法，能够拓展探索的空间范围和认识深度，却无法穷尽未知，总有难以理解和无法解决的问题，也难免会暂时去寻找心灵的栖息地。即便是科学家，对于一些暂时还束手无策的问题，有时也会求助于或者追问超自然力量，一些科学家也会走进神学的"殿堂"，暂时休憩，寄希望于神圣意志来解释科学研究中的难题。这正如一些"大德高僧"利用科学的发明和发现来解释神学和刻画神秘并不意味着宗教神学就是科学一样，这些暂时歇息的科学家同样也不能被认为就是科学的叛徒。

对待未知领域的不同态度是形成不同知识体系的基础。把未知交给上帝，就必然导致崇拜、迷信和盲从，其形成的知识体系就是宗教、臆想、神秘、超自然的；其"实体"必然是上帝、鬼神、灵魂和超自然力。这种探索和求知的结果，让人类认知水平回到蒙昧阶段，制约了人类探索自然奥秘的动力，由于缺乏试验的基础和支撑，其理论无论如何自圆其说，如何美丽动人，都是虚幻和骗人的。它既不能转化为现实技术和生产力，更不能促进经济社会发展和科技进步，还会消磨人们探索真理的意志和动力，阻碍科技发展。在日益全球化和充满竞争的当今社会，这将会使我们失去发展的大好时机。

把未知交给科学，就是用先进的知识体系，系统的求知方法，不断创新的目标取向，来探索未知、求解问题、寻找答案。近代自然科学的发展，使人类社会的文明程度达到前所未有的新高度，使人类社会在最近 20 年生产和积累的知识比历史上所有时期的总和还要多，使人类社会的物质丰富程度比历史上任何时期都要高。在人类发展的历史过程中，任何知识体系只有经过教育、传承、普及的过程，才能被认识、掌握和运用。科学知识也不例外，科学的教育、传播、普及的过程，在当今社会就是科普的过程。

从求知路径的角度看，人在求知过程中，具有一些特定的方法。公认的方法有四种：信仰、权威、直觉和科学的方法。

信仰的方法常在宗教领域中使用。虔诚是其知识可靠性的唯一法门，他们宣扬"信则灵"。因此，不管宗教所描述的故事是否为事实、是否真实可靠，相信是获取这类知识的唯一方式，而且这类知识也只对信徒有效。宗教知识一旦被怀疑，或是被证明是虚假欺骗，宗教会用更多的谎言来掩盖。权威的话语或指示也是一种知识的来源和行动的指南。尤其在君本位的社会中，君主的话语就是权威，不容许有任何怀疑和批判，其他人只能遵循或执行。权威与信仰的求知方式没有本质的区别，只不过前者信神，后者信的是具有权威的人。两者都把知识当作一成不变的教条，都是基于相信而不是实证。因此，在超过了特定历史条件和地域范围的情况下，这种知识就成为束缚人们思考的枷锁，成为社会进步的羁绊，成为探索的阻碍力量。

直觉的方法是一种经验感觉和基于经验所产生的对外界的反映，大多是文学、艺术、创作领域的创造性求知方法。在科学研究领域，一些有经验的科技工作者，也会具备一种直觉思维的能力，并且通过这种能力，克服长期悬而未决的问题，使人豁然开朗，达到"柳暗花明又一村"或者"无心插柳柳成荫"的效果。

科学的方法是一个体系，由观察、实验、逻辑、推理、演绎、归纳、运算等方法组成。这些方法是以自然存在为基础，以现有的知识体系、公理、定理和规律为基础，使用逻辑推理方式，进行推论、求证其结果；科学方法中还存在抽象思维，有些预测虽有合理性，但基于现有理论和知识却暂时得不到实证，需要时间来证明，直到发明了更先进的研究技术和手段以后，才能进行论证。如爱因斯坦广义相对论的很多预言就是在数十年以后，才被观察和试验所证实的。

三

科普就是把科学探索的结果以及所形成的知识体系，用科普技术向公众进行传播，并在公众中宣传普及科学方法、科学思想和科学精神，以提升公众的科学素养和使用科学技术解决问题的能力。同时，科普要激发公众尤其是青少年对科学的兴趣，让他们愿意投身科学研究工作，能够用科学的方法去解决问题，用科学思维去思考问题，用科学精神去探索未知。

所谓科普技术，是指科普过程中所采用的技术及方法体系，包括科普创作、传播、教育、终端表达等的技术、途径和方法。

科普创作技术或技巧指运用科普特有的表达方式，把科学技术知识（原理、方法、精神）进行创作、转录、翻译成公众能够接受的形式进行传播、宣传和普及，其中要运用到文学、艺术中的许多表现手法，比如拟人、比喻、形象化等。这就要求科普创作人员，既要有科学技术知识功底，又要有文学功底；既要懂科学，又要懂艺术。因此，科普创作并不是一件容易的事，非要下苦功夫不可。那种在文学作品中掺杂一些科技名词就认为是科普作品的认识是错误的，那种用科技名词包装玄幻作品而冒充科幻的做法也是极其有害的。

科普传播技术则是科普技术与传播技术的结合，传播技术是科普技术的一种，两者既有交叉，也有区别。传播技术更是一种信息传递技术在传媒中的运用，不仅可以传播科普内容，也可以传播别的内容，比如新闻、各类知识甚至是迷信伪科学。但科普传播要求内容上的科学性和通俗性，传播的是通过转化、创作的科技知识；表现方式上，一般采取易于理解、互动、参与、实验等形式。受众在科普过程中，既是在接受教育、学习，也是在体验和参与。

科普教育则是指通过科普的形式使公众接受教育，树立正确的人生观、价值观。在一定程度上，科普教育是科普的效果体现，也是一种教育技术。就像科普和校外教育是学校教育的一种补充形式，科普也是一种通俗的教育方式，不仅适用于学生，还适用于对非专业、校外的"学生"进行教育，因此，科普教育更具有社会性，有更广泛的市场。

科普终端表现技术是在互联网、手机新媒体、移动端的信息化大背景下，科普内容载体的发展和表现形式的创新，这种终端表现技术具有移动化、泛在化、视频化、全时化的特征，无论何时何地都可以就近随时获取所需科普内容，同时具有可转发、可互动、可娱乐等科普技术的共同特点。

科普技术与传播技术有本质的不同。以上提到的科普技术，首先要求内容具有科学性，可靠正确，并运用科普创作技术，比如，科普科幻作品创作、展品展览创作和策划、数字媒体显示创作技术等，使传播内容既要正确，还要让大家能懂。但传播则追求的是新闻效应，所谓"语不惊人死不休"。如果源头是污水，传播技术越强大，污染就越严重；如果内容是错误的，传播越广，危害也就越大。但是，科普传播则是借助传播技术包括传播渠道、传播工具、手段、方式等来传递科普内容；除此之外，还借助现代信息技术进步所带来的终端呈现技术，包括印刷、声像、多媒体、新媒体、VR、AR、MR 等技术，来增加对科普用户的黏性，提升科普效果。这也是科普与科技传播的主要区别之一。

科普是一种方法，一种提升公众基本科学素养的方法，使他们对于一些似是而非的传播内容能够进行基本的判断和选择，对于生产生活中遇到的一些科学技术问题能够进行分析、识别、寻求答案；对于一些骗人的伎俩能够识破或者保持怀疑的态度，对于未知领域既保持好奇而又不轻易下结论。这就要求：在知识层面，具备基本的科技知识，了解基本的科学原理；在方法层面，能够用科学的方法去求知和论证；在精神和思维层面，具有科学思维，比如怀疑的精神、批判的精神和评估思维。

现代社会已经进入大数据、云计算、物联网的新时代，以移动、泛在和智能为特征的智慧型社会正在兴起，人类早已抛弃结绳记事、刻痕计时的古老技术，扬弃了珠算、筹算的传统技能，走向智能计算机、光量子计算机的新时代。如果我们仍然止步于几千年前的认识，把人类远古时期面对强大的自然而无能为力、只能祈求上苍的认识当作真理，则无异于作茧自缚，坐井观天。

科学、非科学甚至伪科学，都是人类探索自然过程中形成的知识体系，是人类劳动结出的果实，在不同时期发挥着各自不同的作用。非科学和科学两种价值观之间的一个重要区别在于：非科学的价值观是基于感情、信仰、习俗或权威的未经检验的价值观，它根植于某种毋庸置疑的信念；而科学价值观是受到认知和理性探索的知识影响的价值观，基于实证的、可重复的、可验证的方法体系。前者以主观主义为代表，且受到后现代主义者的追捧；后者以客观主义为代表，表现为客观相对主义和客观结构主义。

无论是从自然进化还是从社会文化进化的角度看，基于感情、信仰、习俗或权威的价值观，是人类社会发展过程中的一个阶段性产物，是在科学不发达情况下人类感性认识的成果，并且对人类的发展作出过积极的贡献，在特定的场合下仍然会发挥其应有的作用。但是,随着科学技术发展中所揭示出来和日益凝聚而成的精神要素不断融进人类的价值观念,成为人类选择、判断的价值原则和技术手段,那么受到认知和理性探索的知识影响的价值观必将发挥越来越重要的作用,成为我们构建道德体系和伦理判断的价值基础。

很显然,科学探索的成果能够不断改进我们的价值观,能够促进道德进步,在需要的时候和合适的地方发挥理性的价值观引领作用。我们已经拥有一套约定俗成的判断,在应用医学、心理学、工程、教育咨询和其他领域得到实践的检验。同样,我们也有一套约定俗成的伦理判断,在实践中和在规范的知识体系中受到了检验;而且随着科学的进步,新的规范也会不断被引进到这种判断中来,使人类社会不断兼具公平、效率、正义、诚实、理性、和谐的核心价值理念。

可见,科学不仅具有强大的物质力量,而且具有强大的精神力量。科学技术是推动世界发展的力量已经成为共识,这不仅体现在它给人类带来丰富的物质生活和精神享受上,而且,它极大地改变着人们的观念,提升人们的精神、道德、价值水准。随着科学技术和社会经济的进一步发展,科学技术的精神财富还会得到进一步挖掘。目前,我们对科学技术的精神层面及其所具有的价值认识还远远不够,这不仅是因为长期以来形成的顽固观念还在习惯性地统治着人们的思想,而且,社会进步和观念变化往往是螺旋式前进的,不时会出现"复辟"的思潮,同时也说明科学思维和科学方法还未得到系统普及,科学思想没有深入人心,具备科学知识的人不一定具备科学思想和科学精神。这也恰恰说明,科学普及工作还任重道远。

在人类社会发展的进程中,唯物主义和唯心主义、科学和伪科学、科学和迷信,总是在不断地进行着较量。在这个过程中,唯心主义思想家也在不断地修正自己的观点,使之与当下的观念相吻合,这就蒙蔽了部分公众，认为迷信和伪科学也很有道理，从而成为其信徒。甚至有些科学家，在遇到一时难以解决的问题时，也会滑到唯心主义的阵营里去。这也说明科学的精神作用是强大的，这种精神力量唯物主义者不去加以利用，唯心主义者就会加以利用，成为他们的法宝。任继愈先生曾一针见血地指出：自然科学不但影响着唯物主义，同时也影响着唯心主义。哲学史和科学史表明，狡猾的唯心主义，一般并不赤裸裸地反对科学和常识，它是把自己伪装成科学，利用科学暂时解决不了的问题，作出唯心主义的结论。每当科学思想发生深刻变革的时候，这种情况就显得更为突出。历史上不断发生这样的事情，随着自然科学的新发展，唯心主义哲学也相应地改变着自己的面貌，只不过它的改法与唯物主义不同而已（任继愈，中国哲学史，第一册，第 8 页。人民出版社，2000 年 3 月第 20 次印刷）。可见，科学代表进步的力量，是人类社会文明进步的成果，我们不仅要发挥其物质上的作用，也要挖掘并发挥其精神力量的作用。

在互联网和全媒体时代，科学思维的培养非常重要。在当前的信息化社会，各种知识、信息充斥在公众周围，人们在互联网上冲浪拾贝，在日益方便地获取信息的同时，也可能由于信息过载而导致学习疲劳，产生厌烦情绪，甚至走向反面，失去了好奇心、求知欲，这比什么都可怕。在此情况下，就需要人们具备一种科学思维尤其是评估思维，具备一种评估、判断、选择的能力，可以在众多的信息、知识中，通过评估，进行判断和选择，以避免在信息化浪潮的冲击下随波逐流，从而达到学习和创新的目的。当今时代的科普，如果只是传播一些科技知识，就很难形成真正的科学素质。从知识本身的价值看，知识必须服务于社会、促进社会发展和人的素质提升，才有价值。同样,如果科普只是传播一些科技知识,就很难完全体现科普的价值,也无法实现科普的社会责任。知识本身是中性的,所以科普在传播知识时就必须具有价值导向,尤其是要承担起应有的社会责任,为建立正确的社会价值体系发挥引领作用。

当前,科普要为建设与市场经济相适应的社会文化服务,这种文化的核心内容就是科学文化,而科学精神与科学思维无疑是科学文化的内核,也是创新文化的精髓。在当代创新创业大环境下,科普不仅要提高知识,更要服务社会,为社会发展提供优质的空气、肥沃的土壤、干净的水源,这样才能确保社会不断进步。但在今天,仍然有一些人希望放弃人类理性和自由,回到前现代社会存在的神秘传说中去。科普的任务还十分艰巨,自中世纪欧洲文艺复兴运动以来的科学启蒙还需要继续,人类需要对自己的未来承担起责任。

总之,从知识的生产和发展过程看,知识的获取和运用需要正确的方法,知识的表达需要思想的指导,知识转化为行为更需要精神力量的驱使。正因为如此,我们说知识是用来转化为智慧的,是需要运用和使用的,不能转化为智慧和力量的知识是干枯的,是没有生命力的。鉴于此,"科学思维书架"从思维的角度出发,探索科学普及新路径,以提升人们识别、运用和转化知识的能力,真正提升人们的科学文化素质,提升人们处理社会事务和参与科学决策的能力。本丛书旨在告诉大家,人类在探索自然奥秘和社会发展规律过程中形成的科学原理、方法、技术手段和精神理念,哪些是有用的,哪些是错误的;告诉大家,哪些是路,哪些是坑,至少到目前为止,前人已经探明的路,后人不需要另走弯路,跳一次深坑,这也是"科学思维书架"的本意，尽管可能还难当重任，但如能作为后贤前行的垫脚石和铺路砖，那么本丛书的目的便已经达到。

中国科普研究所研究员　郑　念

目　录

导言 怀疑探究的范围

　　怀疑论(skepticism)，像所有其他事物一样，如果运用适度，就是一件利器。对于健康的思维，怀疑是必要的，但是，如果使用过度，则可能导致过度怀疑。怀疑论，如果被正确理解，就不是一幅"终极实在"(ultimate reality)的不可知性的形而上学画面；它不会导致难以避免的认识论僵局；不一定以存在绝望或虚无主义为终点。相反，它应该被视为一种基本的方法论，指导我们批判性地审查所有对知识的主张和对价值的肯定。没有它，我们容易陷入自满的自欺欺人和教条主义误区；有了它，如果谨慎使用，我们就能有效地推进知识前沿的探索，并将其应用于实际生活、伦理和政治。

　　简言之，怀疑论者(skeptic)是那种对真理的任何主张都愿意质疑的人，他们要求有明确的定义、一致性的逻辑和充分的证据。因此，怀疑论的使用是客观性科学探究和寻求可靠知识的必要组成部分。

　　科学对现代世界产生了巨大的影响。在自然科学、生物科学和行为科学方面，都取得了令人印象深刻的进展。科学在社会中的应用给人类文化带来了深刻的改变。技术为人类提供了超越自然的广阔的普罗米修斯式的力量。这些力量主要用以改善人类的生存状况，尽管它们对我们赖以栖息的地球构成了难以避免的威胁。

　　人类面临一个悖论：古老的宗教、迷信体系与最精致的科学知识并存。超自然的信仰和非理性的邪教，用神秘的启示和拯救的承诺诱惑着人类。尽管怀疑论者提供了相反的证据和有效的批评，为什么神秘的信仰体系仍然存在于人类文化中？为什么预言失败时，信念往往会加强？

　　对许多人来说，科学等同于技术。对于其他人来说，科学是一种新形式的巫术，科学家们被视为具有神奇能力的巫师。一些宗教人士认为，科学的自然观没有什么有效性，仅仅表达了另一个"信仰承诺"。一些后现代主义的评论家攻击"现代性"(modernity)，宣称启蒙运动(the Enlightenment)这一被认为改善人类状况的科学力量已经终结。不幸的是，人们并不普遍认为科学主要是一种探究方法，也没有人欣赏怀疑论在科学事业中所起的重要作用。很少有人试图承认科学对于扩大我们对宇宙的理解和人类在事物发展中的地位具有更深层次的含义。

　　有趣的是，科幻小说在现代想象中扮演了一个戏剧性的角色，因为它赋予创造性幻想以自由发挥的空间，滋养了宇宙中仍然未知的准宗教性探究。这加剧了对未显露可能性的浪漫猜测。因此，对许多人来说，科学观(scientific outlook)和诗性隐喻(poetic metaphor)之间的区别已经模糊了。

　　现代科学已经对人类文明做出了极其积极的贡献。然而，原始宗教和超自然信仰体系(paranormal systems of belief)保留着它们对人类生命的力量。事实上，即使是最离奇的神话，也仍被广大领域的人类接受为福音真理。而且，随着每一套古老教义的弱化，都会产生一种新的超自然崇拜(paranormal cult)并取而代之。

　　为了解释超验性神话(myths of transcendence)那种不断蛊惑人

心的力量,在 19 世纪末及 20 世纪初,唯灵论(spiritualism)作为一种欺骗人类想象力的运动出现了。福克斯姐妹(Fox sisters)、霍姆(D. D. Home)、乌萨皮亚·帕拉迪诺(Eusapia Palladino)、马格瑞·克兰登(Magery Crandon)以及其他灵媒声称,她们可以与灵体(灵魂)交流,而且有报道称,她们在现场看到了意想不到的神秘现象。灵媒能够使椅子和桌子漂浮起来,凭空出现幽灵,物体会突然出现或消失,或者处于恍惚状态的灵媒会传递来自"另一方"的信息。有趣的是,唯灵论不仅为公众所接受,也被当时一些最优秀的科学头脑所接受,他们宣称证实了这一现象的真实性。自从那时起就已经证明,这类报告是不可靠的,那些所谓心灵现象(psychical phenomena)更有可能的解释是人的轻信和欺诈的结合。事实上,一个权威人士可能在某个领域是有资格的,这并不一定意味着他或她要在其他领域运用其批判性智识;其实在某些领域,科学家和普通人一样容易上当受骗。

人们会疑惑,人类的轻信程度是否一直不变,只不过时常表现为新的形式。20 世纪初,阿瑟·柯南·道尔(Sir Arthur Conan Doyle)爵士对心灵研究(psychical research)有着持久的兴趣,他被许多目击者声称的英国各地出现小仙女和精灵的事件所吸引。确实,有人提供了所谓的柯亭立精灵(Cottingley fairies)的"真实照片"来证明这些现象的真实性,尽管随后的仔细分析表明,这些照片是伪造的。如今,我们有报道说,外太空生物乘坐"飞碟"光顾我们的地球,并在选定的对象上进行生物遗传学和性实验。一些所谓被绑架者透露信息说,他们从半神似的外太空兄弟那里收到了信息[1]。这些报道与在

---

[1] Whitley Strieber, *Communion* (New York: Wm. Morrow, 1987), and *Transformation* (New York: Wm. Morrow, 1988); Budd Hopkins, *Intruders* (New York: Random House, 1986).

《旧约》和《新约》中出现的关于天使出现的古代叙述并无不同。在阅读《圣经》时，人们会读到许多由耶稣和其他人施行的信仰治疗（faith-healing）、驱魔和恢复生命或肢体的故事。当今，信仰治疗师同样声称能够治愈病人和消除苦难，并宣称他们的"神迹"是上帝干预的证据。数百万人愿意放弃医学科学的方法，因为他们渴望神奇的治疗。他们聚集到卢尔德（Lourdes）、法蒂玛（Fatima）和梅德朱戈耶（Medujugoije）身边，或物色基要主义（fundamentalism）传道者、毛拉（mullahs）或大师（gurus）来寻求"圣杯"（Holy Grail）。

对转世（reincarnation）的古老信仰已经在西方流行起来，并受到"前世催眠回归"（past-life hypnotic regression）的强化。这些回归，据称可以将一个人带回到以前的生活中，在某些情况下甚至可以将一个人提前送到未来的生活中。有些人声称，他们是古代统治者或奴隶、士兵或失足女。另有一些人甚至还记得，他们的前世是鹰或龟①。

如何解释这种信仰在人类文化中的普遍存在？如何解释正统宗教体系——基督教、犹太教、印度教等的存续，这些宗教体系尽管经历了智识批判和社会变革，但仍然蓬勃发展，即使从欧洲或亚洲移植到北美或南美洲也是如此。对超自然神或各种神灵的信仰，无疑是人类文化中最强大的神话体系。怎么解释宗教信仰的持久性呢？至少有三种可能的解释。

第一种可能性是，在观察和理性所遇到的世界之外，确实存在着超验的领域。也许存在着神、灵魂或神灵，也许还有一个未知的神圣宇宙有待发现。也许有一些我们未察觉到的隐藏的神灵或超自然的

---

① Frederick Lenz, *Lifetimes: True Accounts of Reincarnation* (Indianapolis: Bobbs-Merrill, 1979).

实体,尽管它们的一些表征可能已经从另一个存在泄露到我们这个世界,或者可能已经从"上帝"透露给被选中的信使或特别有天赋的人,但我们是看不到的;也许有一些外星人在与我们沟通,而且也许只有部分人被指派去接受这些信息。如果这是真的,它可能解释了反复声称的异常经历和神迹的发生。古典宗教在内容上和表面合法性上有着明显的不同,尽管如此,它们有着共同的信仰核心,那是一个隐藏的、看不见的精神存在领域。

怀疑论者要采取的唯一客观态度是,审查这类声称的证据,并分析用以支持这些声称而提出的论点。对超验现实(transcendental realities)的声称进行调查的大多数怀疑论者,一直怀疑那些声称的真实性,但他们通常没有足够的机会呈现其否定性发现。

因此,对于这些信仰的持续存在,有第二种可能的解释,即人类没有充分接触到批评神性、神秘性或超自然现象的论点。假如信徒们被充分告知所缺乏的证据,他们就会产生争论,就会摒弃滥用这些虚假的神话。因此,对虚假信仰体系持续存在的解释是一种认知缺陷。顺着这一推理思路,就只不过成为信徒们的错误信息和错误逻辑的问题,由此我们可以预测,如果信徒们能够了解到对这些声称的批判性分析,他们就会相信此类声称的无效性。人们可能希望这是事实,但也许理性主义者对人类生活中的理性力量过于乐观。

哲学家们一直在捍卫对真理的追求,并指出了理性生活的优点。然而柏拉图抱怨说,雅典人杀了苏格拉底,是因为他对理性定义的追求,以及他对未经审查的神圣社会成见的颠覆。受雅典人欢迎的是运动员、诗人和军事英雄,而不是广泛受到怀疑的哲学家。

人们对神话系统的批评常常被置若罔闻,异见者们常常被烧死在火刑柱上或被谴责为反对者。人类天生就不接受外界对其崇敬信仰的理性批评吗？哲学家西德尼·胡克（Sidney Hook）临终前躺在床上说："真理，真理才是真正重要的。"对哲学家来说如此，但对其他人意味着什么呢？

因此，对于宗教和超自然信仰体系的持续存在，还有第三种有趣的解释：人类自身存在深刻的非认知心理过程，这一过程在起作用，它们助长了超自然幻想和超自然信仰体系。我介绍的假说是，有一种持久的"超验诱惑"（transcendental temptation），促使人们渴望、寻找并最终相信神秘领域的存在[①]，而正是这种信念不可捉摸和随之而来的心理合理化支撑了这些信念，并诱使个人放弃理性，转而接受信仰所提供的安慰。人类心理结构中有强大的非认知冲动，使虚幻和幻想看起来像是真的，或者至少使我们倾向于接受它们。

这方面的一个有趣的例子，可以从占星术（astrology）的持久存在中看出。占星术是一个古老的信仰体系，它存在了四千多年，而且仍然很强大，尽管没有数据支持它的主张，而且有相当多的反证。占星家没有建造教堂，因此没有根深蒂固的教会等级来阻止调查。自从现代天文学开始以来，占星术就一直不为人所信，但它仍在蓬勃发展。与神学信仰不同，占星术可以作为一个测试案例。如果关键的科学数据被广泛传播，占星术的信仰会消失吗？当今，尽管存在有效的科学反驳证据，广大公众却继续接受占星术的说法。天文学家和其他研究人员测试的否定结果没有充分暴露于公众面前，这是否解释了相信占星术的持续存在[②]？我认为，无论经验性数据多么有缺

---

① Paul Kurtz, *The Transcendental Temptation: A Critique of Religion and the Paranormal* (Buffalo, N. Y.: Prometheus Books, 1986).

② 关于更深入的批判性讨论，参见 Philip Ianna and Roger Culver, *Astrology: True or False?* (Buffa\o, N. Y.: Prometheus Books, 1988)。

陷,占星术仍然很受欢迎的原因是,它在信徒中引起了共鸣。因为它假定,一个人出生时,对应的星象符号和天体在出生时的位置决定或影响这个人的个性和未来命运。尽管许多人可能会对那些科学研究做出正面反应——这些科学研究表明,占星术实际上没有依据——但很大一部分公众仍然会坚持他们认为占星术有效的愿望信念,再多的矛盾证据也无法说服他们。

与过去的情况相反,那时占星家能够影响君主和皇帝,今天的占星术没有既得的政治权力,尽管它确实有经济上的利益。事实上,尽管占星术几乎处于公众尊重的边缘,但占星服务仍然养活了成千上万的占星家。而更大的方面是,一个庞大的占星产业已经在世界范围内发展起来,通过图书、杂志、报纸专栏和其他工具的市场营销,吸引了一群乐于接受的公众。这能解释它的持久性吗?

也许,我们对神话信仰体系持久流行的前两种解释总有一种是适用的。首先,占星术可能是真的。也许天体在决定人格特征,甚至身体特征和疾病倾向方面起着一定作用。占星术是一门古老技艺,据说是建立在几千年来观察人类行为与天体运动相关的基础上的。为了评价占星术的有效性,必须进行进一步的详细和慎重的科学调查[①]。或者,第二,也许这种信念持续存在的原因,是人们不知情。这一解释认为,这主要是一个认知问题,人们缺乏信息,如果人们得到适当的信息,就会解除他们的误解[②]。

---

① 米歇尔·高奎林(Michel Gauquelin),一个法国研究者,坚称他已经发现星体位置与个性特征有某种经验相关性。他的工作没有足够的可重复证据证实其有趣的假设,而怀疑论者尽管对其理论感兴趣,却不相信。但是,即使高奎林证明其正确(其实可疑),这也不能证明古典的或流行占星术的有效性。实际上,高奎林自己是一个星座和太阳星占术的批判者,因为他并未发现任何实际证据。

② 参见附录。

　　但是,出现了更多纠缠不清的问题。怀疑论探究应该扩展到什么程度? 专注于超自然现象甚至宗教问题是一回事,但政治和意识形态又如何呢? 为什么要挑选出超自然主义者或神学家来进行严格的审查呢? 那么,社会和政治行动计划以及未经审查的意识形态信念呢? 这些是否可以得到理性的支持,或者我们是否应该对主要的政治思想家的自命不凡的说法极度怀疑或完全愤世嫉俗呢? 自由主义经济学呢? 是否有任何客观的方法来解决意识形态上的分歧,这些分歧是由同样真诚和坚持不懈的拥护者以强烈的热情持有的吗? 这些意识形态的许多立场,都是以伦理假设为前提的。对于正义社会或美好生活的本质,不同的人持有不同的理想。一个人在道德上能客观吗? 如何处理堕胎、安乐死或生命的意义问题? 这些是否可以接受理性的批评和指导? 当然,伦理学有一个历史上的怀疑传统。

　　事实上,知识本身呢? 为科学研究项目辩护是一回事,但我们知道,既有的科学学科经常饱受争议,成熟的理论有时必须根据新的发现加以修改,而且科学也无法避免欺诈和欺骗。我们是否应该采取古典怀疑论者的姿态,认为所有的知识都是似是而非的——包括所有受检验的自然科学、生物科学和社会科学假说? 我们是否应该更进一步说,因此不可能有任何知识? 一些怀疑论者对天文学和物理学前沿的理论持高度批评的态度。他们认为,其中一些理论具有高度的推测性。然而,由于自然科学的技术应用有了很大的进步,这些应用往往被认为是免受批评的。医学和精神病学领域,也应该接受审查。什么是治愈和/或适当的治疗,也常常是非常有争议的。事实上,类似的考虑也几乎适用于人类研究的每一个领域,例如心理学、心理治疗学派争论的领域,以及社会科学,在这些领域也存在着类似的争议。

如果人们是公平的，为什么不把怀疑论方法应用到人类知识的所有领域呢？为什么有选择地把它限制在少数人身上呢？许多怀疑论者认为，永远不可能获得知识，我们永远无法透过无知的面纱说出什么是真实的。对他们来说，所有的知识都是不可靠的。我们是否得出了悲观的结论？难道不是总有一种危险潜藏在这样的背景中，即怀疑论归根结底是消极的，甚至是虚无主义的，因此与生活的实际需要和兴趣是格格不入的吗？怀疑论的本质是否具有破坏性？怀疑论对生活有什么积极的看法吗？它是否有任何规范性影响？怀疑论与我们的生活方式有什么关系？它能导致一种有意义的善行慧（*eupraxophy*），即在行为上形成一个有基础的宇宙观和实践智慧？或者它会阻止我们获得有关宇宙的可靠知识，或者阻碍我们在生活中发展一些道德智慧？

第一部分

透视怀疑论

第一章　三种不同的怀疑论

怀疑论在哲学传统中有着深厚的根源。这个词来源于希腊语 *skeptikos*，意思是考虑和检查。它类似于希腊语的 *skepsis*，意思是质询和怀疑。

怀疑论为哲学、宗教、道德、政治和社会提供了强有力的批评工具。人们认为，将其应用于普通生活或坚持其原则是极其困难的。对于人类来说，需要寻求确定性来指导他们，而那些渴望信仰和信念的人，往往会对怀疑论模式感到惊慌。怀疑论乃是自命不凡的信仰体系的劲敌。当人们要求明确回答他们的问题时，怀疑论总是给他们更多需要思考的问题。然而，在更深的意义上，怀疑是所有反思行为的重要组成部分，也是受过教育的头脑的持久特性。可是，怀疑论者依然被认为是危险的，因为他们质疑正统统治、任何时代的准则和教义。尽管怀疑态度是反思式探究的一个不可缺少的部分，但一个人能否超越怀疑论取向，去发展正向和负责任的信仰和行为，怀疑论能让人这样做吗？

怀疑论者总是让那些被绝对真理或特殊美德压垮的人清醒。他们问，"你是什么意思？"——寻求清晰定义，且问"你为什么相信你所做的？"——要求理由、证据、辩解或证明。就像美国密苏里州的当地人一样，他们说："证明给我看。"太多时候，怀疑论者发现，无可置疑的信念和当今许多珍贵的价值观都建立在不切实际的沙子上，并且，通过挖掘其摇摇欲坠的基础，可能会加速它们的崩溃。怀疑论者能够探测信仰体系内部的矛盾；他们发现伪善、双重标准、言行不一；他们指出，人类大多数受人尊敬的信仰体系都缺乏证据。

怀疑论者被视为异见者、异教徒、激进分子、颠覆性流氓或更糟的人，他们被那些害怕他们的机构严厉地斥责。革命性的改革者也习惯于把他们的愤怒转向持怀疑态度的怀疑论者，后者质疑其对拙劣的社会重建计划的激昂承诺。怀疑论者希望研究问题的各个方面；对于每一个支持某命题的论点，他们通常都能找到一个或多个对立的论点。极端怀疑论不能始终如一地为我们的实际利益服务，因为只要它能引起怀疑，就会阻止行动。由于怀疑论者通常不会被当时的主导热情裹挟，争论的各方都可能会辱骂他们。

然而，怀疑论对知识的追求是至关重要的，因为真正的探究是在困惑的温床中生根的。没有怀疑论，我们可能仍然陷在未经审查的信仰体系中，这些信仰被视为神圣不可侵犯，但在现实中却没有事实依据。有了怀疑论，我们就可以为新想法的产生和知识的增长提供一些自由发挥。尽管怀疑论可能无法满足任何现实生活哲学的需要，但它为反思生活提供了必要条件，怀疑论是否会让我们陷入优柔寡断的泥潭？或者说，怀疑论是否允许我们更进一步，发现一些我们可以生存的概然性？它能否使我们获得可靠的知识？或者，所有的新发现都必须反过来让位给怀疑论者的手术刀式的探索性批评？这些问题的答案，在一定程度上取决于怀疑论的含义，因为存在不同种类的、可以区别的怀疑论。

我们最好从对怀疑论的分析开始，对历史上出现并至今仍然存在的三种怀疑论进行初步分类。以下描述只是一个初步的开始。在探究过程中，我们将需要对这些不同形式的怀疑论进行提炼和阐述。

虚无主义

完全消极怀疑论

第一种怀疑论可被认为是虚无主义（nihilism）。它最极端的形式是完全消极怀疑论，是对所有真理或价值主张的彻底否定。这种怀疑论深陷无限制的怀疑，它从来没有从中出现过。完全怀疑论者断言，确证知识是不可能的。不存在确定性的、有可靠依据的信念，也根本没有真理。我们所遇到的，只是表象、印象、感觉，我们不能保证这些东西与外部实在中的任何事物相对应。事实上，我们并没有把握，自己能够正确地描述外在的事物"本身"，因为以经验世界为中心的感觉，可能会欺骗我们。我们的感觉器官起着盔甲的作用，屏蔽和限制我们的感知，这种感知因个体而异，也因物种而异。完全怀疑论者声称，类似的陷阱等待着那些试图将知识根植于数学或逻辑演绎推理或认知直觉的人。意义都是不可还原的主观认知，并且不可转译为主体间或客观参照物。纯粹形式的概念体系告诉我们更多的是关于我们正在使用的语言，而不是终极实在的本质。无论如何，人类是容易犯错的。对于支持某命题的每一种证明，人们都可以提出反证。就像蜘蛛网一样，当我们扰乱把线粘在一起的结点时，整个结构可能会散塌。

彻底怀疑论者认为，不仅认识确定性是不可能的，而且我们判断某事物是真是假的判据也是成问题的。知识基于我们对真理主张的评价方法——是经验的还是理性的。但他们认为，这些只不过是假设，不能被毫无疑问地用来证明自己。因此，我们永远无法越过探究的第一阶段。彻底怀疑论者最终以完全的主观性结束，唯我论者

(solipsists)总是被囚禁在自己的世界里，对知识的本质感到困惑。这就是彻底怀疑论者对待科学、哲学和宗教的方式。

　　虚无主义怀疑论在伦理学中也被使用，其结果是毁灭性的。在这里，彻底怀疑论者是一个完全的相对主义者、主观主义者和情感主义者。什么是"好""坏"，什么是"对""错"，不同的个体和社会都是不同的。不存在味觉和情感以外的可识别的规范标准，也没有客观道德判断的基础。对于道德，我们不能识别那些一般性或者强制性的原则。彻底的文化相对性，是这种怀疑论的唯一选择。正义原则，只是与权力或社会契约有关；没有任何规范标准是所有社会制度所共有的。面对道德上的争议，彻底怀疑论者可能成为极端的怀疑者，所有的标准都一样站不住脚。因此，他们可能成为保守的传统主义者。如果没有可靠的道德行为指南，唯一的办法就是遵循习俗。别问理由，尽管去做，因为根本没有理由。否则，彻底怀疑论者可能会成为愤世嫉俗的缺德者，对他们来说"怎样都行"，谁能说一件事比其他任何事都好或坏呢？有人说，如果在事物的本质上没有可发现的公正标准，政治道德归根结底就是一个力量、习俗或喜好的问题，无关理性或证据。

　　这种彻底怀疑论是自相矛盾的，因为在做出"没有知识是可能的"陈述时，这些怀疑论者已经做出了一个肯定。在否认我们可以认识实在的过程中，他们往往以一种现象主义或主观主义的形而上学为前提，在这种形而上学中，我们对世界的认识无论多么支离破碎，都是被建构的。在断言没有规范的伦理和政治标准时，彻底怀疑论者有时建议我们，要么容忍个人的特质，尊重文化的相对性，要么勇敢追求以满足自己的野心或欲望。但是，这种看不见的面具下，掩藏着怀疑论者珍视的潜在价值判断。这种怀疑论可能被封为"独断论"

(dogmatism)，因为在坚决拒绝知识或价值的可能性的同时，怀疑论者也提出了他们自己有问题的主张。

中立怀疑论

这是一种采取完全中立立场、致力避免独断论的虚无主义怀疑论。这种怀疑论者既不会肯定也不会否定任何事情。他们不愿意发表声明，承认诸如感官感知或形式推理是不可靠的。对于在认识论、形而上学、伦理和政治上戴着知识或实在的理论面具的怀疑论，他们都拒绝接受，并声称没有这样的理论。他们只是作个人陈述，不要求任何人接受或拒绝其主张，确信或被他们的论点说服。这些主张，仅仅是他们自己的私人表达，不能对其他人泛化。因为，对于每一个支持某命题的论据，都能发现一个反论据。因此，中立怀疑论者唯一的选择，就是完全悬搁判断。这就给不可知论（agnosticism）划定了栖息处，导致他们在认识论方面，不能发现知识的任何判据；在形而上学方面，不能发现实在的理论；在宗教中，无法发现相信或不相信上帝的基础；在伦理和政治方面，不能发现任何美德、价值或社会正义的标准。

前苏格拉底时期的古希腊哲学家克拉底鲁（Cratylus，公元前5世纪至公元前4世纪），面对（包括我们自己的现象学经验世界）一切都在改变的事实不知所措；他因此得出结论，不可能交流知识，也不可能完全理解任何人。根据传说，克拉底鲁拒绝与任何人讨论任何事情，因为回答是毫无意义的，所以当被问到问题时，他只是动动手指。这种中立的悬搁相信状态，现在被称为皮浪主义（Pyrrhonism），由伊利斯的皮浪（Pyrrho of Elis）为其辩护，并对随后的怀疑论发展产生了很大的影响。它主要适用于哲学和形而上学的问题，在这些领域，人们不确定什么是最真实的实在，但它把普通生活的问题放在一边,这些领域主要由传统和习俗占主宰。这种形式的怀疑论也堕落为虚无主义,因为否认一切知识会导致绝望。

温和怀疑论

上述怀疑论的形式有一个根本的困难,因为它们与生活的要求背道而驰。我们要在这个世界上发挥作用,不管最终归宿是什么,都需要建立一些我们得以生存和行动的信念。也许这些信念最终取决于概然性,尽管如此,我们仍要开发知识,这是在世界上生活和行动的一种务实的要求。第二种怀疑论,被伟大的18世纪苏格兰哲学家大卫·休谟(David Hume)称为温和怀疑论(mitigated skepticism)。这一主张的同盟者,是公元前2世纪希腊哲学家卡尔尼亚德(Cameades)。温和怀疑论者面对虚无的黑洞,以及对知识主张的最终可靠性的怀疑,深信知识和价值的基础是短暂的,并且不可能以任何确定性建立关于实在的终极真理。然而,尽管我们无法为其提供终极确证,我们不得不为现实生活中的需要所迫,进行切实可行的概括并做出选择。除了经历中遇到的规律性,我们无法找到任何关于自然的因果推理的可靠基础,但我们在此基础上做出预测,并在未来像过去一样生活。可是,我们没有这种归纳假设的终极基础。同样,我们也不能从实际情况中推断出事实应该是什么。道德取决于男人和女人的感情,他们同意遵守社会惯例,以尽可能地满足他们各种各样的欲望。

温和怀疑论不是迫于生活的需要而强加给我们的彻底怀疑论,而是部分和有限的怀疑论。如果我们沿着哲学的轨迹直到尽头,走向不可救药的未定和怀疑,就是彻底怀疑论。幸运的是,我们在现实生活中绕道而行,因此,我们的生活和行为就像我们有了知识一样。

我们的概括是建立在经验和实践基础上的,根据习惯和习俗做出推论,并成为行动的指南。

不相信

怀疑论一词,有时被用作任何知识领域中不相信(unbelief)或无信仰(disbelief)的同义词。实际上,这有两个方面:一种是反省的信念,即某些说法是没有根据或不真实的,因此不可信,这是一种合理的姿态;另一种是消极的,先验地拒绝一种信仰而不仔细审查这种信念的理由。批评人士称后者怀疑论形式为"独断论"。在这两种意义上的无信仰一词,通常被认为适用于宗教、神学、超自然和神秘。

在宗教中,不相信者通常是无神论者,而不仅仅是中立的不可知论者,因为这种怀疑论拒绝有神论者的主张。无神论者否认有神论的基本前提:上帝的存在,宇宙有某种终极目的,男男女女有不朽的灵魂,或者说他们可以通过神的恩典而得救。

反省的无信仰者发现,超验性(transcendence)的语言基本上是无法理解的,甚至是毫无意义的,这就是为什么他们说,他们是怀疑论者,或者,更有意义的是,如果他们研究了历史上为证明上帝的存在而引用的论点,他们认为那都是无效的,因此无法令人信服。他们发现,所谓的诉诸体验是没有根据的:神秘主义和诉诸神迹或启示(revelation),都没有建立超验实在的存在。此外,他们认为,没有对上帝的信仰,道德就是可能的。无信仰者是对超自然主义声称的批评者,因为他们认为那是迷信。事实上,他们认为上帝假说是没有价值的,只是人类想象力的一种奇幻创造,不值得不受约束男女的仔细检查。许多经典无神论者[霍尔巴赫男爵(Baron d'Holbach)、狄德罗(Diderot)、马克思、恩格斯]都属于这一范畴,因为,他们首先是唯物主义者,他们的宗教怀疑论和无信仰来自他们的唯物主义形而上学。这样的怀疑论者，只有当他们的不相信成为一种独断论信仰，且不是基于理性的基础时，才是教条的。

在超自然领域，无信仰者同样否认超心理现象的存在。他们认为，超感官知觉（ESP）、千里眼（clairvoyance）、预知（precognition）、心灵致动（psychokinesis）以及离体灵魂（discarnate souls）的存在皆没有足够的证据，与我们对物质宇宙如何运作的知识是相悖的。一些怀疑论者以已有的知识基础否认超自然现象，因为这些现象违反了充分确立的物理学定律。只有当这些怀疑论者拒绝审查超自然现象的支持者提出的证据，或者认为，当今达到的科学水平是它的终极表述时，才能被认为是独断论者。因为这种不相信遮盖了一个封闭的头脑，是一种不合法形式的怀疑论。如果那些声称自己是怀疑论者的人，仅仅意味着他们否认超自然领域的存在，那么他们只不过是非超自然主义者。他们问的问题总是"为什么?"。因为，在很大程度上，可以根据信徒们的信仰或不充分的证据，来判定信徒们持有某些信念，所以固执的无信仰者会拒绝那些新的声称，因为这些声称违反了他们自己对宇宙的已有认知。后一种怀疑论有许多缺点，在我看来是不合法的。这些怀疑论者不再是思想开放的探究者，而是揭露者。他们深信自己具有非真理意识，他们坚决肯定这点，在这样做的过程中，他们可能会关上通往进一步发现的大门。

怀疑论探究

还有第三种怀疑论，它不同于上面所遇到的怀疑论。事实上，它是对虚无主义怀疑论、彻底怀疑论和中立怀疑论、温和怀疑论，以及教条主义怀疑论的强烈批评——尽管它从每一种怀疑论中都获得了一些东西。我把这种怀疑论称为"怀疑论探究"（skeptical inquiry），以探究而不是怀疑为动机。我称它为新怀疑论（new skepticism），尽管它作为实用主义的产物已经出现在当代世界。这种怀疑论与早期形式的怀疑论之间的一个关键区别在于，它是积极的和建设性的。它将对知识声称的否定批判分析，转化为对怀疑探究的成长和发展的积极贡献，它基本上是方法论怀疑论的一种形式，因为在这里，怀疑论只是探究过程中的一个基本阶段；但它不会也不需要导致不信任、绝望或无望。这种怀疑论不是彻底怀疑论，而是只限于探究背景下的怀疑论。因此，我们可以将其称为选择性怀疑论（selective skepticism）或语境怀疑论（contextual skepticism），因为不需要同时怀疑一切，而只局限于调查语境下的特定问题。它不是中立怀疑论，因为它认为，我们确实发展了关于世界的知识。因此，不仅人类知识是可能的，而且可以发现它是可靠的；我们可以在规范性领域中基于最佳证据和有效的理由行事。知识不只限于描述性科学或形式科学，而且在道德和政治的规范领域里也是可发现的。虽然这是一种改良形式的怀疑论，但它远远超过了休谟的温和怀疑论，因为它并不面临着终极不确定性的深渊，而是深刻印记了理解和控制大自然的人类心智能力。

这种新怀疑论不是教条的，因为它认为，我们不应该先入为主地关闭任何一种负责任调查的大门。因此，它对独断论、狭隘的无神论和非超自然主义皆持怀疑态度。尽管如此，它愿意对一些它认为缺乏充分理由的主张，提出反省的不相信，它愿意确信，有些声称是未经证实的、不一定发生的或虚假的。

怀疑论，作为一种怀疑的方法，要求假说的证据和理由，在科学研究、哲学对话和批判智识的过程中是至关重要的。在日常生活中，常识的需求总是挑战我们基于最可靠的假说和有用信仰的成长和行为,怀疑论也是至关重要的。它是绝对确定性和教条定局的敌人。它认识到各种人类知识的缺陷和陷阱,认识到关于我们知识的确定性程度的谬误和概率原则的重要性。这与旧怀疑论截然不同,它可以大大促进人类知识和人类道德的进步,使我们对宇宙的认识以及我们的道德和社会生活更具有重要的意义。在这个意义上,怀疑论提供了一个积极的、建设性的善行慧,可以帮助我们解释生活在其中的宇宙,并在行为上获得一些智慧。

新怀疑论更符合日常知识的需要,而不是一种思辨哲学。男男女女可能会思考以下问题:"生命的意义是什么?""我为什么在这里?""我该如何面对死亡?""实在的本质是什么?""生活是美好的吗?""什么是正义的社会?"他们可能对旧怀疑论拒绝探寻存在本身问题不满。对他们来说,极端怀疑论没有提供任何帮助或指导。生活节奏对他们提出了迫切的要求,他们不能等待回应。"引起这种疾病的原因是什么?""能治好吗?""如果我要建造一架飞机或一座桥来去到我想去的地方,我必须遵循哪些物理定律和工程原理?""我怎样才能最大限度地提高作物产量,增加粮食供应?""我该如何教育我的孩子?""我们应该希望生活在什么样的社会?"这些都是通过科学和艺术或多或少可靠地解决的实际问题。普通男女,即使不是怀疑论哲学家,也清楚地知道,我们确实有相当多的知识,并且在许多从事的领域都有实用的指南。

怀疑论者对建设性怀疑探究的明显成就知之甚少。从生活剧场的两翼抛出的嘲弄怀疑的一击,并不总是被欣赏的,特别是如果他们阻止不间断进行的生命。因此,怀疑论的质疑只是人类戏剧中千变万化画面的一部分。不管怎样,怀疑论需要完善。如果我们要在这个世界上有效地生活和运作,我们还需要做些什么呢? 早期怀疑论的形式,并不总是允许我们这样做。我们需要超越过度怀疑的心态。怎么办? 对于那些渴望盛宴或寻求宴会乐趣,或赞美遐想和神秘的人来说,怀疑论的质疑之汤通常太稀薄了。然而,一些温和的、概然形式的怀疑论可以在人类的事业中发挥建设性的作用。我们试图处理生活中遇到的问题时,往往与经验脱节,永远漂浮在未定的怀疑海洋中。然而,完全没有怀疑地生活则是愚蠢的,只是在扮演蠢人的角色罢了。

第二章　历史概述

　　由于本研究旨在对怀疑论进行系统的考查,因此有必要把新怀
疑论——怀疑论探究,与历史上出现的其他形式的怀疑论更细致地
区分开来。将怀疑论的整个历史压缩成一章是很困难的,因此,本章
的历史概述并不是包罗无遗的考察,而是仅集中在与我的主要论题
相关的怀疑论方面。

古代的怀疑论

　　历史上,怀疑论作为一个哲学流派,在古希腊和古罗马繁荣了
5 个多世纪。早期的怀疑论发展成为两个学派:第一个是受伊利斯
的皮浪(约公元前 360 年至公元前 270 年)的启迪而形成的,后来被
称为皮浪主义;第二个是在柏拉图学园发展起来的,最终形成了卡尔
尼亚德(约公元前 213 年至公元前 128 年)的怀疑论。怀疑论者一
词,被用来指那些培养了怀疑习惯和悬搁判断的人。怀疑论哲学在
罗马蓬勃发展,西塞罗(Cicero,公元前 106 年至公元前 43 年)在雅典
的学园学习,塞克斯都·恩披里柯(Sextus Empiricus,公元 3 世纪)阐
述了怀疑论哲学,经验论(empiricism)一词即由此而来。当信仰成为
至高无上的圭臬的时候,怀疑论在 5 世纪受到奥古斯丁(St.
Augustine)的攻击,并在黑暗时代(the Dark Ages)几乎黯然失色。在

文艺复兴时期，人们重新发现怀疑论者特别是西塞罗和塞克斯都的古代文本时，怀疑论重现于世。因此，在发展现代观点特别是在哲学和科学方面，在培尔、培根、蒙田（Montaigne）、笛卡儿、大卫·休谟、法国百科全书的作者们和康德（1724—1804）的著作中，它发挥了重要作用。怀疑论对当代的科学世界及其方法论来说是至关重要的。许多有影响力的思想家——马克思、弗洛伊德、尼采、萨特、海德格尔（Heidegger）、罗素、维特根斯坦（Wittgenstein）、杜威（Dewey）等提出的怀疑批判，动摇了现代文明的基础。

诡辩者

怀疑论和大多数公开宣称的哲学流派一样，源于希腊的古典文明。然而，最初的怀疑论者并没有这样被命名，他们被称为诡辩者（sophists），也被称为流动的教师。他们于公元前 5 世纪在古希腊世界的各个城邦之间旅行，声称教授实现成功的技能。他们对自己的观点持怀疑态度，因为他们观察到希腊人的道德习俗和政治实践的千变万化。而且，他们是相对主义者，因为他们找不到道德的本质基础。好的和坏的、对的和错的，都建立在社会习俗的基础上。那些希望在生活中开拓进取的人应该认识到这一事实，并利用它形成自己的优点。这些诡辩者往往表达了最极端的怀疑论形式，即消极的彻底怀疑论，接近绝对虚无主义。它们代表了第一章描述的第一种怀疑论。

我们在柏拉图对话中对诡辩者有清楚的认识，因为柏拉图对他们的观点进行了批判，并试图将善（the Good）的知识扎根在终极实在中，正如靠推理所发现的那样。自那以后，诡辩者一词就是指那些使用谬误推理并为获得利益而进行不公平辩论的人。在最初的意义上，这是一个光荣的术语，指的是一个智者或学识渊博的人。苏格拉底本人就被认为是一个诡辩者,在某种意义上,他用逻辑术来说服雅典的年轻人,在理性探究的基础上寻求一种具有美德的生活。他经常与高尔吉亚(Gorgias)、斯拉雪麦格(Thrasymachus)、普罗狄科(Prodicus)、希比亚(Hippias)、波拉斯(Polus)和其他诡辩者进行辩论。

毫无疑问,最伟大、最杰出的诡辩者是普罗塔哥拉(Protagoras,公元前485年至公元前410年),柏拉图将"人是万物的尺度"这一说法归于普罗塔哥拉。柏拉图试图挑战所有知识和价值的相对性。普罗塔哥拉提出了一项基本的认识论原则,它既存在于人文主义中,也存在于怀疑论中,即很难在事物的本质上找到真理或价值的绝对标准,但这些原则与个人和社会有关。普罗塔哥拉对神学、形而上学和科学持怀疑态度。他把知识和感官联系在一起,这是基于在所有事物中所遇到的变化。因此,我们对"实在"(reality)的概念可以说是主观的,因为它因人而异。每个人的看法,对他自身来说都是正确的。"关于神,"他说,"我什么都不知道,也不知道他们是否存在,因为主体的模糊性和人类生命的短暂性。"

高尔吉亚(约公元前483年至公元前376年)也否认了客观实在的存在,他试图用一系列析取命题(disjunctive propositions)来否证这一点[1]。例如,他认为,存在肯定是要么有,要么无,或两者兼而有之;如果某物必须是有限的或无限的,或两者兼而有之;而且,或者一或者多或两者兼而有之,但我们不能确定是哪种情况。他说,即使我们承认这个世界是独立于我们存在的,它也不能被描绘出来;因为思想不能反映事实,也没有判据来区分真思想与假思想。即使我们承认有知识,他补充说,"我们也无法将知识传达给另一个人,因为我们的

---

① A. W. Benn, vol 1, *The Greek Philosophers* (London, 1882), p. 426.

感觉和意识是不同的"。在这些观点中,有许多反映了怀疑论者后来采取的立场。

柏拉图根本上不同意如下命题:不存在客观实在,它可能是不可知的,或者它的知识无法表达。他推测,在他认为我们可以通过推理获得知识的表象世界之上和之外,存在一个永恒本质的领域。在某种意义上,柏拉图"最伟大的对话",《理想国》(*The Republic*),就是为了回应和反驳怀疑论者的,如斯拉雪麦格等人。他们认为,不存在什么正义,那只是"强者的福利"或社会习俗的表达,而一个有力量和野心的人应该承认这点并加速其进程。柏拉图认为,正义和善的理念是永恒的。他制定了一个标准,我们可以用这个标准来判断国家和个人的正义。柏拉图在伦理学、政治学、认识论和形而上学中,处理了各种形式的怀疑论,特别是完全消极、独断的怀疑论。一些评论家在苏格拉底身上找到了怀疑论哲学的开创性来源,也就是说,苏格拉底在声明中说,没有人比他更聪明,因为他知道自己是多么无知以及他不知道的有多少。他说,在雅典,所有跟他有关的人(诗人、政治家、工匠等)都声称拥有真理,但他发现,他们实际上所知甚少,他认识到发现真理的困难性。

在许多对话中,苏格拉底最终的结论是不确定的。什么是"虔敬"(piety)?他对《游叙弗伦》(*Euthyphro*)①中提出的概念进行了详细的分析。他拒绝了游叙弗伦提出的对虔敬的传统定义,但没有给出最终的定义。同样,对于《泰阿泰德篇》(*Theatetus*)中的"真理"概念,柏拉图认为,这是一个极其复杂的概念。苏格拉底说,我们知道

---

① 中译本:《游叙弗伦·苏格拉底的申辩·克力同》,柏拉图著,严群译,商务印书馆,1983年。——译者注

什么不是真理,但我们不能确定真理是什么。因此,苏格拉底思想开放,对辩证观点和逻辑分析过程感兴趣。在这里,他不是一个绝对主义者,而是一个定义和分类之后的探索者。尽管后来的新柏拉图主义者将柏拉图的"理念说"(theory of ideas)转化为永恒的本质(eternal essences),但他们忽略了对话本身,这些对话使人们处于不断探索的过程中,争论和审视了各种各样的思想。因此,很难简单地把柏拉图理解为一个绝对主义者,因为他清楚地意识到怀疑论的争论,这些论点在他的对话中被巧妙地提出了。

同样的情况也适合于亚里士多德,他通常不被认为是怀疑论者。事实上,他是极端怀疑论的批评者。尽管亚里士多德从来没有否认科学知识、实践智慧或哲学智慧的可能性,尽管他认为自然是可理解的,但他的作品仍然反映出一种敏锐的探究性思维(inquiring mind)。他总是用探究性的分析来研究问题,拒绝那些在他看来似是而非的解释,他的表述很少是绝对的。有人说亚里士多德代表了一种怀疑论形式,至少在天平的另一端是如此,这可能令人惊讶。因为他不是独断论者,他试图将他的知识主张建立在经验观察和推论的基础上,尽管与其他怀疑论者不同,但他声称拥有形而上学的知识。亚里士多德的作品中所表现出的辩证探究的过程,代表了怀疑论方法在分析和评价思想中的应用。

古代世界有两种明确的哲学怀疑论形式,这些学派对怀疑论运动的进程产生了重大影响:皮浪主义,一种取名于伊利斯的皮浪的怀疑主义流派,对罗马世界产生了相当大的影响;学园怀疑论,因为它出现在后来的柏拉图学园。

皮浪主义

皮浪没有著作流传下来,因此我们对他的了解只是基于二手的文献。他的独特之处在于，他试图发展出一种善行慧（或至少是一种它的包装形式），即一种基于他的怀疑论哲学观的实践行为理论。虽然他避免陈述一种实在学说，但他预设了一些认识论原则。他说，这些原则充其量不过是个人的，而不是客观的。然而，皮浪所信奉的那种怀疑论，是为了使他能够达到一种静观，即一种未受干扰的状态。怀疑论与伊壁鸠鲁主义和斯多葛学派相竞争，尤其是在罗马世界，以争取受过教育的男女的思想和心灵；它是一种生活方式，使人们能够从忧虑和关切中获得心灵的平静。有趣的是，古典怀疑论并没有狭隘地表达知识的理论，而是对实现一种生活方式的更广泛的关注。正如人们所称，皮浪主义采取了普遍的不可知论和悬搁信念的形式。

根据公元 3 世纪第欧根尼·拉尔修（Diogenes Laertius）的文章，皮浪试图过一种与教义相符的生活，即"我行我素，心无城府，却直面所有的风险，无论是马车、悬崖、狗，还是不会留给感官裁决的任何无形东西"[①]。他被那些习惯追随他的朋友们保护以免受到伤害。根据拉尔修的说法，皮浪拒绝任何道德理论，否认光荣的或不光彩的、公正的或不公正的一切事物。"除了规范人类行为的习俗和惯例之外，没有什么是真正存在的。"埃奈西德穆（Aenesidemus，公元前 1 世纪）认为，皮浪悬搁判断的做法适用于哲学和真理问题，但他在日常事务中并不缺乏远见或有用的常识。他的终极追求是道德的，因为悬搁判断在怀疑论者的个人生活中具有积极的结果。但是，拉尔修仍然把皮浪的行为描述为"当船上的其他乘客都被暴风雨吓坏时，他保持冷静和自信，指着船上的一只继续进食的小猪，对他们说，这就是智

---

① Diogenes Laertius, *Lives of Eminent Philosophers*, vol. 2 (London, New York: William Heinemann, 1925). 亦见 Bennt op. cit. , p. 475.

者应该保持的平静状态"①。

　　历史学家爱德华·泽勒(Edward Zeller)在三个陈述中总结了皮浪的哲学:"我们对事物的本质一无所知。故对它们的正确态度是悬搁判断。悬搁判断的必然结果是不受干扰。"②皮浪的弟子蒂孟(Timon,约公元前320至公元前230年)把他的想法带得更远了。但是,怀疑论的这种哲学概念化主要归于埃奈西德穆。他既抨击了那些宣称自己发现了真理的独断论哲学家,也抨击了学园怀疑论者。

　　皮浪主义最完整的阐释可能归于塞克斯都·恩披里柯,他生活在公元3世纪,比皮浪晚5个世纪。塞克斯都对皮浪观点的描述是否完全准确尚不清楚。无论如何,他的著作是我们认识皮浪主义的唯一主要来源。因此,我们将直接转向他的《皮浪学说纲要》,这本书对哲学史产生了相当大的影响③。事实上,正是在公元15世纪和公元16世纪的欧洲文艺复兴时期,这一文本的重新发现,导致了怀疑论在现代世界的重新兴起。塞克斯都指出有三种哲学:独断论者(亚里士多德、伊壁鸠鲁、斯多葛学派);学园派(如代表人物卡尔尼亚德);怀疑论者(皮浪主义者)。他认为,怀疑论者与其他人不同,因为他们说"我们没有做出任何肯定的声称,即我们所说的一切完全是我们所肯定的。我们只是准确地报告每件事,如同我们当时对它的印象"④。皮浪主义者既是哲学家,也是医学经验论者。他们质疑疾

---

① Benn, p. 481.

② Edward Zeller, *The Stoics*, *Epicureans*, *and Skeptics* (London: Longmans, Green, 1880), p. 527.

③ Sextus Empiricus, *Outlines of Pyrrhonism* (Buffalo, N. Y. : Prometheus Books, 1990). 中译本:《悬疑与宁静——皮浪主义文集》,杨适等译,上海三联书店,1989年。——译者注

④ Philip P. Hallie, ed. , *Skepticism*, *Man and God : Selections from the Major Writing of Sextus Empiricus*(Middleton, Gonn. : Wesleyan University Press, 1964), p. 41.

病和痼疾是否有起因，并且否认这一点，他们也质疑逻辑、数学、物理学、占星术等领域的知识声称。

塞克斯都把他的怀疑论刻画为是一种 zetetic（探查和审视；它也是悬搁判断）；一种 aporetic（怀疑状态）。这种形式的怀疑论无法提供最终的同意或否认，因此它并不等同于简单的否定，它也不只是不相信或拒绝信仰。

塞克斯都说，我们遇到的问题是，对于每一个表象或判断，我们都能找到相反的表象或判断。他所说的表象，是指感官知觉的对象。相反的判断，他的意思是，我们发现的论点是"相互冲突的"，而且每个论点都有同样的说服力。因此，唯一明智的姿态是悬搁判断，指"思维过程的中断"，也就是我们既不肯定也不否认任何事情。

这种形式的怀疑论，目的是达到一种"精神安宁"或"未受干扰的平静"状态。因此，皮浪主义怀疑论没有狭隘的智识利益，而是一种道德目的。因为，它感兴趣的是悬搁判断对个人生活的影响。事实上，塞克斯都认为"怀疑论有其概念和原因……希望找到精神上的安宁"[1]。他说，品质高尚的人遇到不合规的事情感到不安，不知道该相信什么。因此，他们调查事物的真相和谬误，这样他们才能实现"宁静"，而只有当我们停止教条化时，这种情况才会发生。

塞克斯都告诉我们，当他使用教条这个词时，他指的不是源于日常印象的普通感觉。"教条"适用于"构成科学研究对象的无证据事物"[2]。他说，教条主义者接受独立于自己的事物的真实存在。例如，他会声称这些对象是感官或思想的对象，或者它们本身是真实的。

---

[1] Philip P. Hallie, ed., *Skepticism*, *Man and God : Selections from the Major Writing of Sextus Empiricus*(Middleton, Gonn. : Wesleyan University Press, 1964), p. 35.

[2] 同上，p. 36。

怀疑论者既不肯定也不否认这一点。他并不否认知识的可能性,只是从来不做认识论或形而上学的声称。怀疑论者只是在记录他对这些事情的个人感受,仅此而已。因此,他没有一个信仰的哲学体系,尽管他确实有一个准则,即根据表象"遵循某种推理链条,这种推理链条表明,正确生活是有可能的"①。

塞克斯都说,怀疑论者并不否认表象。他们只是不想解释这些表象是什么。他说,当我们生活的时候,我们要注意表象,观察日常生活的需要。事实上,怀疑论者受到自然、感情的强迫、社会的传统、法律和习俗以及艺术的引导。本质上,如果怀疑论者在哲学或科学中找不到真理,他们至少可以遵循他们的常识爱好和感受,并遵循社会的惯例。大卫·休谟受塞克斯都的影响,于18世纪呼应了类似的观点。

怀疑论者如何实现这种悬搁判断? 总的原则是,把事物放在他人所声称事物的对立面;根据塞克斯都的说法,"我们反对从表象到表象、想法到想法,或表象到思想"②。塞克斯都勾画出了获得悬搁判断的10种模式、观点或形式(即"十式")。它们都表明认知和思想的巨大相对性、多样性和主观性,并且很难找到一些基本的认识论判据来告诉我们,哪些是真的,哪些是假的:①关于动物之间的差异,即同一对象在不同的动物中产生不同的印象,而印象因动物而异;②同理,人与人之间也有不同的知觉,这取决于我们不同的人物特征、不同的人群构成和不同的特点;③存在着由于我们独特的感觉器官的构建所导致的差异;④在我们所处的环境中,也有一定的相对性,这

---

① Philip P. Hallie ed. , *Skepticism*, *Man and God*: *Selections from the Major Writing of Sextus Empiricus* (Middleton, Gonn.: Wesleyan University Press, 1964), p. 37.

② 同上,p. 43。

必然会影响我们对世界的看法；⑤同理，因所涉人员的位置、距离和地点而有相对性；⑥还有由不同的混合物造成的相对性；⑦同理，个体对象的数量及组合所导致的相对性；⑧故存在某些声称的相对性；⑨我们的感知和想法，也与事件发生的频率或稀少程度有关；⑩最后，道德标准、制度、习俗、法律、神话信仰和教条的多样性，影响着我们的知觉和判断。

这些模式，要么适用于正在判断的主体，要么适用于被评判的对象，或者是其组合。塞克斯都随后指出，判断之间存在未解决的分歧和意见，提供的任何证据都会继续无限存在。人们在他们没有证据就接受的假设上存在分歧；因为他们倾向循环论，从而寻求质疑。由于这些陷阱的结果，怀疑论者更倾向培养一种悬搁判断的习惯。但塞克斯都警告说，与教条主义者不同的是，他并不是在提供哲学理论，而只是说"如它对我们呈现的"，或者用第一人称说，"如它对我呈现的"。

应该清楚的是，皮浪主义怀疑论者并不是否认或反驳其他人的声称。例如，他们并不否认上帝或神的存在。他们只是说，他们既不是相信也不是不相信。他们使用的表达是"我悬搁决定"，而不是说"我不能说出我应该相信的对象和我不应该相信的对象"①。在可信性和不可信性方面，对象是相同的。"我们对于是否平等没有提出任何肯定的主张，但我们只是说明，当它们被我们注意到时，我们对它们的印象"②。由于调查对象的同等有效性，塞克斯都把这个过程称为"悬搁"，因为他既不能确认也不能否认关于它们的任何事情。因

---

① Philip P. Hallie ed. , *Skepticism*, *Man and God*: *Selections from the Major Writing of Sextus Empiricus* (Middleton, Gonn. : Wesleyan University Press, 1964), p. 82.

② 同上。

此,皮浪主义怀疑论在其方法上是中立的。怀疑论者对这样的问题不做任何决定,因为在他看来,"所面对的一切事物都是未确定的"。同理,怀疑论者只是报告了他自己的思维状态。他认为,对于每一个命题的赞成论点,都有一个反对的论点,这样的事情对他来说是不可理解的,并不把它作为一个普遍的理论。相反,他修改了所表达的意思,在怀疑论者看来,对于那些试图以教条方式接受某一观点的人,通过审查,就可以发现另一种反对它的观点。怀疑论者认为,他们不是教条主义者,而只是描述了他们所看到的人类的思维状态。因此,怀疑论只是作为一种从教条主义中解放出来的疗法,使我们漠视其诱惑和陷阱。

我将在本书的后面几章中对这种形式的怀疑论提出批评,这里只是一些相关的一般观察。第一,我认为这种相当过分的完全中立的怀疑论形式是靠不住的。怀疑论者承认,在日常生活中,我们需要做出选择;事实上,他们认为,要保持未受干扰,我们应该遵循现存的风俗习惯。因此,在寻常生活的信念和更复杂的科学理论或哲学观念之间无法划出明确的分界线。第二,在公元2、3世纪的作品中,怀疑论者对哲学和科学流派之间普遍存在的分歧感到不安。这些分歧中的许多方面无疑在今天依然存在,但不同之处在于,我们现在拥有大量的科学知识,并了解到,这些知识已经通过证据、逻辑一致性和预见力进行了检验,这些知识可以说是可靠的。因此,认为所有知识都没有客观基础,所有对真理的主张都基于相同的理由,而我们唯一的办法是悬搁判断,这根本不符合人类的经验。第三,中立主义的怀疑论者在主张一种广泛而彻底的独断论形式:通过否认他们能够发现知识,并声称他们不是在做一般性的哲学陈述,而只是个人的观点。他们所掩饰的普遍主张是完全不诚实的。在我看来,怀疑论者对知识的不可信性提出了太多的抗议。

背后的潜台词,是关于实在的本质和人类感知者的一套成问题的哲学假设。我稍后将分析这种情况是如何发生的,以及在何种意义上是这样的。然而,让我来说,这些警告并不否认有的悬搁判断在某些情况下是寻求可靠知识的怀疑探究的必要组成部分。但在有限的探究情境下,这是一种选择性的悬搁,并非可普遍化的。我所否认的是完全悬搁怀疑的原则,以及作为一种可行姿态而陷入中立的一无所知的原则。有趣的是,在皮浪主义怀疑论重新发现的时候,它对现代哲学产生了深刻而有益的影响。如果哲学家说没有什么真假,没有可靠的判断标准,那么,为什么不接受基督教的启示,为什么不恢复信仰和习俗作为灵感的来源呢? 因此,对中立怀疑论的反作用,可能导致最极端形式的教条主义。这种纯粹主义者的怀疑论,最终只能是弄巧成拙。

学园怀疑论

现在,我们把注意力转向一种我认为比皮浪主义更可靠形式的怀疑论,但塞克斯都不公平地将其视为"教条"怀疑论。这种怀疑论出现在柏拉图学园,在公元前 3 世纪得到学园继任者们的支持。如上所述,柏拉图是一个哲学天才,在许多方面可以理解为怀疑论者和绝对主义者。他的巨著《对话》(*Dialogues*)是哲学探索的一次远足旅行,表达了广泛的观点。正如我所说,柏拉图往往无规律可循地结束他的对话。然而,他以"理念说"而声名远播,即一个永恒本质境界的假设,宇宙分为"表象"和"实在";他认为后者可以通过理性直觉的辩证过程来认识。阿尔克西拉乌斯(Arcesilaus,公元前 315 至公元前 240 年)怀疑这些形而上学和认识论学说。类似的,一个世纪后,许多人认为,最伟大的学园怀疑论者卡尔尼亚德,拒绝了柏拉图的认识论和形而上学。不幸的是,我们没有卡尔尼亚德或其他学园怀疑论者的任何著作,而我们对他们学说的了解主要来源于罗马作家和政治家:西塞罗,他在学园学习过;第欧根尼·拉尔修,写过哲学家们的生活;圣奥古斯丁(公元354年至公元430年),他则从基督教信仰的角度猛烈抨击怀疑论者①。

应该再次指出,"怀疑主义"最初起源于 *skepticos*,它与怀疑无关,而是与探究有关;它的意思是"考查"或"审查"。直到后来,这个词才与怀疑联系起来,并定义了一个历史学派。如后来所称,学园怀疑论者可能不太了解皮浪的理论,只是在继续苏格拉底的怀疑传统。由于缺乏原始资料来源,因此他们难以解决这些历史问题。

学园怀疑论者对盛行的形而上学学说,尤其是柏拉图主义和斯多葛学派,提出了持续的批评。这些学说否认怀疑论意味着完全的怀疑、冷漠和麻痹,并集中于处理经验和将某些规则应用于日常生活。根据西塞罗的说法,阿尔克西拉乌斯是第一个在哲学争论中使用 *epochē*(存而不论)这个词来判断悬搁的人,学园怀疑论者希望否认这种斯多葛主义者的说法,即有些看法不言而喻是正确的。阿尔克西拉乌斯引入了一种赞美学说,即可能性或合理性,它给了我们一些采取行动和作出实际判断的依据,尽管它可能不是决定性的,也可能不会告诉我们事物的内在本质。虽然我们可以悬搁对形而上学问题的判断,但我们不会破坏实际的理性,从而实现幸福的生活。因此,怀疑主义与当时的两大哲学流派——伊壁鸠鲁主义和斯多葛主义并没有什么不同,后者也试图为生活提供指导,或称善行智。

---

① Cicero, *De Academica and De Natura Deorum*; Diogenes Laertius, *The Lives and Opinions of the Philosophers*; St. Augustine, *Contra Academicus*.

卡尔内亚德的观点尤其受到人们的关注，因为他表现出更加积极和更有建设性的怀疑论形式，这与那种现代实用主义和实证主义的怀疑焦点并无不同。卡尔内亚德并没有完全否定知识的可能性；他认为，我们可以发现我们能够生存的可能性。他也不建议对一切事物做出悬搁判断的中立状态。因此，他的怀疑论与后来被大卫·休谟所推崇的温和怀疑论相似。然而，他对知识的基础持怀疑态度。卡尔内亚德并不认为，我们对事物的性质有终极的了解，而是虽然没有什么事物是确定的，但有些事物比别的事物更有可能。

卡尔内亚德像皮浪一样，由于为哲学主张提供相互矛盾的论点而令人印象深刻。下面的故事戏剧性地描述了历史上怀疑论者的角色，以及怀疑论，即使是温和怀疑论，经常遭受的命运。公元前156年，雅典人无缘无故地袭击了奥罗珀斯城，罗马对他们的500个天才进行惩罚。为了判断能否免除处罚，雅典派了三位哲学家作为特别大使前往罗马，其中包括一位斯多葛学派、一位逍遥学派（亚里士多德派）和卡尔内亚德，这三位哲学家代表了学园怀疑论。在谈判过程中，哲学家们公开演讲。卡尔内亚德的演讲引起了共鸣。连续两天，他就正义的性质发表了演讲。在第一次演讲中，他颂扬了柏拉图和亚里士多德关于正义和美德的论述。然而，在第二次演讲中，他推翻了他前一天得出的所有结论。他试图表明，不存在不可改变的正义规则，最伟大和最强大的国家（如罗马），都是通过侵犯邻国的权利而繁荣的。此外，从个人的角度来看，一个人的自身利益有时会凌驾于对美德的考虑之上。在这场精湛的演讲中，卡尔内亚德只不过证明了，对于支持某命题的每个论点，都有可能用矛盾的论点来平衡它。他试图指出，人类倾向于这种不和谐、自负和容易教条主义的立场。但罗马人不赞成这种怀疑性策略，不久他们就被卡托（Cato）说服，通过了一项反对哲学的法律。怀疑论哲学家提出的那些讽刺论点，无疑被罗马领导者视为对其公共政策的攻击和对其正直性的威胁。

塞克斯都对学园怀疑论的解释是有启发性的。他认为，有三个时代的学园派，第一个是柏拉图及其同时代的追随者；第二个是中世纪的学园派，由阿尔克西拉乌斯和他的弟子波莱莫（Polemo）领导；第三个是新学园派（New Academy），由卡尔内亚德和克利托玛科斯（Clitomachus）领导。他还认为有人加了第四个，斐洛和夏米得（Philo and Charmides），甚至是第五个，安提欧刻斯（Antiochus）。塞克斯都指出，柏拉图《对话》中有一些人表现出怀疑态度，特别是在《美诺篇》和《游叙弗伦》，苏格拉底在这两种对话中进行了辩证的质询，不确定能否找到明确的答案。因此，不能简单地指责柏拉图是一个教条主义者。

关于新的学园怀疑论者，塞克斯都说，他们与皮浪主义者是有区别的，因为他们愿意做出明确和积极的断言，诸如"所有的事情都是不可理解的"，而他自己的团队只是不教条地遵循普通用法，并没有提出任何主张。他说："我们断言，就其本质而言，感官印象在可信度方面是平等的，因为它们声称有些是可能的，而另一些则是不可能的。"①他们进一步区分概然性的程度，认为有些可能性只是可能，另一些是可能且可检验的，还有一些是"可能、可检验和不可逆的"。他给出了一个例子，一个人进入一个黑暗的房间，看到绳子卷曲在地上，他的第一反应是这是一条蛇，尽管没有这种可能性。但是经过仔细的调查，他发现它不动，并觉得很可能是一根绳子。但他记得，在冬天，蛇有时会被冻僵。因此，他用棍子触碰绳圈，并自己满意地认

① Hallie, op. cit., p. 94.

为,看起来像条蛇不代表就是一条蛇。

　　根据卡尔内亚德的观点,斯多葛主义认识论是错误的。正如斯多葛学派所相信的,头脑不接受幻想(phantasiai,大脑可以确定的表象或表征),因为主观因素是积极参与感知和认识的。卡尔内亚德找不到一个认识论判据来区分我们的主观经验和我们的行动,所以,我们不能对表象背后的实在说任何坚定的话,而必须悬搁对我们知识的根本基础的判断。作为对斯多葛主义质疑的回应,卡尔内亚德表述了"可能的"(即"pithanon")教义。

　　因此,卡尔内亚德描述了谨慎的男人和女人在生活中是如何遵循的。有三个层次的可能性:第一层次,是简单的感知(如看到带状物体);第二层次,是当我们的第一印象在相应的情况下被类似的感知所证实时;第三种层次的可能性,发生在我们进一步测试我们的印象时。当我们通过调查发生的条件来确认我们的感知时,可能性就增加了。在这里,卡尔内亚德使用了一种归纳推理的形式,将他眼前的印象与过去的经验联系起来,并仔细地验证其可靠性。卡尔内亚德的经验概率主义(empirical probabilism)非常重要,因为它部分类似于我在第一章中阐述的第三种怀疑论(尽管我不只限于此),而且它为怀疑论探究者指出了一个建设性的角色定位。

　　皮浪主义和概率主义之间有着根本的区别。这两种形式的怀疑论之间的对立,也许通过参考不同的宗教和信仰对神的看法就可以得到很好地理解。塞克斯都清楚地指出,皮浪主义者符合一般的观点,即我们以不折不扣的方式肯定神、敬神的存在,并确认他们具有先见之明[①]。他批评那些声称拥有"神圣事物"(divine things)知识的

---

① Hallie, op. cit. , p. 175.

教条主义哲学家,指出了人们对神的各种不同且矛盾的观念,他认为,证明神圣事物存在的努力是徒劳的。同样,他认为,任何否证神存在的企图都是荒谬的,特别是当双方论点截然相反的时候。由于人们无法解决神是否存在的两难困境,塞克斯都宣称,要保持中立、无私的状态,即悬搁信念。他的伦理困境,通过恢复他祖传的习俗而得到解决。因此,他宣称"神确实存在",并主张"一切行为都要有助于崇拜和敬奉"①。

　　另一方面,卡尔内亚德对神的信仰持强烈的批评态度,或者至少他对神存在的基础持怀疑态度,我们没有记录表明他信仰虔诚。我们对卡尔内亚德的很多知识,都是由西塞罗提供的。西塞罗研究了斯多葛主义、伊壁鸠鲁主义和怀疑主义,并熟悉这些学派关于神的性质以及它们是否对宇宙和人类事务施加任何治理和控制的争论。西塞罗试图捍卫神圣宇宙的斯多葛观点,但他告诉我们,卡尔内亚德批评了用来支持这一观点的哲学论点,并表明了它们的矛盾性质②。斯多葛说,每个人都相信上帝,这是一种社会共识;他认为,即使对神的信仰是普遍的,人们也不应该通过愚蠢和不经思考的大众观点来证明这一点,因为这并不能证明。卡尔内亚德还抨击了用目的论和设计论的观点来证明上帝的存在,他说,一个人可以自然地解释我们在自然界中所观察到的过程,而不把这些过程归因于某个人格上帝的意图。在任何情况下,他都认为,上帝的概念被卷入了种种矛盾。如果上帝是无限的,它又是有限的;如果上帝是完美的,它又不可能同时是美德的。卡尔内亚德发现了自然界的无序和不完美。因此,恶

---

① Hallie, op. cit. , p.188.
② 在《论上帝之本性》一书中,西塞罗让科塔与卡尔内亚德辩论。

的问题破坏了斯多葛的神的概念。巧得很,卡尔内亚德也是信仰占卜、神谕和预言的强烈批评家,在当时的罗马世界里,人们普遍相信超自然事件。虽然卡尔内亚德能够对问题双方都进行说服,并促进悬搁判断,虽然他是一个强烈的不可知论者和愤世嫉俗的流行的斯多葛学派,但是,很可能他也是一个无信仰者,因此,他没有像塞克斯都那样简单地回归习俗,或声明他相信传统宗教。

根据西塞罗的说法,卡尔内亚德并不是为了摧毁对神的信仰而表述他的论点,而是为了表明这些论点是多么空洞。他并未单纯重复斯多葛学派的论点,而是显示它们的矛盾性质,并试图引发悬搁怀疑。因此,他站在无神论者和有神论者中间。塞克斯都否定了学园怀疑论所产生的概率论和合理性学说。他也拒绝了卡尔内亚德的概率等级,因为他认为,它们可能是教条主义的。然而,皮浪主义者和学园怀疑论者都有着共同的实际关切:他们反对形而上学的教条主义和确定性,这可能导致过度的狂热。他们都试图与经验打交道,以便为美好生活找到一些方向。学园怀疑论者既没有因精神分裂症的优柔寡断而终结,也没有不顾一切的怀疑。作为善行慧者,他们都有一个实际的目标:为有意义的生活提供一些道德指导。

还有一点需要提出来。关于卡尔内亚德立场的真正意义,学者们一直存在着一些争议。有些人说卡尔内亚德本人缺乏任何积极的信仰,他的主要重点是存而不论——悬搁信念,这可以从他通常能够驳斥问题双方观点这一事实来说明。卡尔内亚德后的学园首领克利托马科斯说,他永远也找不出卡尔内亚德自己到底相信什么,他也尊敬他,认为他是"存而不论"的捍卫者。因此,有人说,卡尔内亚德并没有提出他所推崇的一种"概然论",而只是把它作为一种辩证的手段来回应斯多葛学派。如果是这样的话,卡尔内亚德的观点基本上是消极的。毫无疑问,卡尔内亚德在问题的两个方面都很有天赋,例如,他认为有一个"令人信服的印象"的判据,但他却也说没有。在这种解释下,卡尔内亚德并没有致力于一种积极的学说,而只是利用概然性理论来刁难斯多葛学派。因此,他实际上相信的东西有时很难说。卡尔内亚德后来的学园怀疑论追随者,如斐洛、克利托玛科斯的继任者,以及梅特罗多洛(Metrodorus),他们认为卡尔内亚德确实相信概然性,他们自己也支持一种温和怀疑论形式。不管怎样,无论卡尔内亚德自己是否真的相信概然性,在后来的学园怀疑论中,它被看作一种积极形式的怀疑论。这些怀疑论者认为,我们应该"好好计算"诸多事实的"平衡表",并遵循审慎的生活路线。在这样做的过程中,他们对怀疑论倡导了一个非常积极的目的。

如上所述,塞克斯都·恩披里柯认为,这一举动是教条的,对他来说,悬搁信仰是怀疑论者唯一明智的做法。不幸的是,在近代时期,塞克斯都的皮浪主义,而不是卡尔内亚德的积极概然性理论,被认为是古典怀疑论的主要代表。因为正是信仰的完全悬搁和完全怀疑的培养,才开始对现代思想的发展产生重大影响。然而,这里实际上有两种怀疑论:一种是怀疑论作为信仰或怀疑的悬搁,另一种是怀疑论作为一种探究的积极方法论原则。在后一种形式的怀疑论中,有一种开放的心态,是一种对绝对或不言自明的前提的质疑,它有时对真理的追求是不坚定的,但它从未完全否认获得可靠知识的可能性。

关于奥古斯丁《驳学园派》的附言

从某种意义上说,奥古斯丁标志着怀疑论在罗马世界影响力的终结。他是一个过渡性的人物,因为伴随他的是,基督教开始在罗马帝国中产生影响力,基督教信仰以压倒一切的优势主宰着曾经在非基督教界盛行的哲学流派。哲学探究被基于宗教信仰的绝对确定性所取代。奥古斯丁讲述了自己从怀疑论到确信的个人历程。他告诉我们，年轻的时候他就熟悉学园怀疑论，并对学园的哲学争论产生兴趣。然而，他觉得怀疑论不足以满足他如饥似渴的求知欲，甚至已经对他的活力和兴趣产生毁灭性的危害。此外，奥古斯丁感兴趣的是去发现真理，而不仅仅是探求真理或悬搁判断。在他的《驳学园派》(*Contra Academicus*)中，他基于哲学的立场与怀疑论哲学决裂，他认为，首要的是我们能够知道某种真理：在逻辑上，通过矛盾律排除中立性和同一性，这是有效性直接明显而普遍的真理，不因时间而改变。同样，他在伦理学和美学中也发现了确定的真理。归根到底，奥古斯丁提出了一个柏拉图式的理想本质(ideal essences)范畴，一切都统一于上帝的创造。奥古斯丁是一个辩论能手，他预见了他运用笛卡儿的"我思故我在"的名言辩论，即使怀疑一切，至少也需要肯定怀疑正在发生，被怀疑本身是不可否认的。

　　奥古斯丁的哲学表达了一种新的智识和道德情绪。他在寻求真理或探究的过程中没有发现幸福。他不满足于怀疑状态而希望明确的肯定，认为光有理性的生活是不够的，靠概然性来生活对他没有吸引力。这种确定性来自先验的柏拉图式直觉主义，但在这种感觉上的理性对他来说仍然是不够的，必须通过信仰和神谕来补充。他说，理性无法解开生命最深的奥秘。人类需要通过信仰来履行神圣的实践，只有服从神的权威，接受基督的启示，我们才有希望超越怀疑论哲学的疑虑。

　　不言而喻，怀疑论者对奥古斯丁的信仰诉求持极端批评态度。怀疑论使人们对启示的可靠性产生了怀疑。怀疑论找不到任何终极的理由来把逻辑的真理建立在绝对直觉的基础上，不认为道德标准或美学标准是普遍的，质疑是基于上帝的对本质范畴的推论。

现代怀疑论

随着异教徒哲学和文学的衰落，以及对教会强加的权威的顺从，学问在衰退。欧洲文明花了很长时间才摆脱基督教教义的统治。欧洲在 13、14 世纪从教条主义的麻木中重新觉醒，而且由于希腊和罗马古典文本的重新发现而爆发了局部的文艺复兴。这种人文主义研究的复兴，伴随着社会的世俗化和现代科学的最终出现。

在文艺复兴晚期和现代早期，大家阅读的伟大经典著作主要是两位怀疑论作家：西塞罗和塞克斯都·恩披里柯，后者更吸引眼球。第欧根尼·拉尔修的《皮浪的一生》也有一定影响。《皮浪学说纲要》的希腊文本于 15 世纪从拜占庭世界首先被带到西欧。1562 年，它被翻译成拉丁语，后来又被翻译成其他语言。到了 17 世纪，怀疑论开始对现代思想产生重大影响。不幸的是，当时出现的那种怀疑论被认为是培植一种普遍怀疑的状态，因此许多人认为怀疑论过于消极，而不是作为探究的建设性特点。

消极怀疑论和信仰主义

最初开始盛行的怀疑论是皮浪主义怀疑论，也就是说，对知识可能性的完全怀疑，认为感官和理性都不能给我们提供任何程度的确定性，而我们唯一剩下的就是完全怀疑。皮浪说，由于他不知道世界是否存在，他依赖于当时的风俗和宗教。受怀疑论影响的一个令人惊讶的副产品，是近代早期的信仰主义（fideism）的成长；因为，如果自然理性和感官经验对终极真理的指导都是不可靠的，许多怀疑论者就会认为只有宗教信仰才能满足我们的探索。

在宗教改革期间，当新教对罗马天主教发动战争时，有关真理性质的问题成为争论的中心。真理是教会决定的事情吗？还是一个人可以回到《圣经》，阅读经文，自己做出判断？人文主义学者伊拉斯谟（1466—1536）在他对经院哲学的批评中主张怀疑论的悬搁判断，但他捍卫了基督教信仰。马丁·路德（Martin Luther）猛烈抨击伊拉斯谟，他坚持认为，一个真正的基督徒不可能是怀疑论者，即"圣徒精神，非怀疑论者"。尽管他推崇大家自己去阅读《圣经》，但他坚持认为，启示录包含绝对真理。许多天主教徒变成了哲学和科学中的怀疑论者。尽管拒绝了新教对内在良知的诉求，他们仍然捍卫了母教会（Mother Church）的传统和信仰。因此，在近代早期，怀疑论并不是用来贬低宗教信仰的武器，而是作为自然知识和哲学的工具。直到后来，怀疑论才公然反宗教，被认为是无信仰和无神论。

对怀疑论感兴趣的第一位主要人物，是皮科（Gianfrancesco Pico della Mirandola，1469—1533）。像伊拉斯谟一样，他代表基督教用怀疑论反对亚里士多德。他说，唯一可靠的真相在《圣经》中。同样，真提安·赫维特（Gentian Hervet），教会有影响力的成员，试图用塞克斯都来驳斥加尔文主义（Calvinism）。他认为，人类的理性是脆弱的，加尔文的主张自命不凡。

两位推动怀疑论的有影响力的作家，是弗朗西斯科·桑切斯（Francisco Sanchez，1550—1623）和法国散文家米歇尔·德·蒙田（Michel de Montaigne，1533—1592）。桑切斯采用了古典的怀疑论批判，反对教条的亚里士多德科学，并恢复了信仰，尽管他确实提出了另一种有建设性的且可行的温和形式的怀疑论。蒙田对怀疑论的发展有着强烈的影响。蒙田经受了皮浪危机（crise pyrrhonienne），他怀疑知识的可能性，因为经验和理性都是欺骗性的，无法理解实在。他主张，只有悬搁信仰，接受上帝的启示，我们才能找到摆脱僵局的办法。

其他怀疑论作者也走了类似的道路,例如,培尔、贝克莱(Berke-ley)、帕斯卡(Pascal),还有后来的克尔凯郭尔(Kierkegaard)。人们可能会问,这些怀疑论作家在回归宗教信仰时是否诚实,或者时代的不宽容是否使他们感到无法释怀,透露他们对宗教本身的真实怀疑。人在一生中会戴许多面具,也许在不把自己的名誉和生活置于严重危险的情况下,就不可能去掉隐藏着不信宗教的面具。

17世纪末,法国哲学家、批评家皮埃尔·培尔(1647—1706)表达了当时最彻底的怀疑论。他的《历史和批判辞典》(*Dictionnaire Historique et Critique*)对各种理论提出了严厉的控诉。他乐于不断地向读者证明,几乎所有的理论都存在漏洞,其中包含许多矛盾,以此来挑战读者。他还把注意力转向宗教体系,发现它们充满了荒谬。例如,他取笑《旧约》中大卫的道德操守。他说,无神论者可能比基督徒更有道德;宗教不一定是道德行为的基础。他的著作使批评家们得出结论,认为他是一个无神论者,而培尔否认了这一点。培尔自始至终都说,他是基督徒和加尔文主义者,他仍然是自己居住的荷兰归正会(Reformed Church)的成员。在以怀疑论为破坏工具驳斥了一个个理论之后,他呼吁信仰是真理的唯一来源。很难说他到底是一个信徒,还是只是害怕揭露自己的不信仰。无论如何,他对启蒙运动和怀疑论转向不信宗教和反宗教产生了重大影响。

无限制怀疑,即彻底怀疑(皮浪和塞克斯都的遗产)对现代世界产生了巨大的影响。它使一些人认为,由于没有可靠的知识标准,唯一谨慎的做法是遵循当时的习俗和宗教,因此怀疑论事与愿违地被用于捍卫信仰。

其他怀疑论者对信仰主义本身得出了相反的结论。如果所有的知识都是似是而非的,那么对真理和启示的宗教要求,包括《圣经》中的要求,也是似是而非的。这种推理的必然结果是在 18、19 世纪出现了完全的不信宗教和无神论。

但是,我们正赶在我们的故事前面,因为怀疑论不是在真空中出现的,而是由许多社会力量推动的。

现代科学的诞生

除了文艺复兴和新教改革,还有其他的影响。人们正从欧洲出发,到世界各地旅行,带回关于异国他乡和异族的故事,这些故事不仅让既定的宗教感到不安,也让文化和民族沙文主义感到不安。与此同时,有一个令人印象深刻的尝试,那就是建立一个新的自然科学。新的自然科学应运而生,它质疑经院哲学(scholastic philosophy)和神学所崇敬的真理,而转向自然之书本身。因此,在 16 世纪和 17 世纪,现代科学的发展在鼓励怀疑论方面发挥了特别强大的作用。可是,也存在一些问题,因为如果怀疑论者否认知识是可能的,那么伽利略的实验,以及哥白尼、开普勒和牛顿在天文学和物理学上都已被数学、观察和实验所证明的令人印象深刻的理论,要如何解释呢?优雅的物理理论,似乎使知识超越了不决和怀疑。这些是否与怀疑论者所否认的相反:是否存在真理的标准使我们能够理解自然是如何运作的?我们能够发现起作用的原因吗?现代哲学的整个发展可以被理解为努力解决新科学和怀疑论所提出的两个基本问题——第一,知识的本质:什么是真理?最可靠的发现和检验真理的方法是什么?第二,实在的本质:知识是关于什么的?什么是终极实在?知识的范围和限度是什么?

笛卡儿的怀疑

勒内·笛卡儿(Rene Descartes,1596—1650)是一位能说明怀

疑论和新科学对人类知识影响的关键人物。他的作品说明了怀疑论思想对现代世界的深远影响,尽管他试图找到一个答案来反驳怀疑论者。笛卡儿在他的著作《方法》(*Discourse on Method*)和《第一哲学沉思集》(*Meditations*)中对知识的安全基础的个人探索的自传描述告诉我们,他的探索始于他发现自己陷入了怀疑的泥潭。作为一个年轻人,笛卡儿有着最好的学校教育优势;但是,他很快开始怀疑所接受的教义,因为他发现,最好的权威经常在基本问题上意见分歧。他还被这样一个事实所震惊:习俗因国家而异,在一个国家被认为是好的或坏的,对的或错的,在另一个国家常常被否定。此外,他还被这样一个事实所困扰,即知觉经常欺骗我们,即在一定条件下,那些看似真实的感觉在其他条件下可能被扭曲。除了数学和几何学之外,他找不到可基于确信的某些不可动摇的真理,他认为权威在这些地方没有异议,会得到一致同意。但他决定把对确定性的追求(quest for certainty)推迟到晚年,那时他会更成熟,有更多的经验。

几年后,笛卡儿终于恢复了他的探寻。他独自一人在德国冬季的一间房间里决定重新开始,看看他是否能重建自己信仰体系的各个要素,并为它们找到可靠的基础。正是在这里,笛卡儿著名的无限怀疑方法,即所谓的笛卡儿怀疑(Cartesian doubt)分为三个阶段充分有效地发挥了作用。首先,第一阶段,他指出感官是如何欺骗我们的,因此作为真理的基础是不可靠的。接下来,在第二阶段中,他自问如何知道自己现在不是在做梦,如何区分梦和现实?第三阶段,进入一个完全怀疑的状态,他介绍了他的恶魔论证。我怎么能知道一些恶魔没有欺骗我,我所相信的或所尊为神圣的,都不可能是真的呢?

他说，"……假设某个恶毒的魔鬼，他极具说服力而又具有欺骗性，利用他的所有手段来欺骗我；假如天空、空气、大地、颜色、数字、声音和一切外在的事物都不过是梦幻泡影……"他于是继续处于心理困惑状态。"我要把自己当作没有手、没有眼、没有肉、没有血、没有感觉的人，并且虚假地相信自己拥有了这些。"笛卡儿接着补充说，他将"继续执意地固守这一信念"并做力所能及的事，即"悬搁我的判断"并防范"同意那些错误的事情"①。

这里，皮浪主义的影响已经达到了顶点，任何对真理的主张都没有前提。笛卡儿已经进入了犹疑未定的状态，无法区分现实与幻想、真理与虚假、梦想与疯狂的幻想。我们从这里去哪里？有什么办法可以摆脱困境吗？是的，他相信有一条出路，那就是利用数学、几何学和逻辑中成功运用的方法来建立真理；也就是说，他将看看是否能发现一个如此清晰、如此鲜明的想法，以至于他不能怀疑它的真实性。于是，他落在自认为坚固的岩石上，我思：我不能否认我在怀疑。但是，怀疑是一种思考方式，即使我怀疑自己在怀疑，也是在怀疑。所以，我知道我存在，至少作为一个思考者的存在。我思，故我在。

笛卡儿这个著名的论证可以被解释为一种反驳怀疑论的尝试，因为正是在完全怀疑的状态下，笛卡儿发现了一点真理。他相信，一旦他建立了这样一个普适原则，他就可以继续去看看是否还有其他清晰而独特、自明而直观的真理，以及任何可以从中推断出来的演绎定理。

---

① Rene Descartes, *Meditations on First Philosophy*, Meditation I. 中译本：《第一哲学沉思集》，笛卡儿著，庞景仁译，商务印书馆，1986。

关于笛卡儿的整个推断过程,可以提出几点质疑。首先,他是否准确地报告了自己的内心想法,他的怀疑状态是真实的还是伪装的? 心理怀疑论(psychological skepticism)是一种极端形式,类似于精神分裂症的怀疑状态。第二,他能用理性主义的直觉先验方法和直觉的演绎推理来摆脱他的怀疑状态吗? 他真的发现了一种我们不能怀疑的杰出的真理直觉吗? 笛卡儿真的解决了在哲学、科学和宗教中如此重要的真理的判据问题吗? 他的批评家们对这两个问题都提出了严重的质疑,他们不仅不相信笛卡儿真的处于一种活跃的悬搁状态,而且怀疑他用纯粹的方法证明了自己的存在。有些人拒绝承认笛卡儿从不是怀疑论者。哲学家伯纳德·威廉斯(Bernard Williams)说,笛卡儿的主要关注是回应怀疑论,而不是为之辩护①。

怀疑论者反过来对笛卡儿的论证作出了批判性的回应。笛卡儿的整个评注,是基于循环推理,因为他预先假定了他的证明方法。有人可能会问,我们如何真正知道原因是可靠的? 如果感官欺骗了我们,为什么认知不欺骗我们呢? 为什么矛盾律对每个人都成立? 为什么不想象我们也被它们欺骗了呢? 为什么没有其他的几何图形? 经验主义者曾向理性主义者提出这样一个问题:我们如何从基于形式真理的有效论据,转向不运用观察为观念提供经验内容的经验主张? 笛卡儿否认感官是可靠的,只有理解才能使我们进入外部世界。但他的证据有缺陷。无论如何,笛卡儿并没有完全怀疑一切,因为他预先假定了他所用的语言,并假定了他的方法论判据。此外,他还承

---

① Bernard Williams, "Descartes's Use of Skepticism," in *The Skeptical Tradition*, ed, by Myles Burnyeat (Berkeley, Calif. : University of California Press, 1983).

认，他从不把怀疑带到实际的日常生活中去，这样，外部世界的存在就不会真正受到质疑①。

我想强调的一点是，笛卡儿式的怀疑（不管是真的还是假的）至少作为一个方法论假设，是我们所拥有的完全否定和虚无主义的怀疑的最纯粹表达。正是这种怀疑，使现代人的想象力可以发挥重要作用。有没有办法反驳彻底怀疑论？我们能超越对所有主张、前提和假定的完全否定的状态吗？从洛克（Locke）、贝克莱、休谟再到康德，现代哲学的进程在某种意义上集中在对皮浪主义者的挑战上。有没有办法摆脱此种自我中心的困境（egocentric predicament），即使一个人确立了自我、思想、个性、灵魂、意识的存在，他能说它不仅仅是一束思想，和/或他能肯定自己有一个肉体吗？笛卡儿无法在思想和外在身体之间架起心身二元论的桥梁。他试图这样做，首先通过对宇宙论和本体论的未必准确的讨论来证明上帝的存在，然后他合理地解释说，既然一个好的神不会故意欺骗他的造物，我们可以推断我们有一个身体。这一巧妙的论证并没有遵循什么，从字面上来说，它只是笛卡儿提出的一个挽救其声望的特设技巧，但对怀疑论者的追根究底而言，它仍然不那么令人信服。

笛卡儿为知识打下坚实基础的系统化努力所留下的成果，更令人怀疑。在许多人的认知里，浮现的是对笛卡儿怀疑方法的英雄式赞美，以及他的怀疑方法对所有知识领域发展的全面影响。你说："我知道，你不能克制怀疑"。他哀叹道："我说的是，有些真理不容怀疑"。但他所接受的一些真理，如上帝的存在，是不能肯定的，因此，

---

① Descartes, *Meditations*，Ⅶ，16. 对笛卡儿有两种解释：一种是他终结了极端的怀疑论，另一种是他也驳斥极端的怀疑论。

笛卡儿在新的基础上重建神学的努力是似是而非的。

温和怀疑论

还有出现在现代的另一种形式的怀疑论,与卡尔内亚德领导下的新学园里盛行的怀疑论没有什么不同。因为,如果我们不能像笛卡儿所做的那样,十分确信地肯定具有普遍性的命题,但我们确实有一种对我们所接受并以此为基础行动和生活的世界的可能性知识。1628 年,笛卡儿听了著名的化学家尚多尤(Chandoux)在巴黎的一次演讲,其大意是,如果我们不能说出我们的印象是什么,至少我们可以找到它们之间的可能性规则,以此为基础,我们可以开发科学知识。如上所述,这是笛卡儿没有成功却致力于否证的。但在 17 世纪早期,其他哲学家试图提出建设性的温和怀疑论(mitigated skepticism)形式,作为绝对主义独断论(一端)和彻底怀疑论(另一端)之间的折中。这一争论在最著名的现代哲学怀疑论者大卫·休谟的著作中达到了高潮。温和怀疑论是克服皮浪主义的彻底虚无主义蕴涵的一种努力。

曼因·梅桑(Marin Mersenne,1588—1648)是一位捍卫信仰的虔诚天主教徒,但他也有兴趣支持当时正在兴起的新科学。简言之,他认为,即使怀疑论不能被反驳,如果我们要实现自己的世界上的目的,我们仍然能够发展出一种必要的知识。这里,梅桑并不是在谈论事物的终极本质,而是我们可以对"事件的联系和未来的经历历程"做出的假设和预测①。他承认,尽管我们对表象世界有很多知识,但有些事情如事物的真实本质,还是超越了我们的认知能力。

---

① Henry Popkin, *The History of Skepticism from Erasmus to Descartes*, rev. ed,(Netherlands: Van Gorum and Co. , 1960),p. 1.

皮埃尔·伽桑狄(Pierre Gassendi,1592—1655)也拥护"建设性的怀疑论"。他提出了一种原子理论作为对表象世界的最好解释。虽然事物本身会欺骗我们的认知,但我们可以通过观察、感觉和审慎的解释来发展自然科学。我们可以通过审慎的推理来纠正感官知觉上的任何错误[1]。

伽桑狄是笛卡儿最尖锐的批评家。他怀疑我们能否仅仅通过"我们的理解中清晰而独特的想法"来获得真知。我们可能容易出错,那些在此时看起来清晰而明显的东西可能在彼时并不存在[2]。伽桑狄更愿意让我们参考经验(笛卡儿拒绝的东西)作为更好的知识指南。像其他经验主义者一样,伽桑狄试图将科学与形而上学分开。科学提供了关于表象的假设系统和行为的实际指导,而不是对实在的终极解释。

休谟怀疑论

大卫·休谟(1711—1776)无疑是现代世界最伟大、最有影响力的怀疑论哲学家,尽管他是继续持皮浪主义知识观还是温和怀疑论我们还不得而知。他的观点被认为继承了前人的理论,特别是洛克和贝克莱。现代哲学的基本难题之一是试图将牛顿的唯物主义和机械论科学与常识经验相结合。一个核心问题涉及知识的本性和限度。我们所知道的到底是什么?对理性主义者和经验主义者来说,这种分析的起点都是某人心目中的"思想""印象"或"感知"。

约翰·洛克(1632—1704)和笛卡儿一样,提出了思想与外部身体、感知与物质的关系问题。现代科学中一个流行的区别,是第一性

---

[1] Henry Popkin, *The History of Skepticism from Erasmus to Descartes*, rev. ed, (Netherlands: Van Gorum and Co., 1960), p. 145.

[2] 同上,p. 147。

质(primary qualities)和第二性质(secondary properties)之间的区别。对洛克来说,一个物体的第一性质是真实的物理性质,如它的形状、大小、广延和质量,并独立于我们的感觉之外。第二性质,如味道、颜色和声音,在某种程度上是主观的,因为它们的存在依赖于感知者。洛克从来没有怀疑第一性质(客观性质)的客观对象,但他认为,这些物体的基本原子结构是不可观测的。因此,物质基本上是不可知的。他以一种有条件的怀疑论形式做出结论。

乔治·贝克莱(1685—1753),爱尔兰圣公会的主教,认为自己是无神论和唯物主义的敌人。他把所有的属性都降为第二性质,因为他认为,它们的存在依赖于某些人的感知。我们感知不到物质,我们所知道的只是存在于我们感官上的想法或感觉。这些都是由上帝创造的,上帝是宇宙的认识论担保人。这几乎不是解决知识问题的办法,可是,实在到底是什么? 究竟是什么引起了我们的感知?

休谟是这个僵局的后继者,他从熟悉的印象和想法的区别开始,用"印象"这个词来说,他指的是我们所有日益生动的感觉,即我们听到或看到、感受、爱、恨、欲望或意志。他所说的"思想"或"想法",指的是当我们反省自己的印象时,那种毫无生气的感觉[①]。我们所有的思想和想法,都是我们印象的复制品。休谟接着说,心灵的创造能力只不过是将思想联系起来的能力——合成、转移、增强或减少感官印象提供给我们的数据。关键是休谟运用经验主义判据来批判形而上学的抽象。为了搞清楚那些术语的含义,我们应该经常问,"这个假定的想法,是从什么印象中衍生出来的?"

[①] David Hume, *An Enquiry Concerning Human Understanding* (Buffalo, N. Y.: Prometheus Books, 1988), Section II.

休谟把他的怀疑论质疑应用于理解方式上。他把人类理性的所有对象分为①意识关系，②物质事实。第一种对象适用于正规科学（几何、代数和算术），这些学科是可以被直观地或论证地来证实的。这些假设的真实性依赖于意识的运用，并与宇宙中的存在什么没有关系。然而，关于物质事实的问题，并不取决于矛盾的原则，而是取决于我们当前感受和对过去事件的记忆。使用这个判据，休谟拒绝洛克式的第一性质和第二性质的区分。我们对可靠性和广延性的知识，如味觉和嗅觉，依赖于我们所得到的生活印象。休谟的论著《人性论》①中说，洛克所假定的不可知的物质是一种我们没有证据的抽象概念。因此，我们找不到"物质"的直接证据。但他也攻击了贝克莱关于思维、介质、灵魂或上帝的推测，这些都是用来支撑世界的非物质属性。在休谟的怀疑论探针下，一切都化为乌有。

在早期著作《人性论》中，休谟被引向了一种极端形式的皮浪主义怀疑论。世界似乎蒸发成一捆捆的印象，因为他找不到任何实质或结构的韵律或原因。在这里，休谟陷入了对消极或极权主义的理论怀疑论（theoretical skepticism）之中。他告诉我们，当他遵循哲学论证的目的时，他不能驱散怀疑或"哲学忧郁和精神错乱"的阴霾。他说，他发现自己"生活中像其他人一样绝对地、必然地决定生活、交谈和行动……为了理性和哲学，我准备把我所有的书和文件都扔进火里，我决心永远不再放弃生活的乐趣"②。这将他引向一种温和怀疑论，因为我们必须生活和行动，我们内部还有其他超越纯粹理性的知识来源。这种温和怀疑论在他的早期著作《人性论》和他之后更成

---

① David Hume, *A Treatise of Human Nature*, ed. by L. A. Selby-Bigge.

② 同上，p. 269。

熟的作品《人类理解研究》中建立起来。在这里,休谟承认我们确实拥有知识,并以此为基础在这个世界上生活和行动。他说,我们所有关于事实问题的理由都建立在我们相似性、偶然性以及因果关系的观念上。

休谟的因果关系观具有特殊意义。我们如何得出因果知识? 休谟问。他说,这不是通过先验推理,因为因果之间没有逻辑或必要的关系,而是通过我们在经验中发现的东西,在那里我们发现了在时间上不断结合并在空间上相邻的对象。我们不能看到真正的原因或隐藏的力量。我们所能说的是,根据过去的经验,我们开始期望某些影响很可能就像过去一样在未来发生,"我发现,"休谟说,"这样的对象总是伴随这样的结果。"他说:"我预见到,在外观上相似的其他对象,也会有相似的结果。"①这是基于习俗和习惯,我们期望相似的原因会导致相似的结果。但是,我们并没有观察到起作用的隐藏的真正原因,这些是我们所不知道的,让他的怀疑论继续存在。此外,他很清楚"归纳问题"尚未得到解决。从经验中得出的所有推论都假定"未来将类似于过去,类似的权力将与类似的可感品质相结合"②。但是,我们不能证明这个假设本身。面对这些怀疑论质疑,我们只能依靠本能、习俗和习惯发挥作用,在此基础上,我们得出因果推论。

休谟在什么意义上是一个怀疑论者? 在《人类理解研究》的最后一部分,他总结了自己的观点。这里,他批评皮浪主义怀疑论。他说,最令人困惑的反对意见是"……它永远不会产生持久的好处;当它保持其全部的力量和活力时……一个皮浪主义者不能期望,他的

---

① *Enquiry*, op. cit., p. 36.

② 同上,p. 39。

哲学会在头脑中产生持久的影响……或者……这影响对社会有益。"相反,他说道:"一切人类生命都必须灭亡,他的原则在稳定的意义上最终得胜。"①他认识到我们面临着一个窘境。因为"除了一个形象或感知之外,任何事物都不能呈现到脑海,而感官只是一个入口,通过它来传达这些形象,而不能在意识和对象之间产生任何直接的交流②。此外,我们永远无法了解物质本身,"因为,如果你失去了它所有的可理解的特性,你就会消灭它,留下一个无法解释的东西,作为我们感知的原因"③。

休谟唯一的解决办法是温和怀疑论或学园怀疑论。通过"自然本能"的力量,我们可以使自己从皮浪主义的怀疑中解脱出来。这种适度的怀疑论(moderate skepticism)是非常合理的,它使我们能够在规划中保持适当的公正性,并避免偏见。正是这种怀疑论,休谟对神学产生了毁灭性的影响。在他死后出版的《自然宗教对话录》使他能够质疑宇宙论和目的论的观点,以及来自神迹的观点。他用这个来摧毁理性神学或自然神学。

但是,休谟并不是一个彻底怀疑论者,因为如果我们不能对事实问题做出绝对肯定的陈述,我们仍然可以做出具有一定概率的判断,因为它们是基于对事实问题的观察。他认为,这种适度怀疑论是有治疗作用的,这不是基于抽象的原因。休谟说:"当我们翻阅图书馆,说服这些原则,我们必须做什么破坏? 例如,如果我们手里拿着任何一卷神学院的形而上学,我们会问,它是否包含了关于数量或数字的抽象推理? 不。它是否包含任何关于事实或存在的实验推理? 不。

---

① *Enquiry*, op. cit. , p. 144.

② 同上,p. 137。

③ 同上,p. 140。

那就把它烧了吧，因为它只能包含诡辩和幻觉。"①

近代怀疑论

怀疑论对现代和后现代思想的影响仍然有增无减。事实上，几乎没有一个名副其实的思想家能够在不回应或借鉴怀疑论传统的情况下进行哲学研究。

例如，康德成熟的哲学著作是为了回应休谟的怀疑论而发展起来的。尽管康德相信，他能为我们对世界的了解提供坚实的基础，而且他在批判哲学方面也这样做了，但他从未完全放弃过怀疑论，尤其是那些超越现象并处于本体领域的怀疑论。因此，康德认为，如果纯粹的或理想的概念没有感知的内容，我们就不能谈论它们。他总结说，尽管我们对世界或常识的科学知识是安全的，但我们无法获得关于本体世界的推测性知识。

现代世界的各种运动，都在很大程度上吸引了怀疑论的一个或另一个方面。法国启蒙哲学家［如伏尔泰、狄德罗、达朗贝尔（D'Alembert）、冯·洪堡（von Humboldt）等］相信理性和科学的理念。虽然他们完全独立于古典虚无主义或温和怀疑论，但他们是揭穿者，有选择地将宗教和神学的主张提交审查，并指控它们伪善。

浪漫主义抗议表达了一种怀疑论形式，它反对过分强调理性和科学，并试图为人类体验的其他充满激情和直觉的方面留出空间。许多其他怀疑论思想家，如马克思、恩格斯、尼采和弗洛伊德等，将他们的批判应用于古典哲学、伦理学和政治，推翻了人是理性动物的观点。这往往会削弱人们对西方文化那些未经检验的假设的信心。同样，穆勒和罗素根据经验主义的传统，广泛地利用了怀疑论。逻辑实

---

① *Enquiry*, op. cit. , p. 149.

证主义者对形而上学的推测极为怀疑。他们试图发展一种意义判据，以此来考虑排除形而上学和情感语言。任何不具有反复为真或违反可证实性原则的东西，都属于这个领域。维特根斯坦（Wittgenstein）摒弃他早期为建立一种逻辑上优雅的实在语言，以及处理语言的功能环境所做的努力。其他分析哲学家则使用语言分析来澄清困惑和疑惑。存在主义者也质疑古典本质主义哲学（essentialist philosophy），特别是将抽象理性运用于存在做出的努力。不管怎样，萨特（Jean-Paul Sartre）、加缪（Albert Camus）和黑格尔都在质疑这样一种观点：人有固定的本性或本质，我们可以用语言来渗透存在的面纱和神秘。黑格尔说："科学和技术都不能使我们接近存在。"

最近的后现代主义法国哲学家发展了他们自己的怀疑论形式。虽然一般不被认为是古典怀疑论运动的一部分，但他们都对科学和客观知识的可能性提出了激进的批评。雅克·德里达（Jacques Derrida）、雅克·拉康（Jacques Lacan）、米歇尔·福柯（Michel Foucault）、让-弗朗索瓦·利奥塔（Jean-François Lyotard），还有其他哲学家都反对"现代性"；也就是说，他们怀疑启蒙运动对人类理性和人类进步可能性的信心。他们的怀疑论已扩展到人文主义（它对个人自治的信仰）、马克思主义（它的历史主义）以及哲学本身（否认存在任何哲学真理）。

德里达对我们能够以任何客观的方式解读记号和能指（signifier）的意义表示怀疑。他使用一种称为"解构"的程序来揭示文本中语言术语的意义。这些不容易翻译成清晰的概念定义。相反，我们面对的是隐喻（metaphor），充满了模棱两可、细微差别和讽刺。这会破坏任何被认为是哲学或科学真理前进所必需的逻辑澄清思想程序。

利奥塔认为科学只是知识的一种形式,我们还用寓言、神话和叙述来传达真理。他认为不可能发展出统一的叙述。他希望避免任何关于解放的元叙述(meta-narratives)。将人类从迷信和神话中解放出来的那种启蒙愿望,是一个无望的梦想。相反,我们只剩下语言、时间、技术、人类主体和社会的碎片。近代早期的自由乐观主义有所衰落。

在本章对现代哲学的简要回顾中,不可能公正地对待贯穿始终的怀疑论主题的丰富性。本章的其余部分只关注一种怀疑论,即实用主义,特别是因为它导致了第三种怀疑论。这种新形式的怀疑论是选择性的、建设性的、积极的,它将怀疑论与探究过程联系起来。

实用主义

美国实用主义者借鉴了怀疑主义、经验主义和理性主义的传统。他们重新阐述了怀疑论在知识发展中的作用。他们拒绝"唯我论"或"主观主义"怀疑论,因为他们认为,这是基于一个虚假的心身二元论和可疑的心理基础。"心灵""自我"或"机器中的幽灵"的概念,是问题的症结。相反,实用主义者把达尔文的思想、意识或认知作为有机体的一种功能,而不是作为一个内在的二维实体来对待。他们运用整体的概念,认为有机体作为一种在现实世界中相互作用的综合因素而表现。思想、印象和感知是行为过程的表现。"心灵"在漫长的生物进化过程中出现。语言是一种行为形式,在社会交往中起着重要作用。人类的力量和能力是由于它们在人类生存中的适应性作用而进化的。

在这样的背景下,怀疑的作用也同样发生了转变。它不是一种沉浸在犹豫不决情绪中以及从这一环境中抽象出来的孤立思想的主观状态,而是一种行为形式,一种激发深思熟虑行为的有机刺激物。

同样,信念也会溢出到行动中,并不会与之分离;它会转化为明确的行动计划;它在动态互动领域中具有意义。怀疑论的特殊意义在于怀疑引发了探究,并导致了信仰的形成。

　　查尔斯·桑德斯·皮尔士(Charles Sanders Peirce,1839—1914),实用主义的奠基人,在他著名的文章《信念的确定》[①]中阐明了这一解释,"推理的对象,"他说,"就是从对我们已经知道的事情的考虑中,找出一些我们不知道的事情……如果能从真实的前提中得出真实的结论,推理很有用。"在这个过程中,我们寻求信仰以引导我们的欲望,塑造我们的行为。相信的感觉和怀疑的感觉是截然不同的。怀疑是一种不安和不满足的状态,我们努力从中解脱出来,进入信仰的状态。怀疑和信仰,对我们都有积极的治疗价值。事实上,"真正的怀疑"不是假装的怀疑,是真正信仰的前兆。这不同于皮浪主义者或笛卡儿主义者,怀疑论探索者的怀疑,不仅仅是一种理论状态,而且是他或她试图解决疑问的实际行为表达。正是"怀疑的刺激",刺激了"为达到信仰状态而进行的斗争",这就启动了一个探究过程,其唯一目的是实现信仰和"意见的解决"。因此,对于皮尔士来说,怀疑不是一种完全优柔寡断的精神分裂症状态,而是与选择性和指导性的行为形式相连续的。在这里,人类探索者寻求达到一个目的:通过制定可以使其自信行动的信仰来克服困惑和不确定。皮尔士明确表示,他所说的并不仅仅是个人内在的信仰,而是在一个探索者群体中确定的信仰。

　　皮尔士在他的文章中探讨了最有效的确定信仰的方法。已经使用过的各种方法包括坚韧(我们坚持旧习惯和信仰)、权威(由政治或

---

① Charles Peirce, "The Fixation of Belief," in *Popular Science Monthly*, 1878.

教会权力定义)、先验方法(基于纯粹的理性或形而上学)。他说,从长远来看,这些都是失败的。确定信仰最有效的方法是"科学方法",即建立假设并进行实验检验的归纳/演绎方法。从长远来看,科学的探究和推理模式比其他模式成功得多,因为它的主张是参照"某种外在的永久性"来检验的,即参照"真实的事物",而不依赖于任何人类心灵的主观观点。科学方法是最有效的,因为它的假说是公开验证的。在使用它的地方已经形成了一套经过可靠检验的信念,并将其纳入人类知识百科全书中。与其他建立真理主张的方法不同,科学探究的方法是自我纠正的,可以根据有效的探究进一步修订或阐述。

其他实用主义者,如约翰·杜威(John Dewey,1859—1952),试图证明科学的方法并不深奥或只对专家开放,而是通常以普通的思维方式存在。杜威说,思考是对问题情境的一种反应。它的目的是解决存在性问题。我们的思想是作为行为的工具,而不是作为实在的表现。在探究过程中引入的假说是根据观察到的结果来判断的。这就需要一个必要的怀疑角色,因为这是我们提出问题并试图回答问题的方法。因此,实用主义借鉴了怀疑论,但只是建设性和积极性的怀疑论形式。特别重要的是,实用主义者是对寻求绝对真理或绝对确定性的尝试性批评者。

皮尔士用他著名的可谬主义(fallibilism)原理(这不是一个形而上学的学说,而是一个探究的规则)来澄清这一点。第一条理性法则(尤其是哲学)是"不要阻碍探究的方式"[1]。在推理上不可饶恕的冒犯是在向真理前进的道路上设置路障。我们不应该做出"绝对的断

---

[1] "Notes on Scientific Philosophy",出自 *Collected Papers of Charles Sanders Peirce*, vol. 1, Charles Hartshome and Paul Weiss 主编(Cambridge: Harvard University Press, 1931)。

言"，也不应该坚持"这个、那个和另一个永远不可能被知道"的想法。我们不应该通过声称科学的一个要素是"基本的""终极的""独立于任何其他方面的""完全无法解释的"来限制探究。我们也不应该断言"这个或那个法律或真理已经找到了它最终完善的表述"。因此，可谬主义的原则抛弃了任何"绝对的确定性、正确性和普遍性"。

皮尔士将这一原则应用于启示（revelation）。我们不能完全确定这样的救赎是真正从上天启示而来的。即使得到天启，我们也不能确定这些说法是真的。它们可能会被人类扭曲和着色。此外，这些灵感在本质上通常是不可理解的，以至于暗示它们可能没有被准确地理解。皮尔士同样怀疑几何公理和逻辑原则的绝对确定性；因为历史上对颠扑不破真理（inviolable truths）的主张，后来被认为是错误的。新几何学的发展取代了经典欧几里得几何学，这一事实削弱了数学家们先前坚定的信念，因为他们发现了空间的永恒结构。皮尔士承认，我们不能否认二加二等于四，他也不否认人能对自己思想的创造有一定的了解。因此，他说我们可以确定我们自己创造的数字系统，但是任何形式系统都是有错误的。他还否认我们对事实问题具有完全确定性，因为我们的观察可能是错误的。对直接经验的诉求不能逃避我们的怀疑，因为个人经常面临错觉、幻觉和梦想，我们仍然可能质疑什么是真实存在的。皮尔士因此得出结论，人类知识的任何方面都不能被质疑或被认为是永远正确的情况是不存在的。

实用主义一个备受关注的方面，是它对方法的强调。认识论（epistemology）的基本历史问题（尝试穿透知觉的面纱和实在的本质）被认为是虚幻的。相反，核心问题是描绘人类的智慧和经验能够应对世界的方法论（methodology）。杜威认为，科学探究的方法是保证声称知识最可靠的策略。当我们试图解决问题时,这些方法与日常生活中使用的方法是连续的。杜威认为,科学方法可以扩展到人类关注的其他领域：伦理、政治和宗教,我们表述实践判断的所有领域。

理查德·罗蒂(Richard Rorty),目前最有影响力的实用主义者,在许多方面都同意哲学的实用主义批判,在哲学中用一个大写的 P 拼写,在《哲学与自然之镜》①中,他攻击了在认识论中所遵循的笛卡儿-洛克-康德传统,并试图发现我们了解外部世界的基础。罗蒂认为实用主义的核心是,"它试图取代真实信仰的概念,将其作为'事物本质'的代表,而不是将其视为成功的行动准则。"然而,他不同于那些强调方法连续性的人。他愿意"向知识推荐一种经验主义的、可错主义的态度",但他说,很难孤立一种"体现这种态度的'方法'"②。因此,罗蒂批评杜威和杜威的学生西德尼·胡克(Sidney Hook),因为他们试图将科学方法带到整个文化中去。他认为,不幸的是,"科学主义"这个概念也遭到了后现代主义批评家的猛烈抨击。

因此,有两种不同的当代实用主义观念。第一,尝试将对目标的探究与科学智识的实验方法联系起来。第二,罗蒂为之辩护,认为这是不可能的,即我们需要的是一个整体的、诗意的、隐喻性的知识进路。因此,归根到底,罗蒂对用科学探究方法重建知识的实用主义尝试是持怀疑态度的。他放弃了对文学方法的洞见和对视野的追求。他同意杜威和胡克的非意识形态自由主义,但他不认为,例如,我们

---

① Richard Rorty, *Philosophy and the Mirror of Nature* (Princeton: Princeton University Press, 1979).

② Richard Rorty, "Pragmatism Without Method"in Paul Kurtz ed., *Sidney Hook: Philosopher of Democracy and Humanism* (Buffalo, N. Y.: Prometheus Books, 1983).

可以用实验方法来证明自由民主的生活方式是正当的。因此，他似乎得出了一个主观主义的观点，与古典怀疑论并无不同。

西德尼·胡克(1902—1989)也许比任何人更好地捍卫了知识的客观主义进路。胡克把他的哲学描述为实验性的或实用主义的自然主义。他认为"实验"这个术语是恰当的，因为它强调了这样一个事实：思想必须通过其实验结果来检验。像罗蒂和杜威一样，他对努力超越经验来渗透先验实在论(transcendental realism)，即"对存在的追求"持批评态度。但他警告说，实验主义并不意味着任何形式的普遍怀疑论(universal skepticism)，它使用怀疑，但只在科学探究的背景下。胡克认为，我们能够获得关于世界和人类事务的可靠知识。从广义上讲，实用自然主义是一种"认为科学方法的逻辑和伦理学可以而且应该适用于人类事务"的哲学①。胡克认为，一个人可以提出关于价值和事实的有保证的断言，并且有可能获得客观知识，而不仅仅是关于"实现目标的最佳手段……但也有关于在有问题的情况下的最佳目标，在这种情况下，目标是有争议的，或是成为冲突的对象"②。因此，胡克认为，存在一些客观性判据，可以用来检验所有对知识的主张。除非对具有普遍效力的证据或论据有某种吸引力，称之为理性、科学或常识，否则接受这些批评的理由不比拒绝它们多③。这里，胡克和杜威一样，把"科学"解释为一种宽泛而非狭隘的意义，与批判性思维一致，在常识中使用并在科学学科中举例说明。因此，对于胡克来说，有一种"共同的探究模式"，适用于所有作出关于

① Sidney Hook, *Pragmatism and the Tragic Sense of Life* (New York: Basic Books, 1974), p. 7.
② 同上，p. ix。
③ 同上。

世界真相声称的研究领域。这适用于自然科学和社会科学、历史、政治和伦理学。胡克同意杜威的说法,即"科学"意味着"系统探究方法的存在,当这些方法涉及一系列事实时,使我们能够更好地理解它们,并更明智地控制它们"①。把科学作为模型的承诺是自然主义的一种表达,即坚持"所有的人类知识都是科学知识"的哲学②。这一说法不是简单地描述我们所认为的知识是什么,而是提出了一项规范性建议,即科学探究的方法应作为一种理想的方法,在这一方法中,我们可以评估对知识的主张。

胡克既不把科学方法当作一套严格的规则或简单的方法来遵循,也不局限于硬科学与常识;相反,他发现科学方法嵌入了我们通常在实际事务中的行为、理性和功能。这种方法与托马斯·库恩(Thomas Kuhn)对那种科学方法的批判并不一致,因为它认识到历史上文化和社会冲击对科学探究的影响。但是,胡克拒绝了保罗·费耶阿本德(Paul Feyerabend)科学哲学中的认识论无政府主义,因为他认为,在评价真理主张时,我们存在一些客观的判据,这种知识不仅仅是品味、反复无常的问题,也不是当今知识分子的奴隶。胡克认为,在现实生活的层面上,有可行的真理,这是公认的,这种理性的概念不局限于西方文化,因为科学只是完善了"人的艺术和工艺"中的理性和可理解性准则③。这种探究方法不具有演绎的正当性,也不简单地假定它是一种信仰,它是通过参考其在人类历史上长期取得的成就以及对可靠知识增长的有效贡献来进行比较检验的。

---

① Sidney Hook, *Pragmatism and the Tragic Sense of Life* (New York: Basic Books, 1974), p. xii.

② Sidney Hook, *The Quest for Being and Other Studies in Naturalism* (New York: St. Martin's Press, 1961), p. 216.

③ 同上,p. 173。

怀疑论探究

上面的叙述并不是对怀疑论史的详尽回顾,只是为我所认为的一种新的、更有意义的、合理的怀疑论铺平道路。因此,为了获得更好的名声,我将此称为"怀疑论探究"。这种怀疑论在寻求知识或深思熟虑的价值判断中至关重要。但它是有限的、集中的、有选择性的、积极的,而且是一个真正的探究过程的一部分。这种形式的修正怀疑论,是根据以下考虑而表述的。

首先,无论在理论上还是在技术上,科学已经有了巨大的进步,这适用于自然科学、生物科学、社会科学和行为科学。古代世界的古典怀疑论形式在近代早期重新融合,却没有意识到科学研究的巨大潜力。皮浪主义怀疑论今天已经失效,因为现在存在大量的可靠知识。因此,把所有对真理的主张都投入一种完全怀疑的状态是毫无意义的。同样的考虑也适用于后现代主义者的主体主义,或罗蒂的实用主义,我认为这同样是错误的。

第二,与怀疑论质疑相反,我们有方法论判据来检验对知识的主张:基于观察的经验检验;一致性和连续性的逻辑标准;根据结果判断想法的实验检验。所有这些都与这样一个命题有关:为了获得可靠知识,能够开发和使用客观的探究方法。

第三,我们可以对许多领域进行怀疑论探究。对超自然声称的彻底调查,只能通过仔细的科学程序进行。如今,借助于圣经批判学、考古学、语言学和历史科学,宗教主张已经给了怀疑论对启示和特创论进行批评的基础。

第四,长期以来,我们在价值观和规范上超越了文化相对主义,并开始看到全球社会的出现。因此,极端的文化主体性不再有效,因为存在跨文化价值观的基础。还存在一个经过检验的初级伦理原则和规律,可以推广到所有人类共同体。

因此,怀疑论探究的方法可以应用于政治和经济领域,对实践进行判断。事实上,基于当时最可靠的知识,我们能够建立一种"善行慧",为宇宙提供一种广义的解释和一些美好生活的概念。

第五,在持续探究的背景下,怀疑起着至关重要的作用。然而它是选择性的,不是无限的,而且是与语境相关的,不是普遍的。可错主义的原则是相关的。我们不应该作出绝对的断言,但愿意承认我们可能是错的。我们的知识是基于概率的,概率是可靠的,而不是最终的确定性或定局。

第六,怀疑论探究者应该对新的可能性、意料之外的想法保持开放的心态。他们应该总是愿意根据进一步的探究来质疑或推翻甚至最完善的原则。怀疑论探究的关键原则是,在任何探究的语境下,对任何真理的主张寻求充分的证据和合理的理由。

第二部分

探究与客观性

第三章　超越"自我中心困境"

　　在本章中,我想对古典怀疑论中的虚无主义怀疑论、温和怀疑论进行详细的批判。我认为这些理论在根本上是有缺陷的,因为它们的前提都是可疑的。从皮浪、塞克斯都到笛卡儿、休谟,怀疑论者的根本困境是"自我中心困境"(egocentric predicament)。因为他们无法摆脱经验的束缚,所以他们宣称人类被禁锢在理念的内部世界。尽管消极怀疑论者和中立怀疑论者都声称没有提供形而上学的理论,但他们实际上预设了对经验的本质及其与世界的关系的非常精巧的理论解释。怀疑论者作为一切无用的思辨哲学化之敌,他们试图反驳抽象的形而上学,但他们却通过假设自己的思辨学说来这样做。没有什么知识是可能的,终极实在是不可知的,怀疑论者的这些绝望结论本身就是理论推理过程的产物。我认为彻底怀疑论建立在错误的基础之上:因为怀疑论者将知识心理学化,他们把世界简化为主体性。

　　皮浪主义者从分析知识开始哲学探索。他们追问:我们到底对世界了解多少?但他们的探索起点是其假设的本原:知识的基本构件是主观表象、印象、想象、观念、感觉、知觉或思想。正是这个初始假设条件,是最成问题的。因为如果我只分析日常生活经历,我不会意识到表象是平面的、二维的实体。对于怀疑论者来说,视觉是解释知识的关键,因此他们的现象学世界是建立在表象基础上的,但表象肯定不是我们关于外部世界所得到的唯一体验,还有声音和气味,颠簸和尖叫,我们与严酷世界存在广泛多样的相互作用。因此我们并不是从画面般的外部世界的平面错觉开始的。我对现实世界的第一次领悟证实这是一个三维多元世界,不同的对象、人和事侵入我、我的意识和我的行为。因此,经验的材料并不是由表象板块构成的。

　　诚然我可以闭上眼睛,让记忆和遐想占据我的心灵。我可以在醒着或睡着的时候幻想,我可以想象或思考目前未出现在我现象学假设中的东西。幻想能激起我的兴奋。但是必须明白的现实是,在我的窗外,或在我的办公室里,总有一些东西限制了我,使我无法避开。我以一种积极的回应方式去应对我所生活的世界,而不是被动地去理解它。

　　婴儿与外界最早的交流是,当他/她感到饥饿时,通过猛烈地吮吸乳头或奶嘴来缓解饥饿。一开始便是行为,而不是事实的表象。最开始,他/她是进食和消耗,排尿和排便。婴儿对这个世界的第一反应是,抓住嘴里那温暖可口的东西,用力挤压,吮吸芳香的乳汁。我的小孙女安妮,在她的婴儿床里闻、看、听床内和周围的人和事。她很早就学会了如何触摸和感觉这些陌生的人和物体,并及时抓住他/它们。当她被深情地爱抚时,她心满意足地咿呀咿呀说着。给她换掉尿布,她喜欢在温水中洗澡。随着时间的推移,她学会了在新发现的充满冒险和快乐的丰富世界里爬行。她学会坐起来,站起来,从婴儿床上跳起来,走路,跑过房间。当安妮被抱起时,她紧紧地抓住我们这些给她关爱的人。她被教会认识新的食物——谷物、水果、蔬菜和肉类。整个世界充满了她需要消耗或使用的东西。她需要别人给她穿衣服,但很快就学会了自己穿衣服和穿鞋。她玩玩具,在推车里摇她的洋娃娃。她学会了骑三轮车。她跌倒流血,用绷带包扎好,然后痊愈。她喜欢坐车兜风。她被紧紧地绑在汽车座位上以免被撞或受伤。安妮的世界是一个充满行动的世界,充满了刺激和她对刺激的反应的世界。她在急难中呼叫,她的需要就得到满足,但是她必须积极参与到发现和将发现之物带入她的注意力和反应区域的过程中去。她的感觉是协调的,如果她看到刺激她的东西,她可以挤压它,把它放进嘴里,或者试着摇晃它。她有许多方法来确认面对的是什么。她很快就了解到她的社交圈里的人对她的期望:整理她的床和她的房间,学习功课,学会大声朗读,也许还有弹钢琴或唱歌跳舞。她在这个世界上的行为受到周围人的影响和引导。

　　语言在这一过程中起着至关重要的作用:因为手势、单词和符号是用来指向物体或表达情绪的,当它们被组合成句子时,它们使她能够解释世界,使其有序,并向他人传达她对世界的想法和感受。语言把安妮带出任何唯我论的禁锢,使她能够分享她的信仰、经历、恐惧和快乐。语言把她带到一个分享共同意义和现实的主体间共同体(intersubjective community)中。

　　学习如何在这个世界上行事和生活的基础是认识到一个人必须积极地与这个世界互动或交易(正如约翰·杜威所描述的那样)①。描述这一动态过程有多种模式。这是人积极参与的一个世界:体验、操纵物品及其制作过程,消费、使用或丢弃它们,从事指挥、行动、执行、制定和创造。

　　我想强调的重点是我们经验世界的内在/外在、主观/客观的双重特性。虚无主义怀疑论者、温和怀疑论者的错误是把他们自己的

---

① John Dewey, *Experience and Nature* (Chicago: Open Court, 1925; revised edition, 1929).

经验作为第一前提从世界中抽象出来。一个人并不是从"我""自己""思想"或"自我"开始。实际上,一个人的个体认同感是后来才产生的,当孩子长大,意识到自己是一个与他人不同的独立的个体时才出现,因此,生活世界是多极的世界。它包括事物和人、活动以及过程。它不是一个由静止的本质或抽象的表象构成的静态世界,而是一个充满多样性的丰富世界。在这个世界上,毫无疑问存在各种事物,它们并不是独立于我的存在,因为我受它们的影响。如果没有这片面包,没有这杯水,没有我身上的衣服,没有我头上的屋顶,我将无法生存。因此,"外部世界的存在"这一哲学问题是一个空洞的问题,因为这是我生命的第一前提。这并不是像乔治·桑塔亚纳(George Santayana)认为的那样[1],是动物信仰的纯粹假设,而是我作为一个活生生的人而存在的残酷事实。这是强加于我的,我入侵了这个世界,也被这个世界所入侵。对婴儿来说,怀抱、亲吻、摇动、洗澡和喂养他/她的父母对他/她的生存至关重要。人们怎么可能说现实主义是一个"未经证实的假设"? 相反,否认实在是对我们所知道或所了解的世界的一切的蔑视。

因此,对虚无主义怀疑论者、温和怀疑论者挑战的回应是,他们不利用直接的经验,而是基于思辨的心理建构插入一个抽象的假设。"表象""观念""现象""感觉资料"是在行为发生后才有的,而不是在行为发生前。这些怀疑论者的困境在于,他们无法打破自己孤立的箱子,因为他们已经将自己封闭起来,无法从中脱身。在这里,怀疑论者就像一只蜘蛛,织了一张精美的网,却无法脱身。对于这些怀疑论者来说,没有超越或独立于他们自身的世界。但是,蜘蛛织网是为

---

① George Santayana, *Skepticism and Animal Faith* (New York: Scribners, 1923).

了捕捉昆虫并吃掉它们。这些怀疑论者拥有他们所理解的网，但他们却永远无法使用它。他们就像自闭症儿童或精神分裂症患者，专注于自己内心的独白，无法理解他人或与世界上的其他人建立联系，他们脱离了现实性。

彻底怀疑论者或中立怀疑论者则回应说："我所知道的一切，都必须以内化的观念或认知的形式为我所知。我怎么知道这些对应或描述了外界的哪些事物？也许是我自己的主观臆想给我的世界涂上了色彩。我怎样才有可能分辨客观实在与我在这个过程中所添加的东西的不同之处呢？"他或她可能会进一步问："如果活动是我们与外部世界联系的主要方式，并且不能被简化为二维感知记录，那么行为是如何与事实联系起来的？难道不存在一种等效行为中心困境（*act-centric* predicament），也就是说，外部世界和我的行为范围有什么关系？"这是一个值得仔细研究的问题，因为尽管我认为我们可以安全地拒绝彻底怀疑论和中立怀疑论，但在我们与外部世界的积极交流之外，可能仍然保留一些对外部世界本质的残余怀疑论（residual skepticism）。

请允许我针对这一问题提出三个主要观点：首先，物体、事件、事物、人和过程是一个真实存在的世界。其次，我与这个由物体、事件、事物、人和过程组成的世界互动并依赖于它来生存。第三，这些物体、事件、事物、人和过程彼此相互作用并独立于我，它们的相互作用影响着我的生活世界。火山爆发，群鸟飞翔，人们追求各自的目标，行星绕着太阳公转，这些都丝毫不受我关注与否的影响。

因此，实在论对我在这个世界上的行为模式至关重要，而不仅仅是假设的。它是所有科学和哲学的起点，它不是简单预设的或捏造的，而是我赖以生存和发挥作用的必要的物质存在阶段。

这个世界至少有三个组成部分：①我自己作为一个主体以及与我直接互动群体中的其他人类主体。没有他人，我无法生存。因此，有一个我参与其中的主体间共同体，由与我交流的人所构成。②由无生命的物质物体和其他有生命的生物系统与人组成的世界。③这些基于各种形式的实践或行为的活动事务之间的关系。

现在这种关于人类经验的理论是行为主义理论。因为我们是活跃在这个世界上的行为主体。我们并不是孤立、被动地去理解世界。我不同意贝克莱的观点，他认为"存在就是被感知"，笛卡儿努力将自我认识减少到只剩内在的我思。我认为"存在"是指我们以某种基本的方式与一系列广泛的"行为互动"相关联：看、吃、排尿、交配、听、移动、使用、操纵等，这并不意味着世界上的事物不独立于我的行为而存在，而只是我的行为影响着它们，也为它们所影响。

牛顿主义者认为，存在一个真实的物理对象的世界。材料科学只关心第一性质，也就是说，外部世界中的物质所具有的可以测量和衡量的性质。所有的第二性质都依赖于感知者，并且超越了科学的理解。现代哲学家对这种区别感到困惑。第一性质，即事物的物理客观属性，是否不同于或独立于第二性质？主观属性是否依赖于某些感知者自身？贝克莱认为，一个人要想对任何事情有所了解，他的经验中的一些感知是必要的①。他总结得出，包括第一性质的所有属性都是第二性质。如果感知是我们获得任何属性知识的必要条件，那么它也是充分条件吗？从某种意义上说，我们永远不能谈论任何超越我们认知或体验过的事情。但是，贝克莱错误地推断出"存在就

① George Berkeley, *A Treatise Concerning the Principles of Human Knowledge* (1710), and *Three Dialogues Between Hylas and Philonous* (1713).

是被感知"。从必要条件到必要充分条件,存在着一个论证飞跃。

我们可以反过来看,可以认为对于任何事物(与梦中想象或幻想不同),除非它在外部世界有一些真正的内容,否则我们无法感知到它。也就是说,要使感知有意义,必须有某种可感知的对象去刺激它。客观的外在事物,是我感知的必要条件。但我并没有因此得出这样的结论:存在一个完全独立于感知的(归纳)或观念的(演绎)或行为的("行为导向的")内容之外的客观实在。过程就是我们这个世界的组成部分。但这并没有把我们的世界缩小到孤立的纯粹的行为,因为它们涉及真实的物体和事件,以及我们与它们之间积极的互动经验。活动至少是双极的,它包括一个主体和(多个)客体。它实际上是多极的,因为它涉及主体间或跨主体共同体中的许多主体以及交互语境中的许多不同客体。

对生物有机体来说,真正重要的是场域(field)、参考系或情境的概念。因为,我们进入了不同的情境并以不同的方式、不同的层次进行交流。松鼠吃掉了橡子,如果它能对橡子进行哲学思考,它就永远不会怀疑橡子的存在。我通过给猫喂牛奶同它打交道。我坐过山车,在学生面前讲课,或者在战争中领导军队。人们可以建造水坝,乘坐喷气式飞机到内罗毕或乘坐宇宙飞船到月球,通过望远镜观察星系或用显微镜观察细胞。这些事物情境都有不同的维度。此外,我们因为不同的目的追求各种不同的活动:爱、竞争、冒险、创造、刺激、学习、知识。

重要的是外部有一个真实的世界,我们根据我们的情境或行为领域,以不同的方式与它互动、修改或解释它。但世界不会因个体的行为消失,也不会完全被其行为同化。实在,并不等同于活动;活动的前提,是存在一个独立于自己的真实世界。它存在并与其他事物相互作用，与个体是分离的、有区别的。它是一个持续存在的主体间共同体，由独立于自身的观察者、实验者和行动者组成。它在某种意义上独立于我的活动而存在并发挥作用。我的活动并不影响我漫步或嬉闹的场域，尽管我的活动是我用以发现那场域是什么以及如果我不在那里将会发生什么的方式。实在（the real）是即便我不在旁边也存在的或者将存在的东西，但是如果我不观察、不研究、不探索、不操纵或使用它，我就不能描述它。

经典怀疑论的发展是在电影、电视或广播出现之前，而所有这些事物都使我们能够理解二维世界和三维世界之间的差异。此外，它的发展也早于脑外科和现代神经科学。如今我们很清楚，心理学功能可以与大脑的构造和化学功能相关联，大脑的刺激可以引起意识的刺激。自我（the self）非常不大可能独立于大脑和神经系统存在。

毫无疑问，怀疑论者会说我们仍然有这样一个问题，那就是如何将大脑功能与外部物体联系起来。我们从常见的对象开始，通过分析，我们很快就会知道花园里的花只能通过复杂的因果关系才能为我所知。光线从花上反射，然后照射到我的视网膜上，并被我的大脑记录下来。我要怎么知道我脑海里的花的图片和外面真实的花是一样的呢？就如康德问，究竟什么是"物自体（ding-an-sich）（事物本身）"？怎样才能将现象所蕴含的数据与隐藏的本体实在（noumenal reality）联系起来？如果我问，花园里的是丁香吗？我可以在阳光下看一看它，闻一闻它的芬芳，弯下腰去触摸它，摘下它，拿在手里，或者扔出去，让它在微风中轻轻地飘下来。我可以把它带进实验室，放在显微镜下扫描它的结构。或者，我可以把它给我的猫吮吸。我有很多可以与丁香建立关联的方法。如果我不能确定，我可以打电话给妻子证实花园里的花是不是丁香。我可以请植物学家给它分类，或者带着我的标本去花园商店，询问它是三色堇还是丁香。我还可以和花进行一系列的行为互动。我每天给它浇水，不时地给它施肥。我可以把丁香花收集起来，送一束给妻子，作为我们爱的见证。我可以对它进行描述、定义、分类，或者给它拍照放进我正在写的一本书里。或者，我可能只是想单纯地享受它的芬芳和美丽。

所以，我可以很有把握地得出结论，存在一个真实的世界，这个世界有丁香花。这不是一个空洞的表象世界，而是一个客观的世界，至少包含精致的、芬芳的、美丽的丁香花。根本不存在我不能跨越的无法衡量的主观/客观二元论。我不拘泥于我的内在自我。我的世界并不是一堆莫名其妙、毫无道理的互无关联的感觉。因为，我很快就认识到，有些事我能做，有些事我不能做，我的行为会受到限制。我不能在冬天的雪地里种植丁香花，还指望它们能发芽。如果我把它们种在后院阴凉的地方，阳光不足，它们很可能会枯萎甚至死亡。丁香花有很多潜在的特性。如果我经常给它们施肥，它们就会光彩绽放，尽管它们需要修剪才能长得茂盛。我们知道，这个世界不仅客观地被鲜花和其他事物所占据，而且这些事物之间存在因果关系，有些事情会发生，有些事情不会发生，有些事情我们能做，有些事情我们不能做。

问题来了，我怎么知道我声称所知的关于外部的事情是真实的？我的知识是真实而准确的描述，还是人为编造的？这就提出了批判现实主义的基本问题，这是一个哲学上一直争论不休的话题。感知只是我与物质世界联系的众多方式之一。可是，哲学家们一直为这个问题所困扰：被感知的事物是否与感知行为所揭示的结果相同，我们所能感知的事物是否存在极限，以及我们是否能知道超出我们感知范围之外的任何事物。

　　约翰·洛克对知识所能达到的程度持怀疑态度。他认为，我们不可能知道一个物体的"真实本质"。以橘子为例，我们对它的了解可以通过我们与它接触的经验来加以解释。我们可以看到、闻到、品尝、触摸、购买、出售它，或者把它削皮、挤压、捣烂、切割、抛接玩耍，或是喝橘子汁。洛克认为，物体的第一性质是其客观的物理性质。它的第二性质就其内容而言取决于我们，但这些内容也是源于物体所具有的力量。这些可能都存在于其潜在的物质基础中。洛克认为，我们无法知道它最深层的结构。可是，洛克生活在显微镜尚未广泛应用和得到重视的时代。现在我们很清楚地知道物质存在细胞、分子、原子、亚原子等结构，这是物理化学结构。物理学家、化学家和微生物学家试图揭开生物的物理化学结构。在洛克的时代，原子理论还纯粹是猜想。在后来的几个世纪里，随着科学的发展，原子理论被视为一种理论结构，为解释和预测物理过程提供了帮助。现在，这一点已在实验室里得到实验证实。我们可以轰击粒子，在实验室观察它们所受的影响，并通过计算机技术模拟它们的行为。

　　原子理论对我们的世界观有什么影响？我们观察星系和恒星、山脉和海洋、植物和动物。它们是如我们所见那样真实存在的，或者它们真的只是粒子与能量的微观搭配、群集或是场？如果我们有微观视野，地球和它上面的一切会不会简单地还原为彼此间有巨大的空间的微小实体？我们是否应该成为还原论者，坚持认为所有存在都是能量场、微粒及其相互作用？

　　这将是相当矛盾的。因为，当我们与世界打交道时，当我们在物理实验室里对世界上的事物进行分析时，我们对世界的认识是从宏观层面开始的。我们最终会说，我们的理论否定了一切存在于宏观层面上的东西吗？对还原论者的回答是这样的，事物存在于许多层面,而且以不同方式存在于微观和宏观层面。存在不仅仅是一个运动中的原子或亚原子粒子,因为自然界的事物有不同的组织和功能模式。物质对象是具有体系(系统)的:海洋和行星,鸟类和羽毛,丁香和植物,诸侯和国王,宗教和社会制度,人类的激情和梦想。这些是组成事物的东西。我在这里提供一个对自然的语境解释(contextual interpretation)。对我们来说真实的事物,也就是我们所观察到的属性,取决于探索的语境和我们与自然之间的交互目的。物理-化学-物质结构是首要的,因为如果没有它,橘子就不会作为一个事物存在。如果我们通过制作橘子汁或橘子酱来破坏或改变它,并食用它,它就会消失。但对于橘子来说,故事还远没有结束,因为它不止于此。它是一个生命系统的产物,是橘子树的果实,有它的功能。如果橘子种子掉到地上,其中一颗在土壤中生根,假以时日,在适当的条件下,它就会发芽,长成另一棵橘子树。这棵树会播下数百万颗种子,其中大部分都被浪费掉了。人类男性一次射出的精子有数十亿个,其中只有少数可能会使卵子受精并发育成胎儿,最终发育成人。因此,可以从生物学的角度来看橘子:正是这种有机的物理化学物质生长、发展和自我繁殖的方式,告诉了我们一些关于树木的信息,否则我们是无法获取这些信息的。

树上的橘子有许多附属的特性,对它的本质而言并不是必需的。它可以被鸟类啄食,可以被蠕虫吃掉,或者被人类采摘并以一定的价格卖给超市,由消费者购买,然后剥皮,在餐桌上被食用。自然界的物体如此丰富多样,我建议用多元化的方法来理解我们所遇到的事物。但是,让我们回到古典哲学的中心问题。如果我们只关注被动观察的感知行为,而不关注许多其他类型的互动,那么,被感知的橘子与独立于感知的橘子是否完全相同? 朴素实在论者认为,它们是相同的。他们主张我们所看到的或呈现在我们眼前的都是真实的。可是,这种观点难以维系,因为进入我们头脑的并不是橘子本身,而是橘子的图像。我们所看到的,是知觉参与过程的产物。来自物体的可见光光子被记录在我们的视网膜上,信息被传输到我们的神经系统和大脑。然后,这些信息以讯息的形式被理解成一个橘子的形式。

但是,我们会有疑问,橘子的照片和橘子是一样的吗? 当然不是。电影表演跟现实一样吗? 当然也不相同。我们所能保持得最好的,就是批判实在论,也就是说,事物的感知是通过我们的生物透镜,我们给出的焦点、解释和分类来实现的。因此,我们在自然界中的所有观察和对事物的处理都依赖于参与者/主体,并且与我们是不可分割的。

因此,现代神经生理学和心理学的核心问题被提出,即大脑是如何产生意识的? 用经典的术语来说,身与心之间的关系是什么? 自从 19 世纪实验心理学出现以来,科学家们一直希望通过了解大脑的结构来了解意识的更高级过程,包括感知和思维。因为大脑是一个极其复杂的神经网络,以至于这仍然是一个难以捉摸的探索。查尔斯·谢灵顿爵士(Sir Charles Sherrington)在他的吉福德演讲《人性》(*Man on His Nature*)[①]中承认,他无法解释意识。他引用我们能感知到的一颗恒星作为例子,他追踪了从它放射出来并进入眼睛的能量。恒星的光图像,被发现存在于眼睛的底部。随后视网膜会发生光化学作用,能量脉冲穿过神经到达大脑,在那里会产生电作用。但是他说,人脑是如何将恒星感知成为最终的结果,仍然是一个谜。

---

① Sir Charles Sherrington, *Man on His Nature* (London, 1941).

因此,谢灵顿这里的意识对于批判科学来说仍然是难以驾驭和理解的。问题是,尽管我们把外部世界当作对一系列感官对象的体验,但我们的感官实际上接收到的是不同频率的能量振动。这些辐射会触发大脑中的感知想法。神经生理学家可以研究脑电波和电信号,但是他们能理解意识是如何产生的吗?因此,一些思想家有了这样一个假设,即心灵是独立于身体而存在的,他们认为,我们永远无法通过理解大脑结构和大脑化学状态来理解意识。

这里有两个独立的问题:第一,如何最好地理解人类行为的方法论问题,包括意识的心理过程;第二,研究对象的本质和实在问题。

在回答第一个问题时,还原论模型很可能会失败,可能是这样的情况,即我们不能指望在微观层面上建立一揽子定律来理解宏观层面上出现了什么或发现了什么。在我看来,这是一个悬而未决的问题。我们不能先行探究这种方法是否会完全成功。我认为最好的策略是运用探究的共感方法(coductive method)。事实上,这正是我们所采用的。我引入了"共感"这个术语来描述行为科学和社会科学现在如何从不同的维度来理解人类行为①。这里存在着不同层次的探究,我们需要用它自身的术语来处理可观测数据。因此,心理学作为人类行为科学,不能完全还原为神经生理学,尽管神经生理学无疑将帮助我们理解行为的规律。例如,我们能否将人类学、政治学或经济学还原为微观层面上的物理-化学科学?似乎极不可能,尽管低阶解释(lower-order explanations)可能确实有用。我们应该从不同的层次进行共感解释,这就意味着我们应该避免还原论的谬误。还原论

---

① Paul Kurtz, *Decision and the Condition of Man* (Seattle, Wash. : University of Washington Press, 1968; New York: Dell Paperbacks, 1969).

的纲领归根到底是一个信念。还原论者希望这最终能实现。在生物遗传学方面有许多令人振奋的发现，这些发现使我们能够更好地了解人类行为。然而，共感在理论上似乎是一种更方便的方法，至少在目前的探索阶段，它使我们能够同时对还原论和整体论作出解释。

第二个问题不应与第一个问题混淆，还原论方案尚未完全实现，但这并不意味着心灵或意识可以独立于身体或大脑而存在。有些人作出了逻辑上的飞跃。例如，阿瑟·爱丁顿（Arthur Eddington）、詹姆斯·金斯（James Jeans）和其他现象学家，他们试图把所有的实在都还原为思想或心智的材料。我认为恰恰相反，神经网络和大脑机制是真实存在的，它们为我们理解自然提供了前提条件。但是，人类是一个极其复杂的生物有机体，能够进行更高阶的过程，尽管我们不完全了解这些过程是如何发生的。

我们的讨论使我们得出了一些怀疑论的结论。我们的所知，是我们在自然中相互作用的结果。所知是主体和所知事物的共同作用。在此之外，存在着一个真实的世界，我们可以通过诸多层面的分析对其进行描述、分类和解释。但是，我们不能最终保证认知者（the knower）和所知（the known）相同，以及/或者所知是否完全独立于认知者而被认知。我否认这使我们陷入的唯我论者的彻底怀疑论，他们声称我们无法摆脱那个自我中心困境。然而，我们仍然面临着某种困境：行为中心困境，我们的行为与外部世界的关系，以及我们是否可以说我们对自然的描述和/或解释是真实的。但是，这又引出了一个更深层次的问题，什么是真知，真知是关于什么的？

第四章　可靠知识

知识作为真确信念受主体间确证

有可能获得可靠的知识(reliable knowledge)吗？或者,我们声称的知识只是幻觉或是自欺欺人？当皮浪主义怀疑论者分析知识的基础时,他们声称知识消散成纯粹的人类臆断。他们认为,知识就像纸牌屋,当地基受到破坏,整座大厦就会倒塌。他们的结论是,所有的知识都是不确定的、不可信的、空洞的。他们认为,不存在评判真理的标准,因为所有的判据都会瓦解为人的主体性。

现在我认为,尽管知识是相关的,但它不必是主观的。因为,存在判断真理主张的有效判据,而这些判据在一生中都在被使用。知识并不关乎固定的本质领域,它没有给我们终极真理,它也不能完全独立于探索和发现的过程而被理解。如上所述,知识是主动探究的行为过程的产物。动词"知道"(know)比抽象名词"知识"(knowledge)更能描述此过程。"认知"(knowing)一词则既包含关系功能,又具有客观参照物。最好将其视为交互性的概念,它涉及一个或多个主体,也就是说,我们知道某事,意味着毫无疑问,它被有意识的存在或一些可以意识、认识、记录和对世界上的事物作出反应的存在所感知。抽象谈论生物体的知识以及生物体对其交互场内对象和过程的行为活动和反应,是毫无意义的。认知者(knower)不是被动的。知识不仅仅是对实在图景(picture of reality)的描述,尽管要想有效,它必须建立在外部世界的基础上,或者至少不能完全脱离外部世界。相反,这是一种积极的行动和交流。它是人类实现目的及目标的一种手段,是人类拥有的最强大的行动工具。因此,认知在人类行为中具有工具功能。它不仅仅是一种与其客观参照物分离或不同的觉知(awareness)的内化状态。它的内容包括对已知事物的一些不可规避的参照。在现实世界中,存在着一些客观依靠。这使我们能够将我们想象中的梦、幻想和虚构与独立于认知者之外的客观事物区分开来。的确,在某种意义上,认知者可能怀有梦想或幻想,但这些在意识体验中有一些因果基础。虽然它们是主观的心理建构,但它们在幻想中似乎是真实的,并对人们的观念有深远的影响。但是,它们是不同于具有一定外部参照的知识的客观主张。

也就是说,一个人有知识就意味着他所知道的是真实的,而真理意味着一些不受认知者愿望和欲望所左右的无情实在的知识。因此,可以对信念和知识作出有用的区分。我们可能相信某事是真的;但我们的信念可能是错误的;如果是这样,它们就不等同于知识。我们可能认为我们有知识,但如果我们的信念是错误的,我们就会在错误的印象下工作或持有错误的观念。例如,我们可能认为外面在下雪,但如果没下雪,我们就错了。只有保证这些信念与我们的信念无关时,我们才掌握了知识。因此,知识仅指已经被充分证明的个人或团体的信念。当一个真信(true belief)为证据和理由所支持时,它就等同于知识。信念是我们确认某事时所处的任何一种状态或者思维习惯。相信某事,意味着相信或说服它是真的;相信某事,意味着确定有我们可以回应的客观事实存在。信念是我们准备付诸行动的基础。

　　然而,相信某事是对自然、世界或我们自己的描述性主张,与相信某事是对理想的规定性承诺是有区别的。我可能认为,加勒比海的岛屿通常一年到头都有温暖的天气和阳光。这是真的还是假的,将取决于我自己或别人是否直接访问那里、住在那里的人的证词或对气象图是否进行仔细研究。

　　许多人可能相信他们的信念,但这些信念可能是错误的。我可能相信"奶奶的鸡汤能治普通感冒"。只有仔细的测试,才能证实或否定这一点。如果事实确实如此,那么,我就有了一条信息,它是知识体系的一部分,我可以肯定我知道它是一个事实,因为我可以从经验上证实它的有效性。信念和知识之间的区别是至关重要的,因为许多人或大多数人持有的大部分信念可能只不过是幻觉或幻想,根本不真实。然而,人们会坚持他们的信念,珍惜和崇敬它们,特别是在宗教和形而上学范畴内的信念,即使那些信念明显是错误的。

　　必须对绝对主观的、内在的、个人的信念和那些可以与他人交流并因此可产生主观间互动的信念,作出重要的区分。我们的某些信念从内容和参照角度而言,可能主要是内省和个人的,如我在生活世界中的那些只属于自己的经历。然而,由于我们生活在一个共同的世界中,我们关于自然中的物体或事件的大多数信念,都能得到主体间确证。如果我说外面很潮湿,那可能是因为我在流汗。但是,假设一旦我以标准定义了"湿度",任何人都可以用湿度计来验证这一说法,并确定空气中湿度的百分比。

　　皮尔士恰当地指出,至少在科学中,我们是在探索者共同体中,而不是在一个孤独的、内在的唯我论的自我中确定信念。我们通过跨主体的测量标准来共享经验,并制定独立的验证判据。通常依靠能解决这一问题的实验观察得到的客观事实,我们可以获得主体间一致。水是否在 100℃时沸腾、在 0℃时结冰,可以很容易通过建立检验此种声称的条件来解决。任何理解我们所说内容的人,都可以进入一个公开的验证过程。

我们重点关注声称这个概念,这是很重要的。因为在社会交往的世界里,个体经常提出声称,并被要求为其辩护。因此,我们可以断言某件事是这样的,它应当被承认为真实的。但是,事实是这样吗? 有些人可能认为地球是空心的,认为 UFO(不明飞行物)利用地球中心的洞穴作为着陆基地。科幻作家可能激发了他们丰富的想象力。因此,信念,尤其是有争议的信念,应该以声称的形式被解释。在这里,举证责任落在提出主张的人身上,要表明为什么其他人应该接受这种信念为真。我们解决分歧的条件有一个关键问题。有些声称表达得很差,以致我们可能没有可识别的根据来证实或否认它们。如果没有任何条件可以证明这些声称是错误的,那么这些声称就超出了事实的范围,可以说几乎没有实质内容。在某种程度上,必须有一些特定的理由可以使声称被认为是充分合理的。

至少在理想情况下,知识是通过参照观察、检验和测试的客观因素受到主体间确证的真确信念。很难否认或肯定一只看不见的粉兔子一直在和某个人交流,尤其是在有出乎意料的证据(比如轶事证据)支持此种声称的情况下。一个有意义的知识声称,可能是错误的;但至少在原则上,它是可以被否证的。我们相信有些事情是这样的,我们认为我们知道它是这样的,而且我们认为我们可以证实它。例如,迈克·泰森(Mike Tyson)是重量级冠军,马克·施皮茨(Mark Spitz)因其游泳成绩获得了六枚奥运金牌。这种知识声称,既有主体间的来源,又有客观的参照物。接受一个声称某信念是真实确定的,需要哪些充分的基础、证据或理由呢?

一手证词

在很多情况下,我们认为我们知道一些事情,并且这些知识是充分的。最简单的形式是,当我们说我们知道一些事情时,这通常是基于在某人的直接经验中被感知和解释的直接证词(direct testimony)。这里我指的是"知识的获得",即对一种直接经验的"拥有"。例如,当我向书房外看,阳光照射在树叶上,鸟儿在叽叽喳喳地叫,蟋蟀在唱着歌,水滴不时地落下,微风穿过屏风飘进来。我所看到的场景,并不是完全不连贯或混乱的,而是通过我的感官来过滤,通过我的行为来审视和把握,通过我的理解来诠释的。我之所以知道当前情境下的直接世界,是因为感知、概念和行为互动。我们所遇到的都具有给予和接受、感知和使用的双重特性,它是由积极的行为对抗过程所证实的。

举个例子,我可以在灯光下举起我的手并摆动我的手指。手指在桌子上投下影子。通过我的感官,所有这些被感知的事物都是显而易见的。握在我手指里的笔在白色的纸上移动,在纸上留下一道道蓝墨水印,单词按顺序出现。我擦擦额头,眨眨眼睛。我听见孩子们在笑,狗在叫,远处有汽车经过。在这个我认为真实的场景中,描述了一个由我遇到的对象和事件构成的直接世界。如果我对这个过程的任何阶段感到困惑或不清楚,我可以进一步证实它,以避免失真。真的有孩子在笑吗?我可以走到窗口往外看甚至呼叫他们。狗真的在叫吗?让我看看,也许我可以给它扔些狗饼干。有汽车经过吗?如果有时间,也许我还能看到它,甚至追上它。我可以把灯关掉或打开,看看我的手指的影子是否还投射在我的桌子上。我可以用拳头猛击桌子。因此,我可以用我的感官和我的活动来证实我所感知的,并尝试复制这些经历。

如何确定我收到的信息是正确的呢？正如我所指出的，一个"事实"并不是一个抽象意义上的孤立现象，而是能与我为确证它所能从事的行为相融合的。因此，事实是行为的功能。即使是在我的直接经验范围内，我也可以让他人来确认我所相信的存在。"乔纳森，"我可以对我的儿子喊道，"那些在外面笑的孩子是谁?""谁的狗在叫?""开始下雨了吗?"他可能会回答："没有，爸爸，没有孩子们在笑，也没有狗在叫，我认为你错了，我开着电视机，你听到的一定是电视的声音。"或者，"外面没下雨，爸爸，我把洒水系统放在你窗户下的草坪上了。"

现在，极端怀疑论者提出了知识准确性的问题，我们能否确定任何事情，他们否认我们可以获得确定的知识，所以，他们最终处于未定的状态。这可能会退化为一种恋物状态（fetish），尤其是当它被推到外部极限时。因为很明显，我们可以被认为在当前事实观察的直接背景下拥有知识。但是，关于是否在下雨、鸟儿是否在啁啾、狗是否在吠叫以及孩子们是否在外面玩耍和欢笑，我都可能判断失误。通常，我不需要其他人来确证这些观察事实，或者证明我的信念是否诚实，是否能够呈现真知。我通常可以自己检查，并且用一些常识性的方法。

但是，如果我患有近视、色盲、精神分裂症、恐惧和焦虑，或者拥有丰富的创造性想象力并随时准备对眼前的事实或事件过度解读，那么，我可能就会遇到问题。"爷爷，"那天下午我的孙女问，"窗外站着的是一只狼吗?""不，孩子，"我安慰她说，"是街上的一只德国牧羊犬。"

无论出于何种目的，人类都有能力做到对其直接接触的世界进行直接观察和正确解释。观察从来就不是单纯的或独立的。它们是从知识中获得的。信息包括解释和命名。对我的猫来说,感受到水滴落可能是随机的,它会跑去寻找遮挡物。对于能够对世界做出更复杂解释的更敏锐的人类来说,它们是雨滴。原则上说,或许我会因为自身可能具有的一些认知而把直接的知识弄错,因此,这种经历是可以改正的。然而,在某种程度上,在我确证了事实之后,我能够有一定程度的信心接受所给出的事实:是否真的在下雨,我的手是否在投下阴影,鸟儿是否在鸣叫,是否有汽车绕过街角,或者孩子们是否在外面大笑。

　　我不明白,为什么我们需要对这些基本问题陷入悬搁判断的状态。因为在辩护过程中,我可以找到理由来接受我所相信的真理,我可以声明它是已知的。这是基于我自身经验的证明(前提是我是正常的,不是精神病或脱离实在)。我们不能绝对确定当前的观察时刻,因为我们可能会犯错误;但这并不意味着我们不可能具有高度的确定性。G. E. 摩尔(G. E. Moore)认为来自手的感觉材料(sense-data)是确定的,他确实能在眼前看到这些材料。我认为,把手分解成一堆抽象的"感觉材料"是错误的。然而,我知道我有手,我能分辨出胳膊肘和地上的洞之间的区别。否认我们无法知道两者或两者之一是对生活的嘲弄,哲学怀疑论就只能沦为语义游戏。

　　一个关于我们私人或个人信念状态的问题,由此被提出来。如果我们要求对所有这些行为进行主体间行为证实,那么这肯定有问题。存在着某种个人知识,或许是一个人不想被他人所知道的。可以说,我们都戴着面具。我们隐藏的性幻想,那些让我们兴奋的事情,我们对另一个人的爱,我们不可告人的动机,我们最深处的梦想、恐惧和焦虑,这些都根植于一个人的私人生活世界,与过去的记忆和对未来的渴望息息相关。它们包括我们的失眠、胃胀气、在公开演讲时的尴尬、我们在国际象棋上的首次失利,以及其他人的冒险和创伤。这些甚至可能深植于我们的潜意识中。这个问题经常被争论为内省主义(introspection)和行为主义(behaviorism)之间的冲突。这种知识的起点与我们内心世界的探索有关,但所有这些都与我们的所作所为有关,也与我们的行为状态有关。这些内心的独白有着一定的行为关联及因果关系:它们不是抽象的、没有实体的体验,而是与我们整个生活世界的期望和行动融合在一起的。诚然,它们可能很难理解,不仅是对于我们的朋友和同事,甚至对于我们自己,尤其是在自欺欺人的情况下。

因此,到目前为止,我主要关注的是我们对当下的认识。但从某种意义上说,当下的时刻确实是短暂的,因为它就像一条奔流的小溪,很快就从我们身边溜走。生活世界的另一个经久不衰的特征,是我对过去的记忆(直接的、短暂的或长期的),没有这些记忆,当下就没有意义。因为我不断地汲取过去的经验,这些经验储存在我的记忆中,是我概括现在和解释未来的基础。我的一些一手记忆可能保持完整并且相当准确。我还能清楚地记得我的初吻,我第一次滑雪时的快乐,我在雅典参观帕台农神庙的景象,我第一次讲课时有多么紧张,等等。遗憾的是,记忆经常褪色、被愿望和欲望扭曲以及被时光摧毁。随着年龄的增长,瞬间记忆可能会变得困难。我可能会忘记名字、压抑不愉快的场景。可能还对某些过去的事情有一定程度的确定性。我记得哈里叔叔在新泽西州纽瓦克去世,享年 57 岁,我当时在场,第二天,我去参加了他的葬礼。另一方面,很多事情都隐藏在我的潜意识里,我经常被那些我刻意选择忘记的事情所欺骗。我妻子似乎记得我们生活中的几乎每一个细节,她用我早已忘记的人物、地点和事物来点缀这些细节。我只记得那些对我来说看似很重要或是我觉得很重要的"重大事件"。保持记忆准确的一种方法，是写日记、记手账或者留下关于谈话和事件的笔记，这些有助于证实所发生的事情。或者，我们可以在这些事件成为褪色的记忆之前，拍下照片，收集报纸上关于它们的报道。但是我们都很清楚，记忆很可能会欺骗我们。我们让过去浪漫化，可能会突出好的部分，很容易忘记不好的部分（反之亦然，这取决于我们的个性）。因此，我们需要非常谨慎地对待记忆中多年前的"事实"，除非它们能够得到证实。怀疑论在这里可以是必要的组成部分，但它是语境化的而不是普遍性的。当怀疑论者否认那些用文字或其他历史符号（例如墓碑上或纪念碑上的）记录的历史事件的准确性时，他们肯定是错的，因为我们可以通过仔细的调查来核实历史事件描述的准确性。

　　我对过去事件的记忆库，也包括过去所做的计划、项目和决心，以及我是否完成了它们。我决心戒烟，我做到了。我想坚持节食，我没做到。我计划买一座房子并修好，我做到了。我打算在湖边找个避暑的地方，我没做到。我计划写一本书并完成它，我做到了。我想搬到气候更温暖的地方，我没做到。因此，在眼前的情况下，当下是不断向前的。有些是我满怀喜悦或有预感会发生的对未来场景的期待，对于这些事情我做好了准备，而其他事件，则完全出乎意料。我做了一些预测，有些成真，有些则被未来的事件所证伪。我为阿德莱·史蒂文森（Adlai Stevenson）作为总统候选人的竞选工作过两次。我年复一年地决心砍倒一棵白杨树，但始终没有抽出时间去做。我计划建一个岩石花园，我如愿以偿地做到了。我为两个委员会的建立提供了帮助，一个用来捍卫校园里的学术自由，另一个用来捍卫一位受到不公正迫害的加拿大医生的权利，我做到了，这让我非常满意。

因此，对过去、现在和未来的觉知永远存在于我的意识上，我具备关于这三个阶段的知识。我目前的观察通常是正确的，虽然有时我也会犯错。我对过去的记忆有时准确，有时错误；我的预测和推断有时对，有时错。这类个人知识包括常识、批判性智识和基于过去经验的有据预期。

我们可能会问，我们的私人独白总是正确的吗？答案：是，也不是。有时候，朋友和亲戚比我们更了解我们自己。他们可能有一种我们所缺乏的对自己的冷静客观。有些人可能过于任性或急于草率下结论；有些人可能自己很害羞、沉默寡言，容易自我谴责；还有一些人可能对自己的潜力过于悲观或过于乐观。有时客观的旁观者，通过观察我们的行为和解读我们的语言，可以比我们自己更公正地评价我们的美德或过分行为。因此，人们会去找精神病医生、教师、律师或咨询师，寻求有关该做什么的建议。此外，我们可能会欺骗自己，我们的行为可能更好地揭示我们内心的感受和愿望。口误或怪异的行为可能与我们对自己最喜爱的幻想相矛盾。其他人可能会经历可以与我们分享的类似的恐惧和快乐，从而帮助我们更好地解释我们的真实感受和愿望。内省使我们接受周围人的某种客观解释，内省是公开的审查。然而，我承认，在所有形式的人类知识中，最不受主体间确证影响的可能就是个体的私人特质生活世界，尽管行为主义竭尽全力试图来阐明其意义。

因此，到目前为止，我主要处理的是个人的亲身体验和生活世界的一手证据。毫无疑问，这是我们知识增长和发挥作用的基础。但是，我们的一手知识不断被他人在主体间层面上侵入和扩展。首先，语言是一种社会产物。它把我们带到私人世界之外。我们可以通过交流与他人分享我们的知识。词语是使两人或两个以上的人在共同意义框架下相遇的文化载体。恰如维特根斯坦所言，语言并非完全是私人的，如果语言是私人的，那就没有意义。语言提供了一个框架，我们可以从中窥探我们与他人共享的共同含义并对此做出回应。解构主义者把语言分解成不可翻译的隐喻，这与我们能够将自己的情感和思想传达给他人的事实正好相反。符号和标记是文化的产物，是具有主体间性的。它们使我们能够获得一种知识，这种知识使我们超越自己时空的有限视角，获得我们直接经验以外多元形式的证词（即他人提供的间接证词）。

二手证词

如果我们的知识被限定在我们自己的直接经验、过去、当下和未来之内，它将受到严格的约束，并只与我们自己有限的时空记录有关。然而，我们希望能对与我们没有任何直接接触的事物作出判断。我知道阿卡普尔科是墨西哥海岸的一个度假城市，尽管我从未去过那里。我的朋友们去那里旅游了一周，讲述了他们的假期并说他们很是享受。我为什么要接受他们对我说的话？也许他们在夸大事实，也许他们的所见因他们自身的偏爱而被夸大。后来，我自己也去了这座城市，也有了类似的印象。我们两人的访问都太短暂。然而，我可能愿意接受另一个人的证词，因为我明白，如果我重复他或她的经历，我的经验可能是相同的。因此，我的经历不断地证实了一个基本前提，那就是如果我去其他人所在的那个地方，我可以或多或少重复他们的经历。因为我不能同时出现在任何地方，其他人就成了我的代言人。因此，我愿意听从其他目击者的说法。

怀疑论者可能会问，除非你能进入别人的大脑，否则你怎么知道别人看到的和你看到的相同呢？也许我们所经历的不同。然而，正如我所指出的，我们有共同的语言结构，可以用来比较记录。我们可以沟通并且确实在沟通。我们使用普通的词汇描述我们所看到的。对物体的描述，可以用颜色词来阐明。这个物体是黄色的，那个物体是紫色的。我们有一般的概念模型，随着辨识和比较，我们给物体命名并把它们教授给孩子。我们基于经验进行归纳，我们标识和分类，我们辨别相似点和不同点，然后对它们进行归类。此外，我们可以在一个共同的世界中互动。我们和朋友打棒球，投球和接球。"在这里"的东西一定与我们"在那里"的经历有关，否则我们就无法协调我们的动作和反应。我们都在相关的行为领域发挥作用，我们在共同努力的范围内预设了共性、共享对象及其属性的存在。

二手证词，也许往往不可靠。有些人远视，有些人听力不好，所以如果没有眼镜或助听器，他们就不能看清楚或清晰地辨别声音。还有一些人，可能是色盲或音盲。目击者的证词可能会欺骗我们。因此，一个人在接受目击者的陈述时必须非常谨慎，除非他们能得到其他目击者的证实，即使这样，我们也需要谨慎行事，因为他们可能都错了。同一事故中的六个人，可能会给出相互矛盾的报告。在日本电影《罗生门》中，四个不同的观察者对同一事件给出了截然不同的描述，就如同人们从不同的视角看一头大象会产生截然不同的看法一样。

我注意到，所谓超自然事件的目击者往往是不可靠的，他们的认知往往取决于他们希望看到什么。坊间传言或道听途说不能代替严格的观察，特别在新的声称被提出的情形下。许多人认为，所谓的通灵者或者假扮通灵者的魔术师能够用他们的意念弯曲钥匙或勺子。通灵者事先触摸过物体吗？"没有，"未经训练的观察者通常会回答，"我的眼睛从来没有离开过这个物体。"人们会根据自己的倾向来评估事件,就像在 UFO 探访声称中那样。我对那些认为他们曾被外星人绑架并带上 UFO 的人持怀疑态度,他们声称外星生物对他们身上的腔孔进行了探测。也许外星人真这么做了。另一方面,想象力经常对人们造成破坏,混淆了幻想和现实。错觉,即使是最疯狂的错觉,并不是困惑者或容易上当者的专属特征。

经验论是任何可靠的方法论的重要组成部分。经验论者认为,我们应当通过自身或他人的目击观察证据来检验任何对知识的声称。我同意,因为证据是我们认识世界的基础。但是,我们需要时刻保持谨慎,并运用方法上的怀疑论。一个人必须特别小心自我欺骗,也就是人们从观察数据中读出自己的意愿倾向。要接受别人的二手证词,我们必须能合理地保证他们判断的准确性,并保证他们不会轻易接受未经仔细审查和考虑的事情。我们对这样的观察者是否容易犯错误以及他们是否诚实并值得信任提出疑问。甚至二手证词可能具有欺骗性,而直接观察数据是否带有偏见或误解色彩也不能保证。

此外,一个人必须防止被他人欺骗(无论是有意还是无意的),防止他人想要歪曲所观察到的事物、美化事物、改变观点、试图说服别人接受某种观点的意图。显然,在某些领域存在着明目张胆的欺诈行为,特别是在那些传播者主要对金钱、权力或名誉感兴趣的领域,他们会歪曲事实,以达到不可告人的目的。一些怀疑论者表示,在评价超自然声称时,如果任何人说的任何事情与他们的经验相矛盾,他们将不予相信,因为许多人有着相信不可思议事情的强大诱惑。这种姿态可能过于谨慎,有时可能会变得独断。我们必须准备接受意想不到的数据和新发现。我们不能不对反常事件进行思考。我们当然需要保持谨慎,当有人报告了离奇事件,我们应该努力证实他的说法。我们可以通过寻找其他可信的证人（如果有的话），或者通过公开支持该说法的数据来做到这一点。

这里的中心问题，与被报告的证词类型有关。我们对与我们经验相符的证词没有疑问。如果有人报告说有龙卷风摧毁了150栋建筑，这将是一个不寻常事件，但在人类历史上，这并不像人们曾经经历或记录的其他类型的灾难那样罕见。此外，我们可以参观破坏现场或观看有关龙卷风的录像。在此，现代技术是一个巨大的恩惠，它能够扩展观察的参数，使我们能够发现新的事实。"旅行者Ⅱ"号使我们有可能观察到海王星的蓝色大气层及其卫星海卫一的表面。没有人真正到过那里，但摄像机能够发回信号，这些信号毫发无损地流出并显示在屏幕上。因此，我们可以扩展所观察世界的外延。显微镜、望远镜、照相机、雷达、超声设备、电脑屏幕和其他技术工具的使用，扩展了我们的感性认识。

有这样一个问题经常被提出，那就是我们是否应该接受来自其他人的且与我们先前基于过去经验所持理论相矛盾的陈述。如果陈述的新事实是准确的，那么答案是肯定的。如果我们不准备根据新的数据来修改我们的理论，我们如何才能开阔知识的视野呢？在20世纪初，有关在非洲丛林深处发现了一种不为人所知的大猩猩的报道流传开来。发现一个新物种对世界来说是多么令人惊讶啊。然而，对于有关深海神秘怪物、龙、外星人和其他虚构生物的传说，我们必须保持警惕。

当然，我们必须对那些被推销者们夸大的反常声称持怀疑态度。然而，我们需要对外来物种和奇怪事件保持开放的心态。既然几乎整个地球表面都已被探索过，那么可能几乎没有留给我们什么重大惊喜了。但是，科学探索仍然能够发现一些新的植物、昆虫、爬行动物和哺乳动物物种并进行分类,比如最近在马达加斯加发现的金冠狐猴,是属于狐猴家族的物种①。然而,传说动物学是一个需要仔细研究的领域,因为它感兴趣的是,在地球上尚未被探索的角落中发现那些尚未发现的物种。曾有报道称,在新喀里多尼亚海岸附近有美人鱼,后被证实为白色的儒艮,一种水生食草哺乳动物。至今仍流传着关于恐龙生活在刚果、雪人生活在喜马拉雅山脉以及大脚怪生活在美国西北部的未经证实的说法。所有这些说法,都需要仔细调查,人类不能停止探索。当人类探索太阳系的行星或其他星系时,我们需要接受完全出乎意料的发现。唯一的倡议是,我们应当用严格的标准去评价断言。超常的声称需要强有力的证据来支持,而不能是道听途说、支离破碎或薄弱的证据。当一个异常声称被提出时,我们需要对它是真的可能性保持敏感,并为调查它做好准备。我们不能简单地以它是奇迹为由而先验地将它排除在调查之外。另一方面,人们可能错误地感知了原本平淡无奇的事件和/或误解了他们所看到的,对于那些声称是超自然的神秘现象,也许可以给出完全寻常的解释。

间接证据

关于自然的许多知识可能不是被直接观察到的,而是被推断出来的。这种情形下,不可能有二手的或间接的目击者的证词来证实它。无论是现在发生的事情,还是过去发生的事情,都是如此。然而,通过间接证据(circumstantial evidence),我们可以推断最有可能发生的事情。这种方法的最佳例证可以在虚构侦探作品中找到,比如乔治·西默农(George Simenon)笔下的麦格雷探长(Inspector

---

① *Discover magazine*, January 1990, p. 22.

Maigret)和阿瑟·柯南·道尔笔下的夏洛克·福尔摩斯。这些作品都戏剧化地使用了侦探来识别未被发现的罪犯和杀人犯。举例说明：一个女人被发现死在她的公寓里，所有的门窗，都是从里面闩上的。她被勒死，倒在地板上。问询邻居，结果他们一无所知。没有人听到或看到任何东西。谁和她在房间里？她是怎么死的？只有通过在现场搜集蛛丝马迹，麦格雷和福尔摩斯才能找出凶手。也许是以前的情人勒死了她，用一个带环的衣架（后来在他那儿发现），通过上面的一根横梁闩上了门，趁人不注意从房间里逃了出来。没有目击者，然而他的动机是存在的，也许最终他的坦白会证实此种推断。所有这些都建立在间接证据的基础上。人们必须保持谨慎，也许侦探弄错了，间接证据可能过于残缺不全，演绎过程中的推论可能不正确。也许警察从一个被莫名抛弃的情人那里得到了一份认罪状，而他实际上是无辜的。

然而，在实际事务中，间接证据经常被使用也必须被使用，这包括对可能发生的事情进行推测。在这里，其作为一种解释工具的工作假说（working hypothesis），是探究的基本工具。如果假说成功，我们就能把拼图的碎片拼在一起。通过定位因果序列，并将它们与各种结果联系起来，可以做到这点。寻找原因就是寻找一把解开谜团的钥匙。显然，在凶杀案中，我们想找出谁是肇事者，我们想详细说明诸如时间、地点这样的细节。但是，我们也想知道，肇事者是如何做的，他们为什么做案。在这种情况下，我们正在寻找一个适当简化的单一因果假设，以适应这种情况下的独特数据。

间接证据，也用于一般理论的发展。我们并不孤立地推理，而是不断地从过去的经验中进行推断，在这里，我们采用概括的方法。我们注意相似点、发现固定的关联并发现规律，我们认为我们有资格在此基础上得出因果推论(causal inference)。一个现象的根本原因,往往通过使用间接证据得以发现。为什么有某些症状的病人会生病,甚至死亡? 我们可能会发现他们感染了艾滋病病毒,这种病毒会破坏人体的免疫系统。统计学上的关联往往有助于指出起作用的因果关系。我们推理得出,一旦一个人感染了艾滋病病毒,他或她极有可能感染艾滋病。同理,间接证据的使用出现在天文学、地质学、考古学和历史学中,在这些领域中,我们试图把遥远的过去事件组合成某种连贯的整体。

进化论是在间接证据支持的猜想和推理的基础上建立的。古生物学家试图根据他们对化石残骸的解释来推断到底发生了什么。斯蒂芬·杰伊·古尔德(Stephen Jay Gould)在他的著作《奇妙的生命》①中对间接证据的使用和误用做了精彩的描述。伯吉斯页岩是位于加拿大落基山脉(高于海平面 8 000 英尺)②一个小的石灰石采石场,形成于约 5.3 亿年前,它包含古代海洋的化石,那里蕴藏丰富多样的生命形式。1909 年,地质学家、人类学家查尔斯·D. 沃尔科特(Charles D. Walcott)首次发现了它。几十种以前不为人知的已灭绝生物被发掘出来。它们在数千年的时间里保存得很好,它们精细的结构清晰可见。例如,在这些被发现的物种中有五眼欧巴宾海蝎、西德尼虫以及奇虾。我们现在可以思考的重点是,怎样解读大量多样性物种的发现,如何解释它们灭绝的原因。经典的达尔文假说认为,物种的进化是逐渐发生的,并有逐渐变得明显的趋势,物种的适应性有利于其繁殖和生存。此外,人们认为进化是渐进的,并且以"更高

---

① Stephen Jay Gould, *Wonderful Life: The Burgess Shale and the Nature of History* (New York: W. W. Norton, 1989).

② 8 000 英尺=2 438.4 米。

的形式"的出现来取代较低的形式。

古尔德不认同这种解释,他认为机会和"幸运女神"似乎发挥了作用。环境中的意外和灾难或物种内部的基因突变,可能从根本上威胁或改变一个物种或导致其灭亡。突然,新物种出现,老物种消失,在进化链上存在着间断平衡(punctuated equilibria)或跳跃。例如,地球上的一场流星雨摧毁了恐龙的食物供应,恐龙可能因此灭绝。所以,间接证据的剩余部分可以适用于不同的解释模式。在古生物学和遗传学领域,达尔文的一些既定原则遭到了质疑和抛弃。当达尔文提出进化假说时,他无疑是正确的,但自从他的时代以来,基于引入更有助于解释的新的因果假说,进化发生的方式已经被相当大程度地修改。

假说演绎方法

因此,我们对因果知识的探索,对于解释世界上的事情是如何以及为什么发生至关重要。科学使用各种技术来发现可能的原因:从最简单的统计研究(用分离和变异的方法来分离因果相关性)到使用更复杂的理论结构去解释数据。此时,假说演绎方法派上了用场,为了用理论来解释数据而使用复杂的数学模型,可能会让我们远离直接的一手证词和二手证词。所引入的假说不是唯一的或孤立的,而是以某种方式与其他假说相联系。每一种假说都是经过参考实验数据来验证的,例如,在一个受控的实验室环境中,一手、二手或间接的仪表读数。但是,任何一种假说,都应该与其他经过类似假定和检验的假说具有某种逻辑关系,例如,科学家已经发展出关于疾病的理论。我们知道许多疾病,如白喉、黄热病和流感,都是由感染因子引起的,无论是病毒还是细菌,这些因子都会影响免疫系统,并可能瓦解人体的防御机制。因此,当研究人员首次面对新疾病时,假设存在尚未观察到的感染因子是很自然的,这一点通过实验观察得到了证实。

此时,我们已经远远不只通过认识获取知识,而且通过使用演绎推理去获取知识。当确定程度达到多少时,我们可以肯定我们的科学理论? 显然,我们通过演绎得到的对自然的了解并不是严格的,自然规律也不是简单地通过推理过程就能发现的。笛卡儿、斯宾诺莎(Spinoza)和其他古典理性主义者,错误地把对清晰、独特的思想或自证作为真理的终极判据,因为他们混淆了分析命题和综合命题。大卫·休谟指出,这和 2 加 2 等于 4 是一回事,如果给定一定的公理、假设和前提,我们可以从中推导出某些定理。而当一些观察直接或间接地与断言的事实真相有关时,对经验世界作出断言则完全是另一回事。三角形是一个三边图形,这个定义是一个在分析上为真的同义反复命题。在数学和逻辑学中,我们的确定程度无疑是最高的,我们从前提中推导定理,并通过不矛盾原则来判断它们的有效性。我们只不过寻求一个内部一致的命题体系。但是,这样一个系统虽然有效,在经验上却不一定为真,因为其前提可能为假。如果所有的"*jlub-jub*"都是"*doohickeys*",而所有的"*doohickeys*"都是"*razmazatazahs*",那么我们可以推断所有的"*jlub-jub*"都是"*razmazatazahs*"。无论引号内那些无意义的词是什么意思,这种推论都有效,这与它在事实上是否为真无关。

休谟式的分析生动地表明,如果有人击打一个台球,那么这与它长出翅膀飞走并不矛盾。它不会如此,这只能通过经验来发现。物体的性质主要通过对其进行观察来发现。因此,对归纳证据的要求是我们对世界的任何知识主张的一个基本组成部分,我们的陈述需要一定的经验参照。但是,我们不应该为经验论的简化形式辩护,因为演绎推理使我们能够超越直接目击者证词的限制,假设没有直接观察到的表象。推论是一种工具,通过它我们可以超越目前的观察范围,推断可能发生的事情。太阳系最外层有行星存在,这是天文学家在观测到它们之前就提出的假设。基于牛顿力学定律,我们注意到了行星轨道中的扰动。对这些扰动最有可能的解释是,引力来自尚未发现的其他行星体对行星的作用。1842 年,一位天文学家通过望远镜看到了海王星,正如先前的牛顿定律所预测的那样,从而证实了它的可靠性。天王星和冥王星的发现,也是如此。

　　一些怀疑论者认为,大自然被一层无法穿透的面纱遮蔽,我们无法理解它"隐藏的实在"。面纱不仅包括我们所受限的直接观察,还包含我们无法超越概念假设的束缚。我们所构建的理论是否在某种意义上描述或确定了外部世界? 这应该是科学的目标吗? 一些哲学家和科学家认为,只要我们的理论是可行的,我们可以在理论的基础上做出预测,并/或将我们的知识应用于技术成果,就没必要把实在描绘成与我们的理论是同构关系(isomorphic relationship)。一个很好的例子是,量子力学中高度复杂的理论表述之间的相互解释,是我们在物理学中仍然面临着的一个难题。物理学家是在客观地描述外面的世界,还是他们的理论具有其他功能? 最先由尼尔斯·玻尔(Niels Bohr)和他哥本哈根的同事提出的物理学工具主义解释认为,量子理论的理论体系涉及观察者及其仪器,在超越实验室经验观察的事实层面是毫无意义的。唯一的实在,是我们在实验探索的背景下观察到的。工具主义者声称,这一解释得到了证实,因为这一理论被用于解释观察到的现象,同时这些理论也被预测所证实。这个理论在描述上是否成立并不重要,重要的是它是否管用。卡尔·波普尔(Karl Popper)①则持相反观点,他认为这是对量子理论的一种客观解释。波普尔假定存在实在论和因果关系。他认为,在某种程度上量子理论描述了粒子集合的实际行为。到底谁的解释是正确的?

在我看来,这两种解释都是正确的,这并不矛盾。存在着亚原子粒子的真实世界,但我们对它的解释不是一对一的同构,因为这些理论便于我们解释现象并检验从中推断出来的预测。在理论和粒子或波函数之间,不需要有一个精确的对应关系。这意味着更高层次的科学理论解释并不是简单的现象描述,而是因果解释;实验者与他所研究的对象打交道,这一事实绝不能否认独立于实验者的观察或测试程序现象的存在。我们试图尽可能越来越逼近描述,但如果在主题高度复杂或者尺度太小无法通过仪器直接观察,或是距离太远的情况下,我们最多可以希望对外部世界进行近似处理,这或许至少可以让我们通过实验室观察来对外部世界获得一些感知。

科学的目标是双重的:建立可以作为我们强大工具的理论,我们可以利用它们理解自然并将其应用在技术领域;针对那些独立于人类经验的事物,对自然进行最大程度的近似或者概化处理。然而,在科学史的不同时期,我们可能会陷入僵局,因为我们所面临的智识问题可能极其复杂。然而,我们不应该放弃,而是应该为这些概化的问题寻求新的解决方案,这些问题应该被视为未来探究的挑战。

怀疑论者问道:"我们究竟能知道多少?""我们能在多大程度上确定某种事物是真的?"要预先解决第一个问题是不可能的。没有人

---

① Karl Popper, *Quantum Theory and the Schism in Physics* (London: Unwin and Hyman, 1989).

能事先说出什么是可以知道的,什么是不能知道的。如上所述,科学是一种探究方法,它涉及对揭示自然坚持不懈的探索,而不是绝对真理的一个固定的实体。在探究之前,基于片面的逻辑基础或由于现有技术的限制,很难认为某些事物是完全不可知的、深不可测的。如果我们回顾人类思想史,我们会发现,在探究的道路上一直存在着障碍。一些怀疑论者在功能强大的显微镜发明之前,认为我们不可能知道物体最内部的结构;在特殊的光学分析或太空探测器出现之前,认为我们不可能知道天体的化学成分,还认为我们不可能知道意识或人性的内部。所有这些建立在哲学或理论基础上的障碍都充满了危险。我们当然不能完全肯定相反的命题,即宇宙是可以或必定可以完全为人类所理解的。许多过去事件的资料,因为没有任何剩余证据而完全丢失。或许宇宙如此复杂如此浩瀚,以人类大脑的神经结构去揭示它的因果历史或者完全理解它是如此困难。另一方面,实际上还有无限的前沿有待达到。然而,可能还存在一些未知,甚至有可能存在我们现在甚至未来的能力都远远无法理解的不可知。在真正意义上,有些事情可能超越人类对未来的任何概念的理解。

在我看来,有三种明智的态度可以遵循:第一,鉴于科学发展史,我们不能先验地说什么将或必须超越现有的人类知识。第二,在我们能有效揭示真相之前,我们应当悬搁判断,直至我们能够有效揭示它们,尽管我们可能会推测实在的其他可能维度。存在一种超验诱惑的趋势,即跳过信念并对精神实在或超自然实在进行假设。我们完全有权以怀疑论理由反对这种未经证实的声称。第三,尽管如此,我们确实拥有大量的可靠知识,经过验证的假说和理论,基于这些假说和理论,我们可以行动或运转,对这一知识的消极怀疑论是错误的。正如我们所指出的,有限怀疑论是批判性和智识科学探究方法的重要组成部分,对现有知识体系的某种程度的确定和确信是合理的。在任何情况下,确定性和怀疑都是任何一种反思性探究的基本组成部分。

分析真理

还有另一个知识领域,可以被可靠地使用,它涉及数学、几何或分析推理,我们在一个形式系统中进行推理,并通过逻辑一致性测试一系列命题。在这里,我们并不假装对真理提出任何经验性的要求,因为我们只是在遵守我们预先建立的游戏规则,我们的定理由公理和公设推出。它们在同义反复意义上都成立。这种形式真理(formal truths)可以说是确定的,即给定我们的基本公设和公理,以及支配它们使用的推理规则。但是,我们可以改变前提和规则,并发现其他的形式系统。这仍然是一个对便利的实用主义测试,因为有些系统比其他系统更巧妙和有效,它们为我们提供了强大的智识工具以实现我们的智识和实用目的。

知其然

怀疑论者常常忽略的另一种可靠知识,是我们与世界进行积极交往的基础,也是进行便利性实用测试的基础。我在这里指的是"知道如何做某事",即技术知识。科学哲学家往往忽视技术,而倾向于宏大的科学理论体系。然而,技术对我们认识世界至关重要,因为它阐明了我们与自然的主动互动不同于被动模式。同样的道理也适用于日常生活和常识,在这些生活和常识中,我们不只是寻求认识自然,还要在自然中行事,并对自然作出反应。"通过实践获得的知识"不像理论科学中所认为的那样是简单的描述性或解释性知识,因为它涉及试图实现某事。这些知识使我们能够修理、发明、实施、制造或创造事物。它包括目的性的手段－目的推理（means-end reasoning）。应用科学领域的专家，无论是机械师、工程师、外科医生还是计算机专家，必须培养的技能和灵活性，这就是该类知识的一个很好的例子。

亚里士多德把艺术称为"一种智慧的美德"，他的意思是，我们能够发展艺术和技术、艺术和手段-目的诀窍。这使我们能够在世界上发挥作用，正如我已经指出的，传统的认识论模型是被动的。感知者或认知者试图描述和/或理解外面的世界，并被神秘所包围，因为他或她无法在认知者和已知者之间架起桥梁。但是，技术知识是我们进入世界的手段，通过技术知识，我们不是简单地描述它，而是修改或改变它。如果水槽里的水龙头漏水，我可以找个扳手，把零件拧松，再装一个新的垫圈。我已经正确地推断出这次漏水的原因是一个有故障的垫圈，我可以通过一个手段-目的行为过程来修复漏水，可以说我在自然界中插入了一个新的因果序列。因此这是一种实用有效的诀窍。如果我在冬天将要被冻僵，我可以拿把斧头砍倒一棵树，生一堆火，在壁炉里烧柴。因此，我认识到世界是相互作用的。我需要了解自然运行的参数，我可以利用这些参数来为自己服务，不断地干预事件的顺序。因果干预（causal intervention）在人类事务中起着决定性的作用：我发高烧、流鼻涕、浑身酸痛，医生开了一种抗生素来帮助阻断感染。因此，我们不断进行干预，我们通过钻牙、做手术、筑坝、架桥等来学习如何做到这一点。所有这些都增加了我们可靠知识的储备。这还指出了这样一个事实，即技术诀窍不仅具有理论上的真值，而且受到应用于我们生活和工作的世界的考验。

常识与科学

科学并非与常识截然不同,也不会与常识分割开来。普通人在世界上正常的行为过程中,必须使用一些批判性推理的方法作为正常应对行为的一部分。此种科学方法,只不过是对我们与世界交流的过程进行了精致的阐述。这一点至关重要,因为怀疑论者和神学家经常争论,似乎归纳/演绎的方法基于纯粹的假设,并且信念飞跃与相信上帝的宗教人士的信念飞跃并无二致。有种观点认为,一个人不能证明他应该是理性的或是遵守矛盾律的,这就是说,他应该基于证据支撑的真理提出主张,而不预设逻辑和经验都是真理的来源。因此,一个彻底的怀疑论者会质疑或怀疑包括科学方法在内的所有真理的标准或判据,因为他认为所有这些方法论原理都是超出任何可能证据之外的。

我将如何回应这种彻底的怀疑论批判呢? 首先,要承认人们不能"证明"这种方法的绝对有效性。然而,我会辩称,我们不能以任何必须基于演绎的方法证明任何关于自然的事物,但我们可以提出一个合理的情形。我认为,相对而言,假说/归纳/演绎方法是增进我们关于世界知识的最有效的工具。但怀疑论者立即反驳说,我引入了一个实用主义判据,这意味着这种方法是最有用或最方便的。但是怀疑论者会问,我为什么要接受这个判据? 谁在乎有效性?

我该如何回应怀疑论者对进一步确证的需求? 我的回答是,回到日常生活中去,看看他是否击中了要害,是否荒唐。首先我要说的是:①在日常生活中,我们需要与外部世界的对象有某种认知上的接触,这就要求我们在自然内感知和解释它时注意证据。因此,诉诸经验观察是任何一种自然功能的先决条件。没有对事物的准确认识,我就无法在街上行走。我会不知道什么能滋养我,什么能解渴,什么能威胁到我的生存。所有的动物行为,都以能够在世界上发挥作用和对外界刺激做出有效反应为前提。②这同样适用于抽象世界中孤立的事件或对象,因为它们是根据过去的经验和对未来的期望而被解释的。在感知的过程中,我们对对象和事件之间关系的概念推理是混杂在一起的。一些演绎过程在其他动物的应对行为中是固有的:狼会给松鼠带来危险,松鼠会逃到树上,森林大火的热量刺激着鹿尽可能快地逃出去。③对于(包括人类的)高级灵长目动物而言,如果要有效地应付环境中所遇到的挑战,就需要做出一些明智的反应。在物质世界里,思想是受其结果所检验的。因此,在最基本的层面上,人类有机体的适应机制至少应以下面三个判据为前提:①证据;②从中得出的推论;③反应的有效性。

有机体的信念是通过一系列经验观察评估的信念,这些观察可能正确地报告和/或描述了环境中有什么或没有什么。小鹿寻找水源,可能是被解渴的有机需求所驱使。要做到这一点,必须对自然环境有一个准确的感知,这需要通过视觉、听觉、味觉、嗅觉、触觉和操作相互协作来实现。基于这些和过去的经验,有机体对隐藏的原因和/或危险做出推断,这些推断可能是对的也可能是错的。信念作为行动的一种内在激励,在某种意义上,暗示着一种复杂形式的行为知识,与由此产生的运动活动相关,并且根据在此基础上的行为知识来行动。蠕虫是鸟类的食物,而对鸟类而言,跟踪并狩猎它们的猫则是敌人。

休谟的温和怀疑论认为,我们对因果的认识建立在习俗、习惯和期望的基础上,通过这些,我们得以生存和发挥作用。皮尔士指出,信念是对行动的计划。桑塔亚那提到了动物的信念。所有这些,都指向同一个基本前提:对把知识作为真正信念的追求充分扎根于潜在的应对机制之中。信念对那些能够最有效地发挥作用并持续存在的生物体具有生存价值。信念是人类的工具,利用它们,人类寻找食物和饮料、衣物和住所、与我们的敌人战斗、准备交配、保护自己免受凶猛野兽的威胁并在睡眠中寻求休息。

因此,问题应该指向我们的应对行为:为什么要应对? 为什么在确定真实信念的过程中寻求有效性? 我想给出的答案是,从他们可观察到的后果来判断,一些应对方法可能比其他方法要好得多。对有效性判据提出质疑,就是质疑一个生命体是否应该发挥作用,甚至生存下去。怀疑论者问:为什么生存? 为什么不干脆放弃呢? 为什么要寻求知识、缓解饥渴、满足饥饿? 毫无疑问,我们此时遇到了一个基本的价值问题:生存意愿和活下去的意愿。但如果活下去的意愿不存在,那我们就没什么可说的了。我们将有机体的活下去的欲望作为生命的基本假设,没有它,就没有任何意义。因此,应该重新设想这个问题:一个人如果是在最基本的知觉层次上要在这个世界上生活和发挥作用,他就需要应对这个世界。我承认,在一些特定的情况下,活下去的意愿可能不存在,如寻求自愿安乐死或理性自杀的人,对他们而言最明智的选择是加速死亡过程。因此,这个假定不是绝对的。然而,对于那些希望活下去的人来说,存在一部分基于真实信念的务实要求。建立和/或评估正确主张的判据,隐含在生存斗争中。它们不是哲学家随意发明的,也不是强加于生物体之上的;它们来自生活本身的迫切需要。它们是我们在生活行为中发现的、支配我们在自然中交往的规则,是任何对刺激做出智能反应的先决条件。因此,它们并不是人类物种所特有的,在其他物种中也能被发现并纳入到本能行为和后天行为中。

因此,科学探究模式只是批判智识的一般方法的延伸,包括准确的感知、推理和行为有效性。这不是我们凭空捏造出来的。它们表现在我们在世界上的积极行为中。我们知道,生火能使我们保持温暖或使我们能够烤肉,水能灭火或解渴。我们还了解到对环境中的刺激做出反应需要一种实用智慧,即存在一种日常生活的逻辑。

现在,常识这个词被用来描述应对行为,从根本上来说,它是我论点的基础。然而,我们必须小心对待我们所说的"常识"的含义。首先,这一词汇有相当大的模糊性。它可能指的是一种与习惯信仰和惯例相一致的社会中普遍持有的观点。这种用法具有欺骗性,因为在任何特定的社会中,人们普遍相信或实践的事物都可能是不真实或错误的。我们不应该让传统的力量去反对不符合传统规范的信念模式。通常,拒绝其所处文化中神圣事物的人,会被谴责为异教徒或被讽刺为缺乏"常识"的傻瓜。在这里,常识等同于保守、可能错误的墨守成规的观点,它可能用来反对思想上的新偏离。"共同"(common)一词更确切的含义是指人类所共有的东西,与他们是否受过高等教育或受过高级训练无关,它指的是一种天生的或与生俱来的用以理解和推理的实践能力。因此,"感觉"(sense)一词并不是无意义的,而是更适用于指向当前的事物。有良好判断力的人能够辨别或识别出事情的真相,而不考虑任何与此相反的抽象或空想的理论,他们具有良好的判断力,能够从欺诈中辨别出真相。我所说的常识指的是批判性和实践性的智识。它以对事实的普通观察为基础,包括以一定的睿智解释事实的推理能力,还包括判断事实对行为和世界的影响能力。

让我强调这样一个事实:科学可能藐视常识,即在拒绝看待世界的公认教条或惯常方式的意义上。哥白尼理论认为地球绕其轴自转,行星围绕太阳公转,这似乎违反了所有常见的世界观标准:地球必须是平的,否则当它倒过来我们就会掉下来。同样的道理也适用于今天量子力学理论的发展,它们拓展了我们观察世界的熟悉方式。但是,科学和普通行为都不应该受到思想习惯或过去偏见的限制,而必须对新的思维方式和应对方式持开放态度。从这个意义上说,常识使我们能够这样做:因为它指的是一种检验思想的方法,而不是对主流观念的固守或根深蒂固的教条。常识是否意味着如果一个孩子晚上把掉下来的牙齿放在枕头下并对牙仙子许愿就会保证愿望成真? 相反,通过测试孩子在一段时间内的愿望和实际结果,并不是确定牙仙子是否存在的最佳方法。孩子可以对着星星许愿,但愿望可能不会实现。孩子从经验中学习,变得更加现实。在适当接受这个术语时,常识倾向于将其信念建立在:①证据,即事件的确凿事实;②根据逻辑原则仔细推导得出的理由和推论;③根据其结果所判断的有效性。这种实践思维的模式是人类物种得以生存并主宰这个星球的终极手段。

科学将其正当性根植于日常生活中所用的寻常理性程序之中:如何修复漏水的屋顶、计划旅行、种植作物或收获作物? 然而,并不是所有的行为或知识都可以归结为这种应对机制。因为我们不仅要应对这个世界,还要享受它并对其本身进行思考。有一系列内在的行为,冥想、沉思以及理论理解,这与任何直接的功利主义或实际目标无关。不是所有的知识都是工具性的,也不是所有的生命形式都涉及认知功能。因此,臆测的、形而上的和精神上的渴望(尽管它们可能具有更深层次的心理应对功能)跃出土壤,在惊奇和遐想的天堂中遨游。想象往往是反应对的(contra-coping),它会干扰和阻碍行动。尽管如此,我们天马行空的猜想可以通过常识这一利器被带回现实。它们究竟是纯粹幻想的表现，还是对实在的隐晦描述，只能用强有力的怀疑探究方法来评价。这些方法可能最终会在宗教和超自然领域带来毁灭性的结果，在这些领域，实践智慧会阻止我们的幻想之旅。

第五章 客观性和信仰伦理学

客观方法

到目前为止,我们的讨论中隐含着这样一种认识,即我们在检验真理主张时使用了客观判据,而且这些判据在科学和普通生活中都得到了有效的应用。此外,类比方法也可以应用于规范性领域。它们所应用的范围,不仅包括我们试图确定的描述性情况,诸如事实或原因,而且还应该被规定性地用于我们审查他择性行动的情况。我认为,在应用艺术和科学中,在伦理、经济、政治和社会政策问题上,存在实际判断的逻辑。我将在本书的第四部分对此进行详细讨论。

接下来,我将概述从声称到知识的检验过程中,客观探究方法所具有的一些主要特点。从取得结果的有效性判断,这确实是一种实用主义方法。它包括探究和确证的规则,这些规则因为其结果被认为是最方便的。需要指出是,我要定义的方法是"客观上相对的",而不是"绝对客观的"。这种客观方法,不能为我们提供绝对的或现成的规则。它并未假装是一本单纯的秘籍,所有的真信念都可以通过它加以清点。它只是描述了客观探究的某些一般特征,但这种探究是如何进行的要取决于调查的具体情境。这并没有否认如下观点,即我们的客观性标准无疑受到历史上在不同社会文化环境中盛行的范式所影响,如托马斯·S.库恩(Thomas S. Kuhn)所指出的那样[1],它们在某种程度上与多种探究者团体所发现的说服力有关。我并非没有注意到一些持怀疑态度的科学哲学家的批评,他们否认具有客观的科学方法。但是,否认存在检验或验证科学真理主张的客观判据,只会把科学简化为一个纯粹的主观性问题,这将很难解释它如何以及为什么发挥作用的问题。

首先,信念原则上应该被认为是假说,也就是说,它们不应被看作终极的、一成不变的或不可修改的。假说应该被看作需要验证的有效思想或建议。它们是口语意义上的命题,即它们向某人提出某事。它们声称某事是真的,因此,必须列出支持它们的证据。在它们得到核实、确认或确证之前,应将它们视为试探性的。我说这番话,并不是要否认某些信念可能是有实力和令人信服的,但只有得到充分理由的支持并纳入知识体系之内的信念才是如此。一个假说阐明了一种可能的真理,它提出一种假设或推测,在特定的探究背景下似乎是合理的。它可以暂时被用来指导未来研究的方向,或者在其为正确的前提下,作为一种获取可能推论的手段。在没有足够的证据来支持它之前,它不应该被看作是一成不变的知识形式。这意味着如果一个假说要转化为真理,那么它必须有一定的理由。信念或假说是指我们在智力上或实践上准备采取行动的前提。但它是否被采纳则在于它的论据所发挥的作用。假说对科学调查至关重要,它们是指导探究过程的理论结构。假说一旦得到确证,就可以被整合到我们的知识体系中。

---

[1] Thomas S. Kuhn, *The Structure of Scientific Revolutions* (Chicago: University of Chicago Press, 1966; 2nd ed. , 1971).

假说可以用于纯粹研究和应用科学,可以用于政治和规范领域,也可以用于日常生活。我们将在第八章中看到,实践的判断可以被看作是已经被我们的行为结果所确证的假说。

其中隐含这样一种前提,即至少在原则上,假说必须是可证伪的。卡尔·波普尔认为,许多信念从未达到这个阶段。它们可能太过模糊或不连贯,以至于没有任何可想象的检验可以确定它们的对错。这将排除许多无法进行确证的宗教基本原则和伪科学。

第二,很明显,在我们能够接受一个假说为真之前,我们需要提供足够的理由来确证它。这些理由中包括经验证据。有各种各样的证据适用于正在审查的假说。一些假说仅仅旨在对一定范围内的数据进行描述或分类。另一些假说则试图通过提供一个因果解释来说明正在研究的现象如何以及为什么发生。在所有这些情况下,必须有充分的经验数据支持,也就是说,必须有足够可靠的证据或观察来确证这些事实或它们的因果解释。

第三,证据不应仅仅是被动的,即无须观察者采取行动就已经被记录的特定的观察条目或信息。它可能包括积极的相互作用和隔离前因的方法,用来观察是否会发生影响。事实性知识是证实行为在发挥作用。在这里,实验者可能参与操纵和控制数据或事件来发现原因。他们试图发现条件关系:每当 a 发生时,b 就发生;若 a 不发生,则 b 也不发生。如果他们引入或限定 a,是否会影响 b 的发生?这一系列的数据在内容上是实验性的并且具有可操作性,它的使用在受控的实验室环境中得到了最好的说明。检验我们的思想活动进程,对实用工具主义至关重要,因为思想和信念与我们的行为有关,而并不存在于抽象之中。

第四,所需的证据不应是(不可还原)主观的、私人的或仅仅依赖于一手证据。证据,无论是观察证据还是经验证据,必须尽可能是主体间的证据,也就是说,在标准条件下,必须能够发现类似的证据。这意味着,证据必须能够被合理客观的、负责任的调查者复制。如果在一个实验室中发现冷聚变,那么它必须能够在其他实验室的重复实验中进行复制。如果一种声称想要被接受,证据必须向公正、中立的观察者公开。这些证据不能是轶事类的、基于传言的,也不能免于任何通过重复步骤以求达到类似结果的批评审查。

除非得到独立公正的探究者的证实,本质上私人的、主观的证据是不能得到承认的。类似于个人启示的神秘诉求和声称,纯粹内省的陈述就属于这一类。尽管这些声称或许很吸引人,但它们肯定不能从表面价值上被接受。宗教先知和预言家认为,他们有一种特殊的神圣召唤和权威,并试图通过说出真理来定义真理。许多人都被富有魅力的人物(摩西、耶稣等其他许多人)的宣言深深影响。如果仅仅因为某件事被陈述为真,而没有额外的确凿证据,就断言它是真实的,这是武断。独立的观察者应该对此持保留态度。如果有人声称听到了声音或看到了幻象,这就像心理剧一样有趣,但它并不一定指向任何客观的外部真相。它本身并不是通向另一个领域的门户。如果这个人坚持认为他或她的主张,在未经进一步的审查之前不能立即被驳回,但是我们就需要证实所给出的私人现象学假设或为其寻求他择性的自然主义解释。

第五,一个假说不能被孤立地对待,而必须考虑它与其他信念的关系,特别是与那些有证据支持的信念,甚至那些尚未得到确证的信念之间的关系。在这里,我们试图确定信念如何与其他被认为是正确的理论或命题相联系。演绎逻辑的规则,预设了一定的一致性标准,形式有效性有一个内在的标准。如果一个人违反了同一性、矛盾性和排中律,他就无法进行推论。S必须要么是P要么不是P,不能同时以同一方式既是P也不是P。这个判据有时被称为理性主义判据,它是建立在认知直觉的基础上对前提及其演绎推理进行验证的。

数学、几何学和微积分都基于推理的分析方法。原则上,人们不需要知道任何关于所主张的陈述的经验内容,因为这是对形式有效性的测试。这种演绎系统是强有力的工具,适用于实证研究,它们可以将我们带到直接观察的知识领域之外。这一判据意味着任何假说或信念必须由其与整个已被验证的原则或理论体系间的关系所评价。如果后者获得了大量样本的高度支持,却与已验证理论体系相悖,则该假说需要一定数量的实证证据确证,或者现有的原理或理论体系应当被调整或抛弃。当成熟的理论同新的数据发生冲突时,科学革命就会发生,这两者不能同时成立。逻辑一致性本身永远是不充分的。人们总是需要经验证据来对这个世界做出断言。它虽然不是保证真理主张的充分条件,但却是必要条件。

有这样一个心理学班级参观疯人院的故事。他们在门口遇到了一位和蔼可亲的向导,他带着学生们一个接一个地讲解每个患者的精神状况。一个患者以为自己是拿破仑,另一个人认为自己是希巴女王。向导告诉大家,他把最坏的病例留到了最后。他说:"踮起脚尖往房间里看。"学生们照做并问:"这个人怎么了?"向导回答说:"他以为他是俾斯麦。"一名学生回答说:"嗯,这有什么不好的吗? 这也不比其他精神患者更疯狂。"向导跺着脚叫道:"不,不,不,你不明白,我才是俾斯麦!"毫无疑问,在他的前提下,在他的逻辑体系中,他是完全理性的,但重要的问题是他的经验事实是否真实。一个人可能拥有逻辑上连贯的内在信念体系,然而,这些可能从根本上缺乏充分的经验确证。

第六,我们通过信念的结果来判断信念。如上所述,信念是行动的计划。假说是以条件形式被陈述的。如果它是真的,它将使我们能够做出可证实它的预测。只要观察到某些条件的存在,就很可能产生某些后果。对未来事件的预测证实了因果关系。因果解释或条件解释一旦得到证实,则被认为是便于整理和解释数据的。这意味着还有进一步的评价数据出现。许多信念被认为是实用的,并不仅仅因为它们符合某件事是事实的知识主张,而且因为它们可能产生的行为或技术影响。这些结果可能纯粹或主要是智识和认知上的,但就其对实践的影响而言,它们也有具体的结果。但是,我们肯定不能把所有的知识主张都同等地解释为它们所产生的实用的或可操作的结果。这在理论研究领域尤其困难,尽管该领域经常有仪器测试。它肯定存在于日常生活中所提出的信念和知识主张中。因此,即使具有隐含的规定性元素,也并不是所有的描述都能被引用到规定中。

第七,皮尔士的可谬主义(fallibilism)原则,以客观方法为核心。因为,如果一个假说只有在支持它的证据和理由的范围内才是强有力的,那么该假说及其依据之间就不是严格形式的必然性或确定性的关系,而只是概率性的关系。即使它的依据支持某种主张,我们也不能从该依据推断出该主张。暴露出来的新证据、他择性理论或批评家的反驳论据,可能要求我们修改或放弃我们的假说。证据的范围很少是完整或详尽的。甚至在那些我们认为自己已经对该种类中所有可观察现象作出解释的调查中,我们的研究项目依旧可能会出现错误、误读或误传。新思想最初被认为是异端邪说,一旦被接受,它们就会变成教条,假以时日,它们可能会变成迷信。因此,原则上,我们应该总是愿意承认我们可能是错的。颠扑不破、铁板钉钉的断言,通常是假定的。这意味着我们必须准备好根据批评或新证据的发现来修正我们的假说。

　　一些怀疑论者从可谬主义的原则中得出了一个错误的结论，即由于所有的知识都容易出错，所以没有任何知识是可靠的。但是，这种消极怀疑论并不能由此得出。如果我说在许多探究领域我们可以有高度的确定性而不是绝对的确定性，这并不意味着我们没有能力获得值得信赖和可检验的知识。例如，我可以断言美国现在有 100 名民选参议员。我在这里谈论的是有限的个人阶层，因此我对此相当有信心。我不愿意轻率地断言我有绝对的把握，因为可能会出现一些错误，但我不会对这样一个如此接近确信的断言吹毛求疵。任何数量的经验概括都是类似的。"气体的体积与现有压力成反比""高利率往往会降低资本投资，因为借贷成本太高""晚期脊柱癌几乎总是致命的""牛奶对婴儿有营养"这些都是我所准备的虽不是演绎确定的，但却非常可能为真的陈述。它们被构造为条件陈述，允许在初始条件不存在或其他条件介入时出现一些例外。在任何情况下，可谬主义的原则都表明没有人是绝对正确的，也没有人可以声称自己不受批评。这在原则上适用于人类知识的任何领域，包括最发达的科学探究形式。鉴于科学探究的历史，以及人类知识的发展是渐进的、飞跃的和突飞猛进的，我们必须谨慎地对待未来可能需要修改甚至被推翻的终极主张。对一个主张的怀疑程度，与用来证实它的论据的力度直接相关。

　　第八，隐含在最后一点中的是支配怀疑论探究的基本原则，我们可以称之为对新思想持开放态度的需要，也就是说，我们必须防范任何形式的僵化教条主义，这种教条主义会以先验的理由排除他择性解释。在科学史、哲学史以及几乎所有其他学术领域，都有很多这样的例子，人们必须非常谨慎。这有时被称为"伽利略原理"，指的是伽利略时期,当时所谓的科学和神学权威拒绝查看伽利略望远镜所观测到的数据。日心说假定太阳(而不是地球)是太阳系的中心,这一理论遭到当时所谓权威人士的反对,他们遵从亚里士多德的以本轮理论为基础的宇宙论。科学领域类似的例子还有 18 世纪末期对流星雨的反对报告,该反对报告由一群包括本杰明·富兰克林(Benjamin franklin)和皮埃尔·拉普拉斯(Pierre Simon Laplace)在内的科研权威人士提出,他们认为关于从天而降的石头的报告是迷信(这些石头后来被发现是流星);19 世纪中叶,维也纳的塞麦尔维斯(Semmelweis)的医学同事们拒绝了疾病的(不可观测的)微生物理论;还有 20 世纪地质学家对魏格纳(Wegener)大陆漂移假说的反对。人们必须对可能出现的剧烈的范式转换做好准备,无论是在科学、哲学、常识、宗教、政治还是道德方面,我们最喜爱、最崇敬的信仰形式可能都会出错。因此,我们需要保持开放思想,愿意公平、公正地听取每一个负责任的想法。

然而,开放思想和开放沉入是有区别的,因为后者往往等同于将任何或者每一个无论多么不合理或错误的想法都看作可能为真,并有资格接受审查。有些观点超出了一致性的范围,甚至没有提供可检验的假说,这些假说可能不值得进行平等和详尽的审查。然而,即使在这一点上,我们也可能搞错。这意味着我们认识到,由于我们可能会犯错,不仅需要对我们的理论进行自我批评,而且需要对我们评价理论的方法进行自我批评。开放思想致力于包容相互竞争的假设,愿意不带偏见或偏颇来反复检查它们。开放沉入意味着,我们放弃所有批判性评价的标准,并愿意不加批判地吸收任何被扔进去的东西。这就是"空脑袋综合征"(empty head syndrome)。就是说,我们的思想不应该太过开放,否则我们的大脑就不工作了。

尽管我们应该随时为新思想和创造性假说敞开大门,无论它们乍一看多么古怪,但并不是每一个待检验的主张提出者都是伽利略。每个主张的倡导者必须通过检阅(如果他或她想要得到检视和接受),通过将他或她的想法交给客观的标准去证实和确认。科学头脑是激进的,因为它愿意半掩着大门让新的思想进入。它也是保守的,因为它认为,除非这些想法能够得到严格的检验和证实标准的支持,否则我们应该要么以不合理、不可能、错误、缺乏决定性或令人信服的证据为由拒绝这些主张,要么准备悬搁判断。我们所要求的是,如果经过认真阐释,新的信念或假说应当得到遵从客观评价方法的探究者的负责任的检视。

悬搁信仰

怀疑论探究的一个核心问题是,我们是否有义务悬搁对既没有充分证据也没有充分理由的主张的判断。我们应该永远怀疑那些值得怀疑的东西,只对那些我们有充分理由的事物表示赞同吗?

伯特兰·罗素(Bertrand Russell)提出了一种学说,他说,这似乎是"非常矛盾和颠覆性的",也就是说,"当没有任何根据来支持它是正确的时候,命题是不被接受的"[①]。并且 W. K. 克利福德(W. K. Clifford)在其出色的文章《信仰的伦理》中,用更大胆更笼统的表述总结了他的观点:"在证据不足的情况下,相信任何事情,无论在何时何地,对任何人来说都是错误的。"[②]

这两种陈述,都规定了作者认为在判断我们的信念时应该适用

---

① Bertrand Russell, *Skeptical Essays* (London: Allen and Unwin, 1928), p. 11.

② W. K. Clifford, *Contemporary Review*, 1887. See also *Ethics of Belief and Other Essays* (London: Watts, 1947).

的规则。这会引起这样一个问题,即这些规则是普遍适用的,还是需要用怀疑的眼光来进行批判性审视的。

罗素的陈述没有那么严格,因为它只是说,当一个命题没有任何根据时,它是不能被接受的,然而,克利福德的陈述将这一提议扩展到了更广泛的不充分证据的领域,表明悬搁信仰应该运用于虽然有一些理由,却不够充分的情况。有趣的是,威廉·詹姆斯的著名文章《相信的意愿》①一定程度上作为对克利福德的声明的回应而写作,该文确认至少在宗教领域,当我们可能有一些证据,但当证据数量不足以做决定时,我们仍然有权利认为我们必须做出选择。在证据不足的情况下,我们是否应该悬搁判断? 还是按照不可知论者的决策决定,不决定一个存疑的行为?

在我看来,罗素的规则似乎很有说服力并很难被否认,但它是以一种极其严格的方式陈述的,因为它只适用于没有任何根据的情况。很难想象如下这种情况,我们处于没有任何线索或倾向,甚至没有一丝事实的迹象或可能性的境地中。在此,确认一个信念就像在黑暗中吹口哨,以确保我们确信某事。可以想象,在某些情况下,我们可能真的处于黑暗之中,但我们可能觉得如果想要生存,我们必须向前冲。这里的信念纯粹是猜测,我们不可能说服自己它是真实的或有根据的。用詹姆斯的话来说,可能存在"被迫做出的重大选择",但在这种情况下认为我们的信念是正确的完全是愚昧透顶。

同样,在大量相反的证据或理由面前,很难证实一个信念。有些人不管怎样都满足于坚持陈旧的教条和声名狼藉的信仰体系,这是

---

① William James, *The Will to Believe and Other Essays in Popular Philosophy* (New York: Longmans, Green, 1896).

一种顽固的信仰，不折不扣地毫不让步。基本上，如果固执地捍卫这样的信仰，是一种非理性行为，甚至是盲信。很难知道如何处理那些有着强烈信念的人的行为，他们不愿看证据，无视所有逻辑和常识的规则。我们只能说，没有人能始终如一地遵循这种一无所知的态度。如果把它概括为一种行为准则，最终它将使生活变得寸步难行。然而，我们应该意识到，这种情况在人类历史上是非常普遍的，并且至今依旧盛行，尤其是在宗教、政治、伦理领域，人们会坚持他们的信仰体系，当他们的信仰体系受到挑战，尽管缺乏正面证据或存在反面有效证据，人们依旧会执着于他们的信仰。考虑到人类增长知识的需要，捍卫理性和科学，抵制非理性的诽谤者，是一场持续的斗争。

　　说到底，几乎没有人会始终捍卫这类信仰，因为他们倾向相信至少有一些可信的证据存在，批评者可能认为这些证据很单薄，这些证据为他们提供了支持信仰的理由，尽管其他人可能认为这些理由只是合理化解读。

　　对克利福德规则的最直接的挑战是，如果一种信念建立在不充分证据的基础上，我们就不应该接受它。这是一个比罗素更有野心、更全面、更激进的提议。

　　让我们澄清一下，这个命题不是描述性的，因为它肯定没有描述人们如何相信以及为什么相信。然而，克利福德的主张隐含在我们上一节关于客观方法的阐述中，它显然是一项规范性建议，因此它涉及信仰的伦理。这一规则不仅本身是正确的，而且可以被认为是一种说明，它被看作是一个信念制定和信念评估行为的有效的、有价值的、有用的指导。但是，我们会问，我们应该被它引导到什么程度？如果从严格意义上讲，它肯定会使生活变得异常艰难，因为有许多领域，即使证据不充分，我们也会不得不相信并采取行动。

我们经常会陷入这样的困惑：当确认一个信念时，在什么条件下，可以认为证据充足且根据充分？遗憾的是，我们并没有先验设定的硬性、快捷规则。从更深的意义上说，这取决于探究的特定情境、事件的独特事实以及为支持假说或理论而提出的相关理由是否被认为是充分的。

事实上，我们很少能够应用严格的演绎推理规则，在大多数情况下，我们没有证明，只有可能性。因此，不能简单地从前提推断出确定的程度和理由的充分性。只有探索者的评价性思维才能确定哪些信念得到充分表述。毫无疑问，最明智的说法是，我们应该寻求达成这样一种信念，即证据足以使任何理性的人都不会怀疑这种主张。因此，如果我们在日常生活或科学中不具有绝对的确定性，至少我们可能具有合理的确定性；或者消极地说，我们可以肯定某事是这样的，因为针对它不存在任何合理的怀疑。

在生活中，有很多情况下，我们有足够的理由相信某些事情是真的。例如，存在一手直接证据的情况下。我在前面的章节中提到，我可以肯定我的手现在正在桌子上投下阴影；如果我愿意的话（尽管在大多数情况下根本没有必要），我可以通过把我的手从一个角度移到另一个角度，或者叫另一个人来证实我的观察，或者我甚至可以拍一张照片来证实我的观点。在这种情况下，就没有必要画蛇添足或吹毛求疵地质疑我的手是否投下了影子，因为我们有足够的理由肯定这个陈述，并且任何理性的人都可以理解，除非他是一个刚刚读完乔治·贝克莱著作的固执的哲学学生。

关于二手证词，如果有人告诉我发生了一件事，例如，一辆消防车停在街上，另外两三个我认为值得信赖的目击者也重申了这一点，我就会认为他们的陈述提供了关于这一论断的充分理由。如果我感到困惑,我甚至可以冲出去看看外面正在发生什么。因此,在某些情况下,二手证词可以被视为可靠的知识来源,在某种程度上,任何明智的人都不会继续合理地怀疑这种说法。当然,他们可能弄错,警笛和蜂鸣灯的声音可能是警车或直升机发出的,但原则上,至少我们可以通过许多不同的方法来确认观测的准确性,并正确报告这是一辆消防车。在某种程度上,这些证据可以说是充分的。

同理,确定性程度也附属于其他各种知识主张,尽管有一类信念认为,至少在原则上,证据的充分性(sufficiency of the evidence)可能存在争议。例如,在诉诸间接证据进行探查的情况下,或在重建历史事件的情况下,此时证据可能只是零碎或者粗略的、错误的假说,或是研究调查者出了错。此时,我们只能根据现有最佳证据(best evidence)做决定,但是这可能不够充分。

这一点在日常生活和现代科学中都得到了生动的证明,在这里,建立或验证一个假说的基础仅仅具备了可能性。在科学研究的背景下,考虑到同行评审的批评,我们需要非常谨慎,并且只谈论可能性。当首次提出新理论时,尚处于推测的阶段,还有待进一步的研究和重复来驳斥或证实。

在我写作的此时,冷聚变是否存在的问题仍然悬而未决,尽管这个问题最终很可能会得到解决。这个研究争议生动地展示了怀疑论在探索过程中所起到的建设性作用。化学家斯坦利·庞斯(Stanley Pons)教授和马丁·弗莱施曼(Martin Fleischmann)教授,他们声称自己在犹他大学的实验室里实现了冷聚变。他们说,当他们把钯条插入重水中时,他们检测到能量的释放超出了正常情况下可以解释的范围,这表明其发生了一种聚变过程。如果他们的实验精准,这将标志着科学上的一个惊人的突破,并可能会有巨大的技术应用前景。

这个理论有充分的根据吗？怀疑论者会回答,除非这些实验能够在世界其他实验室里被独立重复。这里的情况变得非常激烈,因为尽管一些科学家说他们在其他地方也得到了类似的结果,但在受控的实验室条件下多次重复进行实验,都一无所获。庞斯和弗莱施曼实验的设计有问题吗？其他人也遵循同样的步骤吗？庞斯和弗莱施曼的报告还有其他解释吗？显然,存在直接争议的是理论和数据,也就是证据的充分性及其根据的适当性。在科学界达成某种共识之前,人们应该悬搁判断。在这一点上,庞斯和弗莱施曼坚持他们是正确的,许多无法重复他们工作的科学家对此并不信服并仍然持怀疑态度。在寻找他择性能源的过程中,我们可以说,合理的做法是悬搁判断,但要继续调查重要事件可能发生的外部机会。在科学领域,存在着相互矛盾的主张和他择性理论。通常,在探究的一个阶段,很难确定哪个假说更合理,哪个假说不正确,在这种情况下,我们可以简单地悬搁判断,等待进一步研究的结果。

然而,很多时候在生活中我们可能无法简单地让证据悬而未决,直到将其收集完毕。例如,想象一个患者在危急情况下被送进急救室。患者不省人事、呼吸急促、脉搏很弱、血压很低。如果救援工作要取得成功,医生必须迅速作出诊断,此时可能没有时间来确定这种疾病的确切性质。患者是糖尿病昏迷吗？他是否服用过量可卡因？他是因为煤气泄漏造成的窒息而昏迷吗？他有心脏病吗？还是其他什么原因？显然,医生必须根据现有的最佳证据采取行动。在詹姆斯看来,这是一个被迫做出的重大决定。因为没有做完整而详尽的研究而推迟治疗可能会产生可怕的后果。因此,可以提出一个假说以指导进一步的诊断和可能的治疗,但随着新症状被观察到,这些可能不得不被放弃。

在日常生活中也是如此，即使是最平凡的事情。如果一个人的车不启动了，可能是由于电池有问题，或者是车没油了，或者是燃料管道堵塞。普通人可以用现有的最佳证据来验证每一个可能的猜想。

如果战地指挥官在战时不知道对方军队在做什么，他可以派出侦察巡逻队。有报道称敌军和坦克正开往前线，这是可能发动新进攻的迹象，或者只是敌人采取的防御策略？一个人可能无法根据现有的证据得到一个易于支撑的假说。它就像一个缺了几块的拼图，一个人必须尽其所能填补空白。因此，我想修改罗素和克利福德的探索规则。

我们同意罗素的观点，原则上，如果没有任何依据支持某种声称，那么相信它就是错误的。毫无疑问，人们会想到我们必须采取行动的紧急情况，但在这里，我们只是猜测，而不是相信。此外，我们甚至可能同意克利福德的更强有力的规则：原则上，相信没有充分根据的事情是错误的。虽然这一说法被作为一种理想似乎合理，但在许多问题上它是无法实现的。例如，一些探索者会争论理由是否适当或证据是否充分，而且在某些情况下，他们可能觉得无论如何都没有足够的确信来作出审慎的评估。在这些情况下，我们应该把它作为一种实际的需要，在我们必须表述一种信念的情况下，在现有的最佳证据的基础上这样做。在这里，我们根据与环境相适应的概率和确信程度来制定信念，我们的决定在特定的情况下是最合理的，尽管它可能会被修改或修正。

在以上所有的例子中，信念并不等同于完全的确信，而仅仅等同于确信的程度。因此，在这种情况下，我们应该欣然承认，我们已经审查了状况，并且我们认为，根据现有的证据，这最有可能被确保是可能的或正确的。另一方面,我们可能会犯错误,新的证据或额外的考虑因素可能会暴露出来,今后我们可能不得不修改我们的判断。

信念是相对的、直接的或间接的实践或行为。如果证据不足,我们可以悬搁判断,承认我们根本不知道。例如,我们可以中止对蒙古国啮齿类动物种群的判断(假设我们不是蒙古人,也不是将我们的产品出口到那里的谷物商人)。我们可以中止对天狼星表面温度的判断,或者中止对亚洲人跨越白令海峡大陆桥到达北美大陆的确切日期判断。这些问题可能会引起我们的兴趣,尽管我们可能有预感或观点,但在这里悬搁判断并没有问题。这不同于那些与我们的行为直接相关的信念,也不同于那些需要我们迫切采取实际行动的信念,因此,尽管可能还没有得到充分的证实或确证,但基于最有可能的证据,这是可信的。

当一个人进入宗教、伦理、政治或经济等领域时,信念和怀疑论两者间的问题就变得尤为重要。因为在我们生活的社会环境中,各种论断被广泛传播,人们对我们的承诺或对许多所投身的事业提出了要求,而分歧可能会被激化。如果我们没有足够的证据或合理的理由作为我们相信和采取行动的基础,我们还能有什么选择呢?在公共领域,我们常常需要根据现有的并且可获得的最佳证据采取行动,但这些证据可能并不完全令人信服。认识到这些缺点,而不是盲目自信或者不管什么理由都坚信自己所相信的是对的或真的,便是智慧的开端。

第三部分

怀疑论和幻想

第六章 怀疑论和超自然现象

超自然现象的定义

客观方法应用的一个很好说明,是在考察超自然声称方面。"超自然现象"一词指的是,那些据称不能被现有科学概念和理论所解释的一系列现象,因为它们涉及一个"超验"的领域或超常的"通灵"力。是否有可能客观地对待超自然现象? 它们是否适合实验科学? 我们应该在何种意义上持怀疑态度? 或许我们应该首先尝试着去定义"超自然现象",虽然我并不确定这个术语是完全有意义的,但至少在一定程度上它已经为人们所使用。

19世纪,唯灵论运动涉及一些指向声称灵魂脱离肉体而存在的奇特现象。这些唯灵论者声称,灵媒能够与灵魂进行交流。19世纪晚期,为了能够科学地调查这些现象,哲学家和科学家们在英国成立了心灵研究会(The Society for Psychical Research)。很多心灵研究者对进化论感到不安,他们认为这种理论颠覆了有神论的世界观。心灵现象表明,宇宙中除了纯粹的物质实体以外还存在其他维度的东西。研究会最初比较关注死后续存(survival after death)问题,许多人都希望能够以此作为经验性的演示。除了灵媒方面的报告,他们还研究了鬼魂经常出没的地方以及有关显灵和恶鬼的报告,以作为脱离肉体存在的证据。后来,这些调查还扩展到了包括心灵感应、遥视(俗称"千里眼")、预知和催眠术等方面的研究。历经了 25 年的研究,威廉·詹姆士(William James)和亨利·西季威克(Henry Sidgwick)都对取得的研究进展不满意,因为他们很快发现,这一领域已经被骗子们用来进行行骗或欺诈①。

　　然而,人们相信还是有一些方法可以感知到那些超感官的信息,因此,"超感官知觉"(extrasensory perception,ESP)一词便开始流行起来。为了进行严格的实验控制,特别是通过约瑟夫·班克斯·莱因(Joseph Banks Rhine)的努力,超心理学(parapsychology)在 20 世纪 20 年代开始流行。超心理学既包括实验心理学方面的研究,也包括实验心理学之外的研究,因为,许多人或者说大多数学术型心理学家,对"心灵研究"持高度怀疑态度,他们要么拒绝研究此类问题,要么完全排斥。超心理学家的意图,是想利用实验室科学的最好技术和统计方法去证明遥视、心灵感应、预知和意念致动(psychokinesis,PK)的存在。若不考虑灵魂延续问题,那么关注的重点就会更狭窄。尽管如此,莱因表示,在对待超感官知觉和意念致动这类问题时,他一直试图去证明这些不能被正常科学所解释的现象的存在性,他说这是物理主义者对其产生的偏见。

　　超心理学被证明是极具争议性的。许多批评者认为,这一领域自成立以来很少或根本没有取得什么进展,而且超心理学家也没能证明超感官知觉和意念致动是真实存在的,甚至也没有提供一个可以明确解决这一问题的可重复的实验。莱因认为,他已经找到了某些具有通灵能力的人,在测试时,屏幕另一侧的实验者在翻转齐纳

---

① "The Final Impressions of a Psychical Researcher," Chapter 7 of *William James on Psychical Research*, ed. by Gardner Murphy and Robert O. Ballou(New York: Viking Press, 1960).

卡,他们能够以或高或低的概率对这些卡片上的符号作出正确的猜测。许多怀疑论者对莱因的测试结果提出异议,因为他们认为,这些结果可以用平淡无奇的解释去说明,比如感知的泄露,实验设计的不合理性,猜测命中的可疑解释,欺诈,等等。许多所谓的被超心理学家称为突破性的实验,后来都被证明是有缺陷的。来自英国的索尔(S. G. Soal)所做的工作就是一个特别的例子,他声称自己明确地证明了预知能力的真实性,但是当人们发现他篡改了数据时,其研究结果被科学界推翻了[①]。一些更谨慎的调查人员使用更为中性的术语"超心理能力"(psi)来描述正在研究的内容,而不必寻求超感官或超自然的原因。

在心灵研究中,超自然现象这一术语后来被延伸到超心理学之外,用来讨论更多的现象,这些现象是与死后灵魂假说、超感官知觉、预知或者意念致动无关的。实际上,这涉及许多据说无法用现有科学原理解释的现象,它们是神秘的或不可解释的。这些神秘现象的大网越织越大,越传越广,包括轮回(reincarnation)、通灵(channeling)、身体悬浮、魂灵投射(astral projection)、赤脚在炭火上行走、巫医治疗、恶魔附身(demonic possession)等。现在甚至包括更多其他奇妙或引起人们兴趣的主题,例如不明飞行物绑架事件(UFO abductions)、古代宇航员、出生时行星位置与将来获得成就的关联性,还有许多明显的伪科学(pseudosciences),比如占星术、数字命理学、塔罗牌等。

超自然现象这一术语至少包含两种不同的含义。第一,它用于

---

① 参见: Paul Kurtz, *A Skeptic's Handbook of Parapsychology* (Buffalo, N. Y: Prometheus Books, 1985) 和 Paul Kurtz, *The Transcendental Temptation* (Buffalo, N. Y: Prometheus Books, 1986),书中有对超心理学问题和其他议题的广泛讨论。

指代各种超自然的报告,即一些不能归入正常分类的奇怪或不寻常的现象,因此它们是异常的或例外的。科学所描述和常识所理解的宇宙是基于实践经验中总结的规律和适用于一般规律的。但是,现实中仍然有许多令人惊讶甚至感到震惊的怪异现象和奇怪事情被报道出来。例如,尼斯湖或乔治湖中的龙形海蛇;突然被火焰吞噬的人类自燃现象;7月中旬的冰雹风暴;降海龟雨以及可怕的喜马拉雅山雪人。

　　那些奇怪的异乎寻常的叙述,引起了我们的兴趣。那么,这些报道到底是真是假呢? 我们对世界如何运作有着共同的看法,许多的异常现象都打破了我们的预期或想象,考虑到我们已经掌握和汇集了大量的科学知识,有些异常似乎是非常不可能的。但是,如果我们发现,上面所提到的一些,或大部分,甚至可能是全部现象确实存在,即使它们看起来很不可能,也没有什么不妥。一旦得到确认,它们就可以被编目并包含在知识百科全书中。它们与那些怪异事件的报道没有什么不同,例如飞机撞击帝国大厦,或者"泰坦尼克"号沉没。或许它们也不会比日全食、"科胡特克"(Kahoutek)彗星接近地球轨道、1888年暴风雪或"旅行者2号"发现海王星环更加奇妙,或者也没有比广岛和长崎原子弹爆炸、旧金山地震更令人震惊。我们所拥有的信息,就是我们获得的一手和二手证据、间接证据以及假说—演绎方法的使用。我们只需要在我们现有的发现列表中,添加其他有趣的事实即可。怀疑论者不能先验地排除此类说法,那将会成为最糟糕的独断论(dogmatism)。我们只需要确保那些所谓不寻常现象的描述有充分可信的目击者的证词,以便证实它们的真实性。当然,我们需要对那些未经仔细检查而只看表面价值的报告持怀疑态度。但是,我们也需要有一个开放的心态,因为对于一代人来说是令人惊讶或奇怪的事情,很有可能在下一代这些事情就被证明是事实而且被接受。

　　然而,有一些关于异常情况的说法让我们难以相信。由于它们表现超常,所以在我们能够接受它们之前,我们需要经过严格观察,找到一些超常的证据。例如,一匹会说话的马,可以与人对话和交流;一具 2 500 岁的木乃伊突然从沉睡中苏醒复活;一个人可以在十多米的半空中漂浮并来去自如;一名男子在其尸体僵直、证实脑死亡的 72 小时后苏醒;一个人可以回到过去或进入未来;一位女子的灵魂可以离开肉体,游离到木星表面并报告她的所见所闻;一则关于一名成年男性被女淫妖(Succubus)强暴数十次的报道;一种预测未来的能力,能准确说出未来 10 年内的道琼斯工业平均指数;或仅凭一个人的意念,就能弯曲和折断一根 3 英寸长的钢条。

　　现在这些现象与以前的异常现象不同,并非因为它们是外来的和不可预料的,而是因为它们违反了我们观察世界的一般原则和科学发现的已知定律及规律。它们被归为"超自然"事件,因为它们不符合我们对人类在自然界中如何运作的预期。这种超常的声称与我们对世界的认识发生了根本冲突。如果我们不彻底改变我们关于世界如何运作的基本概念框架,就很难为它们腾出空间。

　　正是这第二类事件表明,"超自然现象"一词使用时不仅等同于"异常的"或"不寻常的",更等同于"超常的""玄秘的",或"超自然的"。也就是说,他们似乎表明了存在(being)的另一种范围,一个至今为止隐藏的维度,一种超验形式的实在(reality)。这两种实在,都是真实的吗? 一是科学和常识所描述的自然世界,二是一种非自然或超脱尘世的存在方式。我们得知,第二种实在如此令人费解和难以解释,以至于当我们试图研究它时,现有的科学就会崩溃。这些超自然现象超出了客观的科学探究范围吗？

　　怀疑论者应该如何回应？一个可能的答案是先验地拒绝所有这些声称，坚持认为它们在原则上是"不可能的"，因为它们与已知的规律相抵触。我认为，原因在于有些声称会被贴上"逻辑上行不通"的标签，或者至少是"语无伦次的、莫名其妙的"，以至于不存在任何意义。比如，方形的圆，四条边的三角形，或已婚的单身汉。从分析角度看，这些说法是自相矛盾的，因为它们违反了所使用概念的含义。但是，对超自然声称进行一概而论的驳斥总是危险的。因为，经验主义主张的"可能"或"不可能"并不纯粹是分析上的，而是与历史上任何时期特有的知识体系和科学进步水平有关的。在任何一个时代被认为是"不可能的"事情，在下一个时代则可能会被相信。"可能"和"不可能"这两个术语在纯粹的形式系统中得到了恰当的应用，然而在评价超常的超自然声称时，更中肯的语言是"大概"或"未必""有可能"或"不太可能"。

　　正如我提到的上述所有例子，如果它们符合"未必"或"不大可能"的层别，我们的确可以质疑超自然声称。然而，我们不能在进行任意一种探究前，就先验地说有些事情是不可能的。这种形式的怀疑论将被当作一种独断论，而受到超自然信徒的正当反对。因为，每一种声称都需要在不带偏见的情况下，根据其本身的价值进行检验，而且当然有这样一种危险，即还原物理主义者会将所有超自然声称排除在法庭之外，而不给它们一个"公平聆讯"的机会。下面是其他一些不那么极端的现象：例如，遥视（千里眼），即有些人可以在很远的地方，或当他们屏蔽掉任何可能的直接的感官输入时，仍能看到一些事物；预知，即一些人可以知道未来发生的事件；心灵感应，即两个人能互相读懂对方的思想和感情；意念致动，即心智（意念）可以影响或改变物理对象。这些主张声称，尽管意念具有谦虚或软弱的性格，却具备一种"通灵"的能力。

因为这些现象威胁到当代科学的物理主义框架（该框架需要一些能量从源头传输到感知者的大脑），是否应该被排除呢？为了确定所谓的超感觉功能是否因其违背物理定律而被弃置，哲学家们分析了物理理论和超感觉功能之间的一致性。我认为，人们应该对单一的先验的形式化评价方法持怀疑态度，因为如果发现一种现象是真实的，就不得不修改先前的概念系统。证据切不可牺牲在逻辑一致性的先入之见中。

关于超自然声称，有两个切实的问题。首先是证据方面。我们会问：事实是否如报道的那样存在，现象是否得到恰当的描述，是否存在可观察的结果？其次，如果我们确定了事件的真实性，我们如何说明或解释它们？

关于第一个问题，经过多年对所谓超自然现象的证据进行检验后，我发现，关于证据的说法总是经不起严格的审查。换句话说，对案件的基本事实往往存在误解或误报。事实上，超自然现象探究领域因"超验诱惑"的干扰而臭名昭著。许多人都有一种接受通灵实在（psychic reality）的倾向。他们倾向于从平淡无奇的经历中读出神秘的暗示。

例如，许多人把他们的梦解读为通灵的或预知性的。如果一个人梦见他的叔叔去世了，而他叔叔在那之后不久确实患上了致命的心脏病，这是否证明他有预知能力（尤其是当他的叔叔本就年事已高、很可能会死的时候）？一个人可能害怕朋友或亲戚会发生车祸，如果真的发生了，这个人可能认为这证实了他或她的通灵能力。有些人认为他们有心灵感应，如果他们能够在朋友说话之前预测到他说了什么，他们也会相信自己是通灵的。在这种情况下，我经常问这个人:"你是否有过梦没有实现的时候,或者预言和担忧没有实现的时候?"人们通常回答:"是的。""那么,这种梦或预言兑现的基本概率是多少? 某次成真是因为巧合吗?"我妻子曾多次告诉我,她梦见她的祖母去世了。祖母在94岁时去世了,但这并不能证明我妻子有预言能力。父母经常担心他或她的孩子发生意外,但或许什么也不会发生。如果梦或不祥预感最后被证明是正确的,那么它可能会在事后被强调,而那些没有实现的通常会被遗忘。害怕并梦见年迈的祖父或祖母去世,或担心年幼的儿子超速行驶到滑雪胜地并发生事故,都并非不合理的推论。

读心能力,同样可以用自然术语(natural terms)来解释。熟悉一个人的性格和过去的行为,我们就能理解他或她现在的想法和情绪。至少我们可以通过视觉线索来解读他人的行为:一个人可能看起来很安静、很沮丧,或者相反,很活跃。因此,所谓事实观察的本质,是一个超自然解释的假定介入。"通灵"的说法既渲染着人们对事件的认知,又解释着事件的意义。

二手证词或三手证词就更是如此了。对同一个事件提供混乱或矛盾的"目击者证词"并不罕见。仔细查验后,常常发现观察是有误的。当今超心理学领域的巨大争议集中在通灵现象的真实性上,即是否有实验证明它们的存在。在这里,怀疑论者的主要责任是对数据进行仔细、冷静和公平的调查。我们继续深入,直到我们能够确定这些事件的报告是否准确,以及这些现象是否可以在受控条件下重复。在我们接受或拒绝概念之前,我们需要知道报道是否如实。我们要问,是否有足量的可靠目击者证实了喜马拉雅山脉的雪人或乔治湖的怪物? 我们不能立即否定这些报道,但我们确实有权要求对其进行仔细的验证。关于千里眼、预知、心灵感应或意念致动的存在,我们则需更加谨慎,因为,当新概念对充分确立的感知原则造成破坏时,我们有权要求其证据是清楚明白的。当某声称很不寻常时,如临床上已经死亡的人复活,某人能够回到过去,某人被驱魔,我们确实需要非常确凿的证据。凭不可信或相互矛盾的证人提供的轶事报告是不够的,我们需要冷静的调查者在严格的观察条件下重复这些现象。

但是,让我们通过一手、二手证词或间接证据假设某一事件的报告已被确定为可信的,而且这些说法据说是可靠的。这时,第二个问题就出现了,人们如何解释已经观察到的现象呢?有什么因果说明可以解释它呢?正是在这种情况下,怀疑论质疑需要再次应用起来,也就是说,我们需要寻找这种现象的原因。如果说原因尚不明确,我们面临着未解之谜,或者说现有科学分类尚无法解释,那就等于承认,我们不知道该现象是如何发生以及为何发生。随即,将它归咎于神秘或超自然原因便是不合法的。这类似于用奇迹来解释我们所不理解的东西,或试图将之归因于物理学中的“神秘”原因。这是否意味着我从定义上排除了超自然解释,意味着我否定了任何对超自然原因的解释?如果真是这样,我是否正在做我曾说的不合法的事情,也就是基于先验拒绝超自然现象?该问题的解决方案,取决于“超自然”这一术语的含义。让我给出一些可能的定义。

(1)首先,“超自然”意味着一些奇怪或不寻常的现象,也许吻合以下一种或多种条件:它的存在可能完全不同于我们所知的任何其他种类;它可能异于我们对世界及其物体的一般期望;从普通常识来看,它可能是无法解释的。

这些条件,都不是决定性的。发现一种不同的存在并不妨碍人们认真考虑它,发现某些现象违背了我们对世界及其对象的一般期望时也如此。正是对新事实的发现，可能让我们取得新的进步。达尔文在加拉帕戈斯群岛(Galapagos Islands)发现了人类未知的陌生生命形式。这就促使他提出新的假说，来解释他的所见，因此有了进化论。即使所发生的事情用普通常识无法解释，这也不应妨碍我们提出他择性假说来解释它。事实上，科学只有通过推翻广为接受的世界观，引进大胆的新理论，才能获得进步，而这正是思想史上发生的事情。因此，这不能作为承认这些现象存在的决定性意见。尽管我重申，初步看来，如果我们确实发现了不寻常的现象，我们对它的报告仍需要高度可靠。同样，对这种现象的因果解释，也不一定要符合人们的普遍认知。它可能完全不同于我们迄今为止普遍相信的任何东西。这与现有的宇宙理论或常识之间的冲突本身，并没有因此使其成为超自然现象。然而，如果我们违反了常识的理论内容，在使用普通的推理和证据方法来评价它们的时候，我们就仍然局限于常识，并且常识和判据信息的标准，在理解和使用的过程中，与科学方法是连续的。

（2）对超自然现象的第二个定义是现有理论对它无法解释或者只有对现有理论进行重大修正，才能科学地解释这个问题。但这意味着超自然现象与历史上不同时期的科学知识水平有关，因此一度被认为是"超自然奥秘"的问题，可能会在以后得到解决，并进入正常或自然科学知识的领域。可佐证的例子有许多：牛顿力学原理被相对论和量子力学所修正。地球上的大陆是固定的这一观点后来被地质学家修正，有了后来的大陆漂移说。由此可见，科学的基本理论得到了许多修正。这并未提出一个特殊问题，因此超自然现象在这里是多余的，因为它作为一个科学探究阶段，只是提出了一个相对主义概念。我的意思是，我们可能需要引入新的概念和假设，来解释发现的新奇或意外事件,但这并不意味着它就是"超自然现象"。

(3)"超自然现象"的第三个可能定义是,没有已知的原因来解释一种现象,因此它一定是超常的。从这个意义上说,超自然现象等同于奇迹。但在这里,这个词只是我们无知的一个替代品。当艾滋病首次被发现时,医学研究人员也感到困惑,是什么造成了艾滋病?无疑,我们不知道原因,并不意味着没有原因或艾滋病是超自然的。最终,一种病毒被认定为可能的病因,并由此设计了一种艾滋病测试,来确定哪些个体感染了艾滋病毒。一旦我们能够自如地解释一种现象,它就会被纳入科学知识体系中,因此不再具有超自然特质。所以,"超自然现象"的这种含义是被误用了。

(4)超自然现象还有第四种定义隐藏在背后,许多使用这个术语的人显然是在假设这个概念。他们假设:造成超自然现象的原因是存在的,但它是非物质的,具有某种精神的、心灵的或唯心主义的维度,和/或它具有非自然的或超自然的特征。我认为,正是这种对超自然现象的解释,才是超自然现象对许多人有吸引力的真正原因,因为它给宇宙和人类的行为假定了一个超验的维度,并进一步假设,这些非自然且游离于自然界外的原因,正在渗入宇宙并带来奇怪的影响。比方说,如果超感官知觉或意念致动被认为是超自然的或反因果的,那么,说超心理学家们处理中性的超心理学现象,与他们声称超感官知觉或意念致动对此负责,就存在显著区别。我不反对前一种方法,即把高于或低于概率的猜测描述为超心理学现象,但是我对援引一个未经独立证实的神秘的反因果解释确实持严重怀疑态度。对于这些数据或许还有其他因果解释,而这往往回避了其自身的原因。在任何情况下,即使超感官知觉和意念致动被引为自然内部新的一种因果关系力,它们也不会是超自然的,而是正常的。如果我们能够证实一个因果假说,无论它以何种形式出现,它都是"自然的"。

纵观探究的历史,上述的超自然现象的第三种和第四种定义已经有人提出过,但它们经常成为进一步研究的障碍。我们常被告诫,这个、那个或其他什么东西对人类来说是无法解释、不可知或深不可测的,从而局限了我们对这一现象的了解。有趣的是,这种姿态掩饰了一种先验的不可知论或怀疑论,因为它表达了一种观点,即某些问题超出了理性、经验或自然。我对这一切的回应是,以这种方式借助"超自然现象"概念是在阻碍进一步探究,并陷入了一种不可知的神秘原因中。不可否认,某些研究领域极其难以攻克,某些研究项目仍是个谜团,但是,如果不继续批判性寻求自然的解释,我们当然无权事先取消调查。

一个精神的或非物理主义的原因预设了一种广义的哲学—神学方法来解释宇宙,认为宇宙从根本上来说是宗教的。人们可能会问:宗教观真的潜伏在那些提出超自然解释的人背后吗?对超自然现象的探索真的是对自然世界外的超验诱惑的探求吗?

出于这些原因,我发现"超自然现象"的概念定义基本上是不成功的。说一些事情是超自然现象意味着,人们或者不知道原因是什么(科学上往往是这种情况),或者没有原因(这是一个非常可疑的论点),或原因是违背自然的(这未被证实,且预设了需要被证实什么)。因此,我对超自然现象的第三种定义和第四种定义持怀疑态度。一种更好的说法应该是,我们愿意调查关于超自然或不寻常事件的报告,并就此打住,从而寻求对这些事件任何可能的自然解释。这个意义上的"超自然现象"简单地指,第一感觉它是不寻常或令人惊讶的东西(第一种定义),而不是把它归因于非正常原因;并且,在科研范畴内,我们不会被排除在发展新的科学因果理论之外(第二种定义)。

通过考察具体的研究领域，或许有助于阐明我对任何一种特殊的超自然因果关系持有普遍的怀疑态度。当我说我怀疑的时候，我并不是说这种现象不应该被研究，我肯定它们应该被研究，也不是说我们不应对它们持开放的态度，而正好相反，甚至更不是说，那些仍然继续激起我们兴趣的超自然因素不应被发现。我只是反对把超自然原因归咎于它们，因为一旦一个原因被发现，它就可以被纳入自然科学，这可能比最初想象的要复杂得多，成为理论—概念框架的一个正式组成部分。

再生①

苏格拉底和柏拉图受到毕达哥拉斯学派的影响，曾提到过这些教义，所以这些教义有了特殊的哲学含义。在《理想国》中，柏拉图重提"厄尔的神话"（the myth of Er.）②。厄尔在死后 12 天又复活（再生）过来，跟大家讲述另外一个世界的故事。厄尔说，在死之后，他去了一个特别的地方接受审判。在那里，他看见了灵魂离开冥界起死回生，灵魂选择新生命时，无论是动物还是人，他就在一旁看着：俄尔菲斯（Orpheus）变成了天鹅，赛缪洛斯（Thamyris）变成了夜莺，阿泰兰泰（Atalanta）成了一名运动员③。

柏拉图在其他对话里也发展了这一理论。柏拉图的《斐多篇》描述苏格拉底在临死之前向大家讲述灵魂的轮回。苏格拉底对于死亡毫不畏惧，试图用这一理论来阐释轮回和永生。他坚称，如果真有

---

① 本书描述的轮回、转世、再生、转生都是指灵魂转移现象，英文原文为 Reincarnation。我国湘西通道县的再生人传说与此类似。——译者注

② 《理想国》，柏拉图，郭斌和、张竹明译，商务印书馆，1986 年，418 页。——译者注

③ 《理想国》，424—425 页。——译者注

哪个范围存在永恒本质,那么死后灵魂独立存在便是说得通的。这一理论与柏拉图的另一猜想有关,柏拉图将宇宙分为两部分:一部分是物质世界,有时空概念;另一部分是理想世界,存在永恒的本质。在《美诺篇》中,柏拉图借鉴了上辈子回忆的说法,进一步支持轮回说。

"转世"这一说法是基于人类本质的二元解释,即生命体可以分为两部分:肉体与灵魂。灵魂早在肉体出生前就已存在,即便是肉体死了,灵魂也会以某种形式存在一段时间,直至找到下一个肉体。

怀疑论者对此提出两个批评。第一个是对转世的语言学定义。谈论一个不具有肉体却能改变身体的自我,有意义吗? 或者说这种说法是荒诞可笑的? 一些分析哲学家指出,这种说法将前后不连贯的逻辑掩藏起来。没有感觉器官、大脑、神经系统,思想、自我或者灵魂是如何去看、去听、去体验感觉的呢? 这样说来,脱离肉体的、漂浮的、属于精神界的自我,从头到尾不过是一个大胆的猜测。我们应该将灵魂解读为一种功能概念,这种概念与我们的行为形式有关。把灵魂解读为一个名词,并且宣称这是个独立的个体,那就犯了基本的范畴错误。

同理,或许有人会提出这个问题:"什么是'公司'?"一个合理的答复是公司并不是一个实体,公司不能与建筑大楼、办公室、工厂、董事会、员工、顾客以及业务经营分离。公司是由国家所认可的"合法虚构",不应该将其具体化为独立的特殊存在。同样,灵魂同上帝一样,是空洞的。我们应该接受类似"无神论"[①]的说法,即"无灵魂说",这一假说不承认独立灵魂的存在。

---

① 我在第七章对此进行了讨论。

这种怀疑性批评是强有力的。但是，必须当心，这并不是根据先验的语言学定义来否定存在的形式，因为转世论者不只是作出语言学陈述，而是作出事实性声称，使用"灵魂"（此处指脱离肉体的灵魂）这一词是否有意义，取决于我们是否能够找到支持这一用法的证据。在我看来，语言学分析预设了其经验基础，因此不能独立诉诸证据考察。无灵魂论者认为，"脱离身体的灵魂"是没有意义的，因为他们认为，独立的灵魂是不存在的。

因此，我们需要再问一个问题：是否有足够的证据支持"与肉体分离的灵魂存在并且灵魂有前世"这一说法？在此，我不想探讨死后续存问题，我想探讨是否有前世这一问题。很有趣的一件事是，犹太基督教传统拒斥转世教义，尽管他们对于人死后灵魂的去处有自己的信条。犹太教和基督教的这一观点，必然牵涉到"特创"信条：上帝将灵魂注入胚胎。上帝凭空创造出永生的灵魂。而转世说根本不需要这样大胆的猜测。然而，假设前世存在也有其未解的难题。

灵魂转世说被描述为高于犹太基督教的灵魂说，因为灵魂转世让我们更好地解释人与人之间的道德感不同，未消弭的不公正问题，以及生活中所遇到的种种罪恶，将我们此生遇到的不平等解释为弥补上辈子犯下的错误。但是问题是，这到底是不是真的？换句话说，是否有前世存在的证据？灵魂转世这种声称，是否有科学可信度？

近年来，超心理学家花了大量的心血进行转世研究。转世信念最近又时兴起来，部分原因是出现了一些所谓的新的经验案例。超心理学家不再仅仅将转世视为教义，而是对此搜集相关证据，以证实其存在。那些转世支持者提出的最有力的证据是什么呢？是据称的往世记忆,即一些人称自己记得上辈子的一些情景。

幼儿记忆

第一类关于转世的研究主要基于幼儿的记忆,他们通常在学习说话时期,就向他们的父母和他们身边的人重述"前世"不可思议的故事。随着年龄增长,他们的记忆逐渐从意识中消失。伊恩·史蒂文森(Ian Stevenson)收集了大量证据,证明前世的存在。1977 年,他声称收集了 1 600 个案例①。史蒂文森是弗吉尼亚大学医学院的精神病学教授,超心理学协会的前任会长。在他《20 个转世案例》(*Twenty Cases Suggestive of Reincarnation*)的研究中,他关注的案例来自印度、锡兰、巴西、黎巴嫩和阿拉斯加爱斯基摩人。这些孩子都出生在相信轮回的家庭里。在《超心理学手册》(*Handbook of Parapsychology*)的一篇综述文章中,他讨论了黎巴嫩的小男孩凯末尔·安达瓦尔(Kemal Andawar,化名)的案例。我将以实例来讨论这个案例,假设史蒂文森相信此例的证据相当有力。

1966 年 5 月 17 日,凯末尔出生在贝鲁特以东 15 英里的一个叫埃尔卡拉(El Kalaa)的小村庄。他的父母福阿德(Fuad)和安达瓦(Samiha Andawar)都是德鲁斯宗教的成员。凯末尔两岁时,有人当着他父母的面提到阿里夫·埃尔达里博士(Dr. Arif Eldary)的名字,凯末尔脱口而出:"阿里夫是我的哥哥!"当凯末尔三岁的时候,他开始说自己是阿布纳夫(Abu Naef),他的家族叫埃尔达里(Eldary),他曾经住在 5 英里外的哈马纳村。逐渐地,凯末尔讲述了他前世生活

---

① Ian Stevenson, "Reincarnation: Field Studies and Theoretical Issues," *in Handbook of Parapsychology*, ed. by Benjamin B. Wolman (New York: Van Nostrand, Reinhold, 1977), pp. 631 - 663. 亦可参见 Ian Stevenson, *Twenty Cases Suggestive of Reincarnation* (Charlottesville: University Press of Virginia, 1980)。

的其他细节。他说他的妻子叫埃德玛(Edma)，他有三个儿子，纳夫(Naef)、阿拔斯(Abbas)和拉米兹(Ramez)，他还有一个姐妹阿法菲(Afafe)和一个兄弟阿德南(Adnan)。

　　凯末尔说，前世他曾到其他国家旅行，住在黎巴嫩以外的地方，并非常富有，住在一所有瓦片屋顶的房子里。他自称前世死于交通事故，他乘坐的汽车撞上水泥墙时，一块掉落的水泥块砸死了他。毫无疑问，凯末尔指的是常在国外生活和旅行的商人法鲁格·埃尔达里(Faruq Eldary)，1965 年 8 月 19 日死于黎巴嫩的一场车祸。凯末尔的父亲甚至带着孩子去哈马纳证实了部分细节，并拜访了死者的家。

　　史蒂文森在 1972 年初访问黎巴嫩期间调查了这一案例，并于 1973 年再次调查。当时大约 6 岁的凯末尔还在谈论自己的前世，并回答了关于前世的问题，但据说他的记忆开始衰退。史蒂文森询问了凯末尔的许多直系亲属和邻居，并参观了法鲁格·埃尔达里的故居。尽管斯蒂文森坚持认为，这个"典型的案例"的证据直指转世，但他也认识到了数据中的一些缺陷。

　　在查阅他对超自然现象的解释时，人们很容易发现严重的漏洞。相反，不需假设轮回，自然主义的原因就可以解释这些材料。德鲁斯家族(Druses)相信轮回，因此，这个家庭的成员作为虔诚的信徒，可能会(有意无意地)强调他们儿子的反应，并从其他随机事件中解读出超自然的意义。反过来，这个天真的孩子也会顺从别人的暗示，在回答父母的问题时加强对前世的信仰。此外，他可能会从父母、邻居和其他亲戚朋友那里得到一些小道消息。有趣的是，这个家庭之前与死者法鲁格及其家人有过一些接触。埃尔达里家族在当地很有名，孩子的父母认识其家族成员，甚至参加了法鲁格的葬礼。凯末尔称,他对前世生活的记忆有多处模糊。史蒂文森说,凯末尔发表的 28 个声明中,17 个是正确的,10 个是错误的,还有一个是可疑的。例如,据死者的家人说,这名男子不是死于水泥块掉落,而是在去医院的路上心脏病发作而死。

虽然这个案例可能会给已经倾向相信转世的人留下深刻印象,但对于怀疑论者来说,它几乎没有说服力。转世论者引用的其他案例也是如此。由于我们没有掌握所有事实,因此并非所有的问题都能被轻易阐明。在某些情况下,胎记被解释为前世灾祸的残余,例如,背上的红色斑点会被认为是这个人在前世被刺伤的地方,脖子上有一个疤状痕迹会被认为是前世被砍头的标志。由于大多数案例具有文化制约性,人们在解读超自然现象时必须谨慎。在印度,转世的流行使许多孩子从胎记中想象自己是神话人物、神或过去的英雄。史蒂文森指出,转世主人公一般生活在离死者不到 15 英里的地方,这表明,要么灵魂不喜欢远离死亡之地,要么这种家庭里编造的故事深受环境的影响。由于这些案例大多出现在已具备接受转世观念的文化氛围中,因此人们很容易相信转世观念,并四处寻找事实来支持这种观念。

史蒂文森本人,为这些案例提出了至少三个他择性的自然主义解释:

(1) 欺骗(Fraud)。有些案件是由一部分成年人捏造的,为了制造恶名或经济利益。一旦孩子们发现,他们受到了如此多的关注和奉承,他们可能会参与到演戏中,为了那些似乎对故事很感兴趣的成年人而给故事添油加醋。

(2) 记忆扭曲(Paramnesia)。受影响人的记忆可能是混杂和凌乱的,父母或亲戚可能高估了孩子的知识量。

（3）潜在记忆（Cryptomnesia）。所谓回忆的事实可能是由线索组成的，关于死者的信息可能被储存在无意识的记忆中，不知道其真实来源，并自愿将之作为前世生活的证据。鉴于儿童证词的不可靠性是出了名的，这种解释似乎比转世的假设更能解释这些材料。

催眠回归

另一种关于前世的"证据"来自成人，而不是儿童。首先，一些人声称有灵魂出窍的经历，这一经历突然被触发，让他们回到早期生活[①]。这些说法大多是道听途说，主观臆断，很难评估这些报告是否是事实。另一种备受关注的所谓证据则涉及催眠术的使用。当患者处于"昏睡状态"时，据说可以回忆起他们以前的生活。至少，我们能将这些证词置于一些独立、受控的观察下，这些观察往往使我们能评估提及的所谓历史事实的准确性。

催眠回归的使用，在著名的墨菲案中脱颖而出[②]。维吉尼亚·泰伊（Virginia Tighe）（即露丝·西蒙斯，这个化名用来保护她的身份）是科罗拉多州丹佛的一名家庭主妇，她声称能回忆起 19 世纪初她在爱尔兰科克作为墨菲新娘的生活。在催眠状态下，泰伊操着爱尔兰口音，非常详细地描述了她以前的生活。这个案例已经被怀疑论者进行了大量的研究，他们揭露了泰伊的童年和青春期受到了一些普通影响，解释了她催眠般的表演。她的邻居在爱尔兰长大，娘家姓布丽黛·墨菲（Bridey Murphy），她给泰伊讲了很多关于她在爱尔兰生活的故事，让泰伊听得津津有味。此外，在高中，泰伊还学会了用爱尔兰土话来扮演她戏剧中的一个角色。

---

① Frederick Lenz, *Lifetimes: True Accounts of Reincarnation* (Indianapolis: Bobbs Merrill, 1979).

② Morey Bernstein, *The Search for Bridey Murphy* (Garden City, N. J.: Doubleday, 1956).

英国催眠治疗师阿诺尔·布洛克瑟姆（Arnall Bloxham）收集了一组更令人印象深刻的材料，他多年来对 400 多名被催眠的受试者进行录音，这些现在被称为布洛克瑟姆磁带。布洛克瑟姆坚信轮回。我将引用一个让调查者印象深刻的实验对象，来阐释这些数据。简·埃文斯（Jane Evans）是一位威尔士家庭主妇，她的回忆在杰弗里·艾弗森（Jeffrey Iverson）的著作《不止一世？》①（*More Lives Than One?*）中有详细描述。埃文斯描述了 6 个前世。书中有丰富的历史细节，给许多中立的观察者留下了深刻的印象。埃文斯在催眠状态下，说自己是：①16 世纪初凯萨琳王后的侍女；②18 世纪初住在伦敦的裁缝安妮·塔斯克；③在 20 世纪 20 年代去世的艾奥瓦州得梅因市的修女格蕾丝；④利沃尼亚，3 世纪时随英国罗马总督康斯坦提乌斯居住在约克附近；⑤1189 年，丽贝卡，一个富有的犹太放债者的妻子，同样是在约克；⑥1450 年的中世纪法国，一个名叫艾莉森的年轻埃及仆人，住在著名商人雅克·科尔家里。

梅尔文·哈里斯（Melvin Harris）是一位持怀疑态度的超自然现象调查者，他仔细研究了布洛克瑟姆的简·埃文斯的录音带②。哈里斯认为，他可以用潜在记忆（即来源健忘症）来解释埃文斯的"记忆"，而不需要假设轮回。让我们关注简·埃文斯的"第五世"。布洛克瑟姆通常让他的研究对象从回顾往生开始。简·埃文斯开始回忆起她的前世丽贝卡。丽贝卡是一名约克的犹太女子，据说在 1190 年被杀。事件开始于 1189 年，丽贝卡嫁给了放贷者约瑟夫（Joseph），他们住在"富有犹太人集中"的城市北部，但那段时间犹太人非常不幸，他

---

① Jeffrey Iverson, *More Lives Than One?* (London: Pan Books, 1977).

② Melvin Harris, "Are 'Past Life' Regressions Evidence of Reincarnation?" *Free Inquiry*, Fall 1986(vol. 6, no. 4).

们遭受了大屠杀。康尼街的艾萨克(Isaac)被一伙强盗杀害了,丽贝卡和她的家人都很害怕。1190 年春天前,形势更加严峻,正在这家人准备逃跑时,一群武装暴徒袭击了隔壁的房子并杀死了里面的人。丽贝卡一家逃到教堂的地窖里避难,在远处,他们能听见暴徒的尖叫和纵火焚烧犹太人房屋的声音。但教堂的庇护是短暂的,一名牧师和一名执事向前来搜寻的士兵透露了他们的下落。此时,在催眠状态下,简·埃文斯"由于恐惧而近乎舌僵"。士兵们抓住了她的女儿,她低声说:"黑暗……黑暗,"然后便死去了。

哈里斯认为,上述事实可归因于潜在记忆和创造性想象,丽贝卡的故事是简·埃文斯幻想的产物,经过仔细核查后表明存在事实性错误。众所周知,1190 年约克郡的确发生了一场大屠杀,但大多数犹太人都死在约克堡。哈里斯说,没有证据表明,这座教堂有地下室。简·埃文斯四次声称犹太人被迫佩戴的黄色徽章,实际上也直到下个世纪才出现,而且它们不是黄色的(就像德国和法国犹太人佩戴的徽章一样),而是两条类似于摩西碑的长方形白色条纹。另一个错误是,简·埃文斯称约克针对全市的犹太人,设了一个"特殊犹太人区"。哈里斯的结论是,简·埃文斯能够无意识地从她看过的电影、书籍或杂志中,保留一些生动的故事——而她已将自己代入其中的角色。丽贝卡乃是简·埃文斯在催眠过程中创造出来的虚构人物。

哈里斯进一步证实,简·埃文斯所说的罗马妻子利沃尼亚的故事也是出于虚构。利沃尼亚于 286 年开始在英国生活,该故事直接取自路易斯·德·沃尔(Louis De Wohl)1947 年出版的畅销小说《活木》(*The Living Wood*)。但利沃尼亚也是个虚构人物。同样,哈里斯也能追踪 15 世纪童仆艾莉森的生活,她住在法国的雅克·科尔家中,科尔是查理七世的顾问。简·埃文斯对查理七世的情妇艾格尼丝·索雷尔非常了解,她能够描述出科尔富丽堂皇的城堡和教堂里艾格尼丝·索雷尔的坟墓。但这些事实都记载在西季威克(H. D. Sedgwick)于 1930 年出版的《法国简史》(*A Short History of France*)和琼·埃文斯(Dame Joan Evans)的《中世纪法国的生活》(*Life in Medieval France*)等书中。哈里斯坚信,简·埃文斯这段"前世"记忆来自科斯坦(C. B. Costain)的小说《有钱人》(*The Moneyman*),而这本书是根据科尔的生活改编的。特别有趣的是,简·埃文斯描述的艾莉森从未提及她的主人已婚并有 5 个孩子。原因是小说家科斯坦决计不在小说中提及科尔的家庭,所以,他们也没有出现在简·埃文斯的"前世"中。

芬兰的奥卢大学(University of Oulu)的精神病学家莱玛·坎普曼(Reima Kampman)博士说,有些人在被催眠后会说出一些令他们印象深刻的信息。但当受试者被再次催眠时,他们有时候会解释他们获取信息的方式和地点。这往往指向他们读过的书、看过的电影等。这再次表明,许多储存在大脑中的信息被有意识地遗忘,但在催眠过程中找回[1]。因此,对简·埃文斯的故事,我们可以进行自然主义叙述,而不需假定轮回。

我最近在研究布莱恩·韦斯(Brian Weiss)博士的观点,他在《前世今生》(*Many Lives，Many Masters*)一书中描述了他与单身患者凯瑟琳的治疗关系,他把这个患者的症状归于多次的往返前世[2]。韦斯对凯瑟琳的故事印象深刻,于是他开始用催眠疗法来治疗其他患者。1989 年,我在萨莉·杰西·拉斐尔(Sally Jessy Raphael)的国家

---

[1] D. Scott Rogo, *Psychic Breakthroughs Today* (Wellingsborough, England: The Aquarian Press, 1987), p. 193.

[2] Brian Weiss, *Many Lives，Many Masters* (New York: Simon and Schuster, 1988).

电视节目上与韦斯博士辩论。韦斯带来了他的三个患者,三位患者都声称韦斯让他们回到了前世。其中一位患者琳达·阿德勒(Linda Adler)讲述了她前世的许多生活,她声称自己曾是个在中世纪被处以绞刑的男人,也曾是个被从高塔上扔下而淹死的年轻士兵。韦斯医生似乎在台上对阿德勒进行了催眠,他说这会让阿德勒进入更专注的状态。他让她回到她的前世,而这次阿德勒说她是一个年轻女孩,时间是 1632 年,这次催眠回忆的记录如下:

> 萨莉·杰西·拉斐尔:……现在直播的是韦斯医生试图对琳达·阿德勒进行催眠。韦斯博士,请解释你在做什么。
>
> 布莱恩·韦斯:琳达现在处于一种更深入的状态。催眠是一种高度专注的状态,而她现在正非常集中,过一会儿,我要摸她的额头(我们以前试过),她会进入一个更深的状态并试着回忆前世的一些事件。我马上要开始了,我会降低音量以保持情绪的平静。
>
> 琳达,你现在进入了更深的状态。在我碰你额头时,你会进入一个注意力非常非常集中的状态,你将能够回到以前的生活。记住,看到这一幕时,将它用语言再现出来,并谈论它,同时维持这种更深度集中的状态。我现在要摸你的额头了。
>
> 现在,琳达,你可以和我谈谈你所看到的一切了。
>
> 琳达·阿德勒:(长时间停顿,偶尔惊呼、呻吟和发出其他杂音)我在……呃……室外(停顿)。这是一个……嗯(停顿、喘息)……很大的空间,而且现在是凌晨。那里一个人都没有……呃……有一大群人。我看见其中一人,他的……呃……胳膊、腿和头都在一个木制的东西里。

韦斯：你正看着他？

阿德勒：是的，我看着他。

韦斯：你能看见自己吗？能告诉我你当时几岁吗？

阿德勒：我是一个小女孩。

韦斯：一个小女孩？他的胳膊和脑袋都在这个木装置里，而你在看着他？

阿德勒：还有其他人。他们都在这个半圆的……大空间里。这里有鸽子。这座建筑后面由巨大的石头建成，非常高。

韦斯：你可以看到任何关于年份的东西吗？你知道——（停顿）

阿德勒：1632 年。

韦斯：1632 年。这个你选中的人有什么特别之处吗？

阿德勒：他是我父亲。

韦斯：你父亲？

阿德勒：……我早上来这里……看他。（哭泣）他看起来非常糟糕（啜泣）。

韦斯：他做了什么事要受这样的惩罚吗？

阿德勒：我不知道。

韦斯：你不知道。

阿德勒：我认为这与贫穷有关。

韦斯：我想让你现在仔细看看你父亲，没关系的。仔细看看你的父亲，看是否能认出他是你现在生活中的什么人。

阿德勒：是的，我认出来了。

韦斯：真的？

阿德勒：是布鲁斯（Bruce）。

韦斯：布鲁斯？你的朋友布鲁斯？

阿德勒：我不知道他在那儿多久了，但……但他不能……不能和我说话，他似乎——（停顿）

拉斐尔：韦斯博士，她……她能听见我说话吗？

韦斯：我不知道，我们可以猜猜。

拉斐尔：我能帮你吗？如果我们谈话的时候把她叫醒了会打扰到你吗？

韦斯：不会，我可以叫醒她。

拉斐尔：真的吗？

韦斯：是的，因为她现在变得非常难过……

从这个片段，我们可以清楚地看到：韦斯是主要提问人，而这些提问有引导性和偏见；阿德勒能够将她在过去事件中看到的人（在本例中是她的父亲）与现世中她认识的人关联起来，即布鲁斯；她后来甚至在节目中提到了电影《巨蟒与圣杯》（*Monty Python and the Holy Grail*）中 17 世纪的场景，这意味着一个虚构的运动场景被转化为真实体验。所有这些都表明，催眠过程中存在潜在记忆的特征。然而，这个案例中出现了一个复杂的情况，我后来才发现，琳达·阿德勒自己就是一位使用相同技术的心理治疗师，她不能称得上是一个客观或公正的受试者。当她从所谓的催眠状态中醒来时，她清楚地记得发生了什么，这就引起了对"恍惚状态"真实性的进一步怀疑。

为什么现世的人会出现在过去？韦斯确信，对他的患者来说，朋友和亲戚似乎在同一地区和时间范畴内转世。"人们待在同一个圈子里"，随后回到"直接的圈子里"，韦斯说道。这再次表明被催眠的人是基于当前的经历，用过去的语境重新解释它。

当琳达·阿德勒被问及这个记忆中的事件是何时发生的,她的回答是"1632 年"。她又是怎么知道的?"这个念头一闪而过",她事后回答一位观众的提问时说。有趣的是,在《前世今生》的第 30 页提到,韦斯曾帮帮凯瑟琳回归到"公元前 1568 年"。但在那样的情景下,她怎么得知那是"公元前"?除非她从现世的记忆中进行了篡改。

在拉斐尔的节目中,韦斯说,到目前为止,他已经带大约 40 个患者回归前世,关于转世的最有力的证据就是这次会面的治疗价值。他介绍了来自迈阿密的同事翁贝托·蒙蒂兹(Umberto Montez)医生,蒙蒂兹声称自己患背痛有十多年了,直到韦斯医生让他回到了前两次生命。有一世,他是一个在法国战场上的老人,背部严重畸形;在另一世中,他也是一个背部畸形的孩子。蒙蒂兹认为,自从经历这些回归后,他的症状缓解了。

对此,我提出了这样一个问题:这种方法奏效,是否仅仅出于安慰剂效应。人们真的从心身疾病中解脱出来了吗?韦斯否认安慰剂效应的解释。他声称自己能够治愈许多症状,不仅是无端恐慌症、恐惧症和抑郁症,还有哮喘、偏头痛和关节炎。他说,只有关于转世的论文解释了他的研究结果。

我们如何看待引入转世学说来解释治疗效果?是某种神秘的原因在起作用,还是确实存在安慰剂效应?怀疑论者会寻找心理学和/或自然物理学的原因,而不会援引超自然的解释。我之所以这样说,只是因为人们需要对韦斯博士的病例进行详细调查,尔后才能作出合理判断。我们要问的是,这些案例是否可以用其他的自然原因来解释?我们尤其要问,作为一种发掘深埋在潜意识中的隐藏且未知的过往事实的方法,韦斯的催眠术有多可靠?毫无疑问,催眠可以是一种有用的技术,运用在许多方面,它可以帮助人们回忆起被遗忘的经历,它也可能作为一种治疗方法在某些情况下产生疗效。自从弗朗兹·麦斯麦(Franz Mesmer)以来,催眠吸引了那些观察它和试图解释它的科研人员。

然而,一种对催眠的强有力的怀疑性批判已经形成,我们得承认:被催眠的人是否真的进入了特殊的"恍惚状态",或是否能被催眠师的"磁力"影响所控制,是完全不确定的。有许多心理学上的解释都对催眠的准确性和力量提出了质疑。

"催眠"的争议

克雷斯金(Kreskin)作为一名催眠师,曾"催眠"了成千上万的人。克雷斯金不相信催眠中存在"恍惚状态",但他能够证实心理暗示的力量和(被催眠者)存在服从他命令的意愿。他认为,催眠是一种完全自然的心理现象,没有必要对它进行超自然或神秘的解释[①]。

据说催眠已经被警察局和法院有效地用来帮助他们揭露犯罪事实。它的运用是基于这样一种信念,即催眠以某种神秘的方式能够改善一个人的记忆,并揭示隐藏的过去的事实。肯塔基大学的心理学家罗伯特·贝克(Robert Baker)在他的书《人们称其为催眠》(*They Call It Hypnosis*)[②]中指出,催眠通常是多么不可靠。其他著名的心理学家,如西奥多·巴伯(Theodore X. Barber)和马丁·奥恩(Martin Orne)坚持认为,催眠确实能使被试者处于一种更放松的状态,在这种状态下,他们能够集中注意力,也许还能更好地运用记忆。受试者经常回忆起他们认为真实的事情,然而他们的记忆可能被自己的想象所混淆。研究表明,人类的记忆通常是不稳定和不准确的,

---

① Kreskin, *Secrets of the Amazing Kreskin*(Buffalo, N. Y. : Prometheus Books, 1991).

② Robert Baker, *They Call It Hypnosis*(Buffalo, N,Y. : Prometheus Books, 1990).

它不像直接的文字记录或录像机,人类记忆是可重构的。再加上其他心理过程的介入,对某些人来说,虚构、幻想和创造性想象可以更好地解释他们对前世的描述。

我自己也曾将这种方法应用于特定的受试者。当我要求我的学生回归前世时,我首先让他们选择一个特别感兴趣的历史时期,然后想象他们就在那里。在某些情况下,我对他们生动的故事感到惊讶。例如,参加我讲座的一位听众讲述了他作为罗马战车驾驶员的生活,并详细描述了他的皮革装备。另一位听众从金字塔说起了他在埃及的生活;一位妇女则回到了尼安德特人时期原始部落的生活,讲述她和别人一起围坐成一圈吃生肉。在任何情况下,我都没有"催眠"这些对象,只是要求他们让自己的创造性想象力漫游。我还试图让人们进入来世,那些有科幻想象力的人,编造出太空旅行的故事。很明显,我的暗示或建议就像韦斯博士或其他催眠师的一样,在引导整个过程中起着非常重要的作用。

贝克已经引导500多个人回归过往或进入未来。他讲述了他的指令如何预先给小组的结果"着色"。如果他一开始就自信地宣称,回归催眠是揭示前世的一种有价值的方法,那么他的研究对象中90％的人都能回到前世。如果他对这些说法持怀疑态度,那么90％的人不能或不愿讲这样的故事。尤其令人感兴趣的是,有一定比例的人具有"幻想倾向"人格(估计占总人口的4％至6％),他们想象力极其丰富,每天花大量时间在幻想和白日梦上,并能写出精彩的故事。这类人很容易"产生幻觉",尤其是在催眠期间。他们不是精神病患者,在其他方面也和普通人群一样适应良好,但他们也允许自己的幻想在催眠师的建议下发展。因此,我们不需要用超自然或神秘的解释来解答什么是纯粹的心理现象。在与催眠师相互妥协的心理剧中,这些幻想可以是生动的,内在一致的,甚至对经历它们的人来说似乎是真实的。

大多数的回归只需经过催眠师和被催眠者之间短暂的接触就能发生,然而,临床心理学家乔纳森·文恩(Jonathan Venn)对一名受试者进行了长达 18 个月的 60 次催眠治疗,并对结果进行了详细的分析[①]。他在回归分析中发现了许多矛盾和事实错误。受试者名字叫马修(Matthew),是一个来自俄克拉何马州的 26 岁验光师助理。据文恩说,马修极易被催眠,他"回归"成了第一次世界大战中的法国飞行员雅克·吉奥内·特科尔特(Jacques Gionne Trecaulte),并坚称 1914 年 8 月,他在法国蒙斯上空被一名德国飞机的机关枪击中了胸部。他的催眠过程变得十分激烈,以至于马修会抓着文恩胸口,诉苦疼痛,出汗,尖叫。马修在接受催眠治疗之前就有胸痛,而且他确实去过几次医院急诊室,述说心脏有问题。显然,相信前世曾被机枪扫射的信念产生了一种发泄作用,帮助他治愈了这种文恩认为的心身症。到底是安慰剂效应在起作用,还是回到前世使马修得以治愈?文恩说,前一种解释更符合事实。

"雅克·特科尔特"在催眠过程中陈述了 47 个事件,这些陈述的历史准确性可被验证,于是文恩着手调查法国的原始资料。在 30 个可以被当地资料核实的事件中,有 16 个是真的,14 个是假的。剩下的 17 个说法,在参考了外国档案后被证实都是不真实的。例如,直到 1914 年 10 月才把机关枪装上战斗机(并非在马修声称自己受伤的 8 月)。此外,他提到的一些城镇并不存在。雅克·特科尔特的名

---

① Jonathan Venn, "Hypnosis and Reincarnation: A Critique and Case Study," *Skeptical Inquirer*, Vol. 12 no. 4. Summer 1988.

字也不在巴黎的军事档案中,更没有出现在据说他出生、结婚和生活的城市顿维尔。文恩得出结论,马修的前世没有任何事实依据,也不是什么超自然事件,而是马修从图书、电视和漫画中了解到的第一次世界大战和法国人的生活(他是这些书的热衷读者)。与这些数据相符的解释,是健忘症或潜在记忆。马修不知道他幻想的来源,但它们可以追溯到某些具体的影响和某种程度的虚构。

这里还要提及另一个对"轮回假说"的强有力的经验主义反对。被称为"不可能论者"的舞台演员彼得·雷夫恩(Peter J. Reveen),在他的表演中,让数百名志愿者回归过往。他说,只有让他的受试者相信他对转世毫不怀疑,他的"回归"才能生效[1]。雷夫恩夜复一夜地听着有趣的往世故事,直到他遇到了一个严重的问题:在某一晚,不止一个人声称自己是同一位历史人物。有两个人自称是英国国王亨利八世(Henry Ⅷ)。另一场演出中,一男一女都坚称他们是克里斯托弗·哥伦布(Christopher Columbus)。因此,如果没有别的事情提出概念性问题,怎么会有一个以上的灵魂占据同一个身体呢?

心理学家尼古拉斯·斯帕诺斯(Nicholas Spanos)指出,经过一个多世纪的研究,学界对"催眠状态"的看法仍不一致。在一个比较行为主义的尺度上,那些受鼓励去表现的非催眠控制的受试者和那些据称"进入恍惚状态"的受试者做得一样好。斯帕诺斯认为,催眠师的建议和暗示在这个过程中起到了一定的作用,它们作为一种心照不宣的请求,参与到某个"假想的情境"中。良好的催眠受试者能理解这些请求,并运用他们的表演技巧来遵守这些请求。而那些表

---

[1] Peter J. Reveen, "Fantasizing Under Hypnosis: Some Experimental Evidence," *Skeptical Inquirer*, vol. 12 no. 2, Winter 1987/1988.

现得好像他们以前有过自我的受试者，实际上是在表演一种幻想，演得像真的一样，或者至少他们在与催眠师的互动中变得如此专注，以至于他们表现得相信那是真的[①]。

概念上的困难

到目前为止，我一直在处理经验数据中的缺陷，但哲学家们也引入了重要的概念性问题[②]。这个被追问的最重要问题是，一个"分离的灵魂"就像是心眼（mind's eye），是如何独立于神经系统或大脑而存在的？没有感官，怎么可能有视觉、听觉和嗅觉呢？没有脑细胞来储存这些信息，记忆怎么可能存在呢？想来肉体和神经系统定是同时死亡的。

那些提出人性二元论的人，当他们假设一个可分离的、非物质的灵魂时，从来没有用有意义的术语说话。如果没有大脑或神经系统，怎么会有记忆和感知？大脑功能依赖于身体的物理状态是有大量证据支撑的。例如，患阿尔茨海默病的许多老年人，智力和心理功能会严重衰退。这表明，精神状态显然是大脑状态的一种功能。还有其他生理学证据可以反驳"机器里的幽灵"的说法：中风患者大脑的某些部分受到了损伤，因此无法执行特定的功能；大脑某些区域的破坏可能导致瘫痪及言语或其他重要功能受损。尽管我们承认，大脑的不同部分可能具有不同的功能，但没有证据表明，当大脑相当大的部分被破坏时，还有什么认知、知觉或记忆功能能被恢复。正如我们所知道的和理解的那样，脑死亡（brain death）显然会导致一个人的死亡。

---

① Nicholas P. Spanos, "Past-Life Hypnotic Regression: A Critical View," *Skeptical Inquirer*, 同上.

② 特别参见 Paul Edwards 的系列文章，"The Case Against Reincarnation" *Free Inquiry*, beginning with vol. 6 no. 4(1986)。

同样,从另一个角度来看,母亲子宫里的胎儿并不是在怀孕那刻创生的,而是取决于脑干和神经系统的生长,并且只是在成长的后一部分,心理功能才开始出现。因此,转世论者关于灵魂可脱离肉体存在的假设,似乎与我们所拥有的关于人的本质的证据背道而驰。人格是一个人心理自我觉知(即意识)的功能,以及他或她生理状态的功能。

关于转世,还有许多其他重要概念上的困难。如果因果报应(业)的教义是最有效的,有人觉得他们应记住前世,或至少作为成年人开始意识到自己以前的道德过失,这样他们才能将经验付诸实践,才能促进道德改善和涅槃解脱,为什么"重生"的成年人的"灵魂"会像婴儿一样回来,忘记了他们的前世?

而且,人类的数量正高速增长。当今有 70 多亿人口,而基督时期只有 2 亿人(增加了 30 倍),难道不会缺少足够的、过去的灵魂来弥补这一不足的数额吗?

还有一个反对说法是,一个人的灵魂,从他死的那刻到占据另一个身体之前,发生了什么?再者,灵魂要么脱离肉体仅作为一种无实体的意识而存在(柏拉图这么认为),或作为一个魂灵(astral body)而存在,这是一个完全神秘的概念,因为我们无法从它的支持者那里了解到这意味着什么,以及这个魂灵究竟在何种程度上是物质或非物质的。无论如何,我们都不需要假设任何一种星光界(astral plane)来解释出窍体验(简称 OBEs)。出窍体验可以被解释为一种心理和生理现象,而不需要超自然或神秘的解释[1]。

因此,我认为转世是一种难以置信的教义。它基于对人类存在

---

[1] Susan Blackmore, *Beyond the Body* (London: Heinemann, 1982).

的超自然解释。我们提出了两个问题："灵魂可以先于肉体存在"是什么意思？该观点的证据是什么？在这两种情况下，我们都得出了怀疑的结论。声称灵魂独立于肉体的二元论的概念，混乱且不合逻辑，除此之外，证据亦不充分。在仔细分析下，无论是幼儿记忆，还是催眠，使被试者回归前世都站不住脚，催眠回归可以用自然主义的术语来解释。因此，我们没有足够的理由相信转世。虽然这不意味着我们应该阻止任何持有新证据的支持者站出来，但在已证实的基础上，比起实证现象，转世更像一种信仰，而且绝不可能是真实的。

信仰疗法

现在我们考察另一个领域，据说超自然在其中起作用。这里，我指的是信仰疗法。这个领域非常大，所以我将只关注那些所谓的"神奇疗法"，也就是那些重病的人，据说通过神的干预恢复了健康。我讨论的不会包罗无遗，但我将阐述我希望提出的主要观点：一位思想开明的怀疑探索者，应该如何解释这种声称？

信仰疗法和宗教一样古老。从历史角度来看，药师、萨满法师、巫师都能够诉诸灵界，无论善恶，抛掉自然规律，开启神秘的净化力量，实现奇妙的事情。在现代医学发展以前，信仰疗法广泛应用于原始文化中。无疑，它具有非常重要的心理和社会功能。显然也有庸医和江湖骗子欺骗那些急需帮助的无辜者。另一方面，许多人无疑得到了治疗师的安慰，这些治疗师主动提供镇痛软膏以缓解他们的痛苦。那些无法应对逆境和疾病的人，不知道还可以向谁求助，于是，信仰治疗师为他们提供了一个途径。人们总是为疾病所困扰，如果他们找不到任何医学帮助的话，即使在今天，他们可能还会去找信仰治疗师寻求帮助。

毋庸置疑,一个有魅力的治疗师或人格可以治愈他们的病,具有此种强烈信仰可能会对一些人产生强大的影响。在许多情况下,患者在一段时间后不需要治疗就可以恢复——尽管萨满法师经常将这些患者的健康恢复归功于自己。另外,正如美洲土著了解到的那样,一些经过长期开发的草药可能会有疗效。但是可能更重要也更直接的是安慰剂效应的作用。有些疾病是由压力和焦虑造成的,所以有些焦虑的人可能通过相信个人或某种过程,一场净化仪式或典礼就恢复健康了。因此,人的心理状态对于治愈某些疾病是有积极作用的。

真正的问题不是心身疾病,而是人们能否通过"神奇"方法,治愈完全的器质性疾病和生理疾病,以及在多大程度上能够治愈。一个人的四肢,可以很快地修复吗? 他(或她)的癌症、糖尿病或精神病,可以通过神的干预治愈吗? 我希望依据目前的科学资料集中关注这些问题。

卢尔德的神迹疗法

在整个基督教的历史进程中,人们都在追求神迹疗法。法国西南部比利牛斯山的山脚下有一个叫作卢尔德(Lourdes)的小镇,在小镇的圣母玛利亚圣祠中可以找到一幅非常生动的著名壁画。一个目不识丁且患有哮喘的 14 岁女孩贝纳黛特·苏毕胡(Bernadette Soubirous),曾称她在这里目睹了圣母显现。4 年之后,在 1862 年,天主教会认可了这座圣祠。起初人们认为,贝纳黛特精神错乱,但最终她成为圣徒,尽管她在 30 多岁时死于癌症。从那时起,成千上万的人来到卢尔德,在圣祠前祈祷,在圣水中沐浴。卢尔德已成为病入膏肓者向往的地方。

在那些去过卢尔德的患者中,大约有 6 000 人自称他们痊愈了。

但教会官方承认,能称为"神迹"的只有 64 例。天主教会成立了医疗调查局(Bureau des Constantations Medicales)核查这些痊愈的说法,其中一个自称痊愈的案例是,1970 年来自法国昂热的塞尔日·佩林(Serge Perrin),他说自己的眼睛重获了光明。虽然能够得到"治愈"的概率就像中彩票一样,只有百万分之一,但是人们还是蜂拥而至,来到圣祠,很多人甚至来了不止一次。比如,来自美国新泽西州肯德尔帕克市的保罗·拉塞尔(Paul Russell),他的一条胳膊和双腿在 1972 年因为交通事故瘫痪了,但他每年都会到卢尔德进行朝拜。卢尔德这个小镇的人口只有 18 000 人,但它却是除巴黎和尼斯外全法国旅店最多的地方。这也证明了时至今日,人们仍然非常相信信仰疗法。每天下午 4 点后,成群的患者和残疾人就会来到山谷中这个敬奉着圣母玛利亚的岩洞中,他们在这里祷告,唱圣歌,祈求身体痊愈。

　　19 世纪,天主教报刊大肆渲染许多所谓的"神迹",这就导致了一批像埃米尔·左拉(Emile Zola)这样的怀疑论者来到卢尔德,并揭露这些神迹,告诉大家那不全是真的。最拥护该圣祠的人要数 1912 年诺贝尔生理学或医学奖得主亚历克西·卡雷尔(Alexis Carrel)。1903 年朝拜过圣祠之后,他便不再怀疑这些奇迹的真实性。

　　医疗调查局称,要想治疗方法为人们所接受,需要满足以下条件:该患者的病情必须经事先准确的医疗诊断证明;患者所患疾病为器官类疾病;该疾病不可治愈或需要长时间治疗;该疾病的治愈必须是在参观圣祠之后。

　　那么,在那 64 例被称为"神迹"的治愈案例中,有多少是符合这些判据的呢? 唐纳德·韦斯特医生(Dr. Donald West)检查了最近发生的 11 起称之为"神迹"的案例,发现了每一起案例的判定都有不符合标准之处。他指出,医疗调查局判定的这些案例缺乏临床设备及相关文件。有几个恶性肿瘤治愈的案例令人怀疑,许多肺结核的案例缺乏充足的证据,大部分年长女性声称,她们自己的身体状况有所好转。在评估了所有患者提供给天主教医疗调查专员的证明及病历后,韦斯特指出:"目前没有新的失明或截肢的案例……声称的大多数案例在于突然打破有利于患者的平衡,而这些患者的恢复能力似乎一下子可以为他们自己声明"①。在对卢尔德朝圣者的对照研究中,还没有进行过任何完全中立的调查。若没有中立的调查文件,我们也无法相信这些所谓的说法。

人们经常忽略这一点:有多少人去过卢尔德之后身体状况变差了呢? 那里沐浴的条件,既不卫生也未达标。我的夫人在法国长大,她年轻的时候曾和同学去过卢尔德,到圣祠后他们被安排在一潭冰冷的流水中沐浴,患有各种疾病的人都会在其中浸泡,甚至有的人还有溃疡。我们很难计算,有多少人在卢尔德染上了疾病。

信仰疗法的最新实证研究

现在,让我们来看看最新的科学研究,在这些研究中,可能会有独立的科学对照和实证研究。信仰疗法,在这些案例中是否都发挥了作用呢? 首先是英国临床心理学家路易斯·罗斯(Louis Rose)所著的《信仰疗法》(*Faith Healing*)②。在这本书里,罗斯叙述了他对英国像哈里·爱德华(Harry Edwards)、克里斯托弗·伍德沃德(Christopher Woodward)和一些基督教科学从业者这样的信仰治疗师的研究。他的研究不仅包括宗教信仰治疗师,也包括"通灵治疗

---

① Donald West, *Eleven Lourdes Miracles*(New York: Helex, 1957),172: 12 - 13.

② Louis Rose, *Faith Healing*(London: Pelican, 1968).

师"(psychic healers)。罗斯称,让人们真正接受信仰疗法,就要有可以经得住检验的无可置疑的证据。然而现在首要的问题是,我们极度缺乏包括后续调查在内的确切数据来支持信仰疗法。几年来,罗斯在调查了数百起传言中的治愈案例后,缩小了调查范围,只需要找到几个案例,哪怕只有一个,只要这个案例"确定是由信仰治疗师介入治疗的"①。此案例中,患者不能只感觉有所好转,或者仅仅是病情得到了控制,"而是要由信仰治疗师独自完全治愈患者所患的疾病"。另外,比较重要的一点就是,有时候会出现误诊的情况,有些疾病(比如说癌症)可能会出现缓解期,有些只是顺其自然,及时治疗。我们需要的是治疗师疗法的明确说明。

罗斯仔细研究了这些所谓痊愈案例中的 95 例,其中,58 例完全没有病历或其他任何文件来证明其是否被治愈,22 例病情的记录前后不一致,无法用于后续调查,剩余案例中,阶段性好转往往伴随着复发状况,或者患者在接受正规治疗时才出现好转。以下是罗斯对一些典型案例的评估:

> M. R. ,一个 9 岁男孩,所患疾病为假性肥大肌营养不良。罗斯在 1951 年 12 月给他检查时,他并没有脊柱畸形的问题。后来罗斯去拜访爱德华先生(信仰治疗师)时,他告诉罗斯,那个男孩是"可以医好的,已经矫正了他的脊柱。"而男孩的家庭医生在 1953 年 2 月的诊断中写道:"我很抱歉,但在我看来,他的情况更糟了。"②

---

① Louis Rose, *Faith Healing* (London: Pelican, 1968), p. 175.
② 同上,p. 164。

M. H. 女士在一本知名画报的文章中介绍自己的病情。据她所说,在医院给她做了几次 X 光照片和麻醉检查后,医院对其病情无能为力了。她不得不系上至少要戴 13 年的手术带,甚至没有手术带她就下不了床。1949 年,她去看了附近的一个信仰治疗师后,她自称自己痊愈了。当罗斯去医院调查相关记录时,记录显示,M. H. 女士在 1934 年做了阑尾切除手术和宫颈糜烂刮除手术。1936 年的钡剂造影检查只显示她有内脏下垂的问题。1943 年,她又做了进一步的检查,检查结果都是不好的。她的医生随后写道,她的病情严重,但并没有证实她的说法,也没有证实那篇文章的说法。医生认为,这很大程度上是夸大了她的病情①。

J. K. ,一个小男孩,小报标题写他被"永久治愈";"医生治疗失败后通灵疗法治疗成功了"。报道还写道:"诊断过他的专家和医生都说他得的是绝症,不可能被治愈了。他天生四肢瘫痪,智商低下,肚子浮肿。4 年后他接受了一个治疗,四肢就恢复了健康。第二天早上他就可以讲话了,还可以奔跑了……J. K. 现在是一个非常健康的小伙子,过着正常、快乐的生活。"在罗斯的请求下,有关医院称 J. K. 在 1934 年因为软骨病住院两个月,后因好转就出院了;从 1934 年 9 月到 1935 年 2 月,他因为乳糜泻(一种腹腔疾病)、水痘、百日咳住院,后好转出院;1948 年 12 月到 1949 年 2 月,他又饱受踝关节骨脓肿的折磨,但治疗取得了不错的效果后,他又出院了。除此之外,就没有任何关于他疾病

---

① Louis Rose, *Faith Healing* (London: Pelican, 1968), pp. 156 - 157.

的记录了，不管是短暂性的还是永久性的①。

R. B. 先生曾在 1953 年 6 月接受活组织检查，一周后他被确诊喉癌，需要手术。之后 R. B. 先生找到哈里·爱德华(信仰治疗师)，希望进行直接的治疗，在会见期间，他嘶哑的嗓音开始好转，音质和音量也提高了。后来在 1953 年 7 月 21 日，R. B. 先生在医院麻醉后接受了复诊，病理结果显示与之前的检查结果存在分歧。于是医院重新安排了新的检查，检查结果报告写道："五位喉部专家，其中一位是国内最权威的癌症专家，对 R. B. 先生进行了检查。这次检查是在 R. B. 先生接受信仰疗法后进行的，两位专家的检验结果为'目前无癌症'"。但一位外科医生在 1953 年 12 月给罗斯写信，告诉他："我怀疑是否有人给出明确的答复……我认为，这是一个巧合，正好这个人切除了一块组织切片，其中包含了所有的癌组织。"②

罗斯在完成其研究时表示，他无法找到一个明确的案例可以证明"奇迹"疗法。

另外一个有趣的研究是由英奇·斯特拉赫(Inge Strauch)完成的，他接触过德国著名治疗师库尔特·特拉普勒(Kurt Trampler)的患者。斯特拉赫让这些患者主观地评价各自的疗法，其中有 39％的人表示情况有所改善；22％的人表示暂时有所改善；29％的人认为没有改善；10％的人认为情况恶化。斯特拉赫获得了 247 位患者的病历，只有 9％的患者情况有所改善(包括 2％暂时改善的患者)，75％

---

① Louis Rose, *Faith Healing*(London: Pelican, 1968), p. 157.

② 同上，p. 158。

的患者情况没有变化,44％的患者情况恶化。斯特拉赫得出结论表示,根本没有奇迹疗法,特拉普勒能带来的是患者们态度上的"主观改变"[1]。

明尼苏达州的外科医生威廉·诺兰(William Nolen)的研究,最具有启发意义。诺兰在他的著作《治愈:寻找神迹的医生》(*Healing: A Doctor in Search of a Miracle*)[2]中,叙述了他是如何对信仰疗法的多种形式越来越感兴趣的,以及他对这种疗法的效果进行了研究。可能上一代最受欢迎的信仰治疗师是凯西·库尔曼(Kathryn Kuhlman)。诺兰参加了她的治疗研讨会,成百上千的患者将会出现并宣布他们已经被治愈了。诺兰描述了一种所谓的"疗法":"有一次,一位患有肝癌的年轻人,摇摇晃晃地走向走廊,声称要寻求一种'治疗方法',但是他失败了。他遭到了拒绝,慢慢地……当他倒在椅子上时,我看到了他的肚子鼓鼓的,就像早期肚子长了肿瘤一样。"[3]诺兰最后表示,"那些曾经坐在轮椅病入膏肓的人仍然坐在轮椅上,事实上,脊柱和臀部受肾癌折磨的人……现在又坐上了轮椅。即使他的'疗法'令人激动,也是非常短暂的"[4]。

诺兰医生记录了23个人的名字和地址,据说,这些人被库尔曼奇迹般地治愈了。他继续跟进这些病例,其中,库尔曼宣布已经治愈了一位女士的肺癌,实际上这位女士却病情依旧。另外一位患有脊柱癌的女性,听从了库尔曼的命令,扔掉支架,跑着穿过舞台。结果,

---

[1] Inge Strauch, "Medical Aspects of 'Mental' Healing," *International Journal of Parapsychology*, 5,1963, pp. 135 – 165;170;149.

[2] William Nolen, *Healing: A Doctor in Search of a Miracle* (New York: Random House, 1975).

[3] 同上,p. 59。

[4] 同上,p. 60。

第二天她的脊柱垮了。4个月后,这位女士去世了。诺兰的跟进研究表明,他检查的那些声称"治愈"的患者,"事实上并没有因为凯西·库尔曼或者圣灵的治疗而奇迹般地得到治愈"①。诺兰对库尔曼奇迹疗法调查的结果越多,他就越质疑"库尔曼所做的善事可能超过了其所带来的痛苦"②。

在诺兰的调查中,他也找到了许多治疗师和患者,这些患者本应该是可以治愈的,却仍然无济于事。根本没有发现任何奇迹。所以诺兰提出了一个问题,信仰治疗真的能帮助人类吗?他得出结论表示,当有功能障碍或者心身疾病时,这种疗法可能会起到一些作用,尤其是当暗示起到一定作用以及自主神经系统参与其中时。即使这样,患者可能只是暂时地缓解了症状。是否有长期的疗效则又另当别论。但是,任何自称的疗法都没有应用到器官性疾病中。目前还没有证据表明,一个人可以随愿地长出四肢或治愈病变的胆囊或疝气。诺兰发现许多癌症缓解的情况确实存在。但癌症完全消失的情况极少。他表示,据估计可能万分之一的癌症或者十万分之一的癌症可以自发消退。另外他还说,我们一直不知道为什么会这样,但是,目前我们还没有证据表明,这是因为奇迹疗法或者信仰治疗师的干预。

魔术师詹姆斯·兰迪(James Randi)对信仰治疗师做了一项有趣的调查。他的工作得到了宗教科学考察委员会(Committee for the Scientific Examination of Religion)的支持。在整个项目中,我都和兰迪一起工作。

---

① William Nolen, *Healing: A Doctor in Search of a Miracle* (New York: Random House, 1975), p. 81.
② 同上,p. 89。

　　我们的研究主要集中在现代基要主义的信仰治疗师①,包括欧内斯特·安格雷(Ernest Angley)、格兰特(W. V. Grant)、彼得·波波夫(Peter Popoff)、奥拉尔·罗伯茨(Oral Roberts)、帕特·罗宾逊(Pat Robertson)等人。信仰治疗成为宗教中非常受欢迎的一部分,信仰治疗师们也定期地出现在电视荧幕上。他们出现在巨大的露天剧场或会议中心,里面挤满了成千上万的狂热和极度渴望寻求神迹疗法的人们。当今许多信仰治疗师声称,他们每晚要治愈成百上千的人。他们谈论的不是溃疡、酒精中毒、关节炎等疾病的普通治疗方法,而是那些威胁生命的疾病,如晚期癌症、晚期糖尿病、多发性硬化和动脉硬化。

　　当我们看到这些戏剧性表演时,非常震惊于许多真诚且深受震动的信徒声称,他们被治愈了。他们扔掉拐杖或者从轮椅上站起来行走;许多人声称他们摆脱了苦难。我们见到的第一个信仰治疗师是欧内斯特·安格雷。我和詹姆斯·兰迪以及另外 4 人组成的团队,前往俄亥俄州阿克伦(Akron)的电子教堂。这场戏剧表演持续了5 个小时,包括音乐、歌曲和祈祷,给我们留下了深刻的印象。成百上千的人站出来证明他们的治疗。我们的工作是尽可能地跟着更多的人走出教堂,获得他们的名字和地址,之后如果可能的话,获得他们的医生的姓名和地址,以便我们进行后续研究。

　　我们的发现令人非常沮丧。首先,许多信仰治疗师非常愿意并且能够欺骗那些容易上当的观众。例如,格兰特牧师带来了一卡车轮椅,当一位年长或者残疾的人蹒跚进入时,有人经常会邀请他(或

---

① 这项已经写在《自由探索》(*Free Inquiry*)杂志,尤其要参见 1986 年春季特刊的《信仰疗愈研究》(An Investigation of Faith Healing)和 1986 年夏季和秋季特刊的文章。参见 James Randi, *The Faith Healers* (Buffalo, N. Y. : Prometheus Books, 1987)。

她)坐在轮椅上,然后把轮椅推到前面。当信仰疗法活动处于高潮的时候,有人就会要求这些人,表明他们"被治愈",然后站起来推自己的椅子。我们跟踪了一个案例,一位来自纽约罗契斯特市的男士,观众们已经相信他被格兰特"治愈"了,但我们的后续研究发现,他的情况根本没有任何改善。另外一名来自纽约锡拉丘兹(Syracuse)的女士,格兰特宣布治愈了她的癌症,但两周后她去世了。

事实上,经过几个月的亲身调查,詹姆斯·兰迪并没有发现关于神奇治愈的无可争议的案例。在有些情况下,他发现那是彻头彻尾的欺骗。有些信仰治疗师让观众们相信,他们可以看出观众的内心,或者能够接收来自上帝的启示。但是后来,兰迪发现一位受欢迎的电视福音布道者彼得·波波夫,用藏在耳朵里的微型无线电接收器,接收其妻子在后台发送给他的信息,而这些信息是之前参与者给她的。波波夫会说出这个人的名字、地址、疾病和医生,但是这些信息,在早些时候就已经被汇编了。格兰特开发了一种记忆系统,并使用了他在活动仪式期间偷看的提示卡,这就是他所谓的通往上帝的通道。

我并不怀疑,信仰治疗可以大大给予一些人心理慰藉。参加一场会议是一次充满激情的宣泄活动,许多人都为之感动。对一些人来说,如果他们真的相信治疗师的力量,就会有一些安慰剂式的疗效。但如果是那样的话,它的作用也完全是自然的,因为正是这种暗示的力量,对易受感动的人产生了重要的作用,根本就不是神秘事物在发挥作用。

现在关于整体医学(holistic medicine)的文献在不断增加,证明了精神疗法在治疗一些疾病上的强大力量。诺曼·库辛认为,他的态度战胜了他那令人衰弱的疾病①。伯尼·西格尔(Bernie Siegel)医生指出，精神战胜疾病的重要性②。这些都是有争议的问题，怀疑论者并不理会这个证据，他们认为这只是道听途说，并没有经过仔细的临床对照试验。他们承认，心身疾病通常是由压力造成的，并且可以通过减少焦虑得到改善。但是，这些方法能否应用到明显器质性疾病或生理疾病，仍有待商榷。安德鲁·内尔(Andrew Neher)在《超验的心理学》(*The Psychology of Transcendence*)一书中表示，心身疾病是由压力引起的，并且可以是"习得"的和"非习得"的③。暗示(Suggestion)，对于习得过程有着非常重要的作用。

劳伦斯·莱尚(Lawrence Leshan)报告了下面的案例：

当我认识的一位男士让我给他做远程治疗，以治愈必须立即进行集中手术而又极其痛苦的病灶时，发生了最戏剧性的单一结果。我承诺那天晚上进行治疗，第二天早上，当他醒来时，发生了"神奇治愈"。这使医学专家大吃一惊，主动给我寄来治疗前后的 X 光片，并赞助我在一份科学杂志上发表论文。要不是因为一个小细节，这将成为本世纪的著名精神治疗案例。在过度劳累的压力下，我压根忘记去治疗了④！

---

① Norman Cousins, *Anatomy of an Illness as Perceived by a Patient* (New York: Norton, 1979).

② Bernie S, Siegel, *Love*, *Medicine and Miracles*(New York: Harper Collins, 1986).

③ Andrew Neher, *The Psychology of Transcendence* (Englewood Cliffs, N. J.: Prentice Hall, 1980).

④ 引自 Lawrence LeShan, *The Medium*, *the Mystict and the Physicist* (New York: Viking, 1974), in Neher, 同上, p. 165。

杰罗姆·弗兰克(Jerome Frank)描述了另外一个安慰剂疗法：

> ……三位60多岁的住院女性患者，……没有得到医疗帮助。其中一位女性患有慢性胆囊炎；第二位女性胰腺炎术后身体未恢复，身体日渐衰弱；第三位患有不能手术的子宫癌，并伴有下肢水肿和贫血。在实验中，医生在没有通知患者的情况下召来一名信仰治疗师，这位治疗师在患者缺席的情况下创造了他的奇迹。在进行完12个疗程后，这些患者的情况并没有发生变化。之后医生告诉这些患者，人们夸赞的这位信仰治疗师在接下来的三天时间里，每天上午要为她们治疗，但事实上，他并没有这样做。三位女性的症状立马有所缓解，一周之内，三个人都可以出院了[①]。

内尔指出，多种正常机制可能会在以下情况中运行：①某些疾病是自限性的，即以自然的生理防御机制介入，以恢复身体的健康，有一些疾病是可以自然减缓的；②有些态度的改变，被误认为器质性变化，主观态度的改变会让很多患者认为，他们已经治愈了，而他们的器官并没被治愈；③忽略心理因素的作用，可能会导致一些人猜测超自然原因，人们可能完全没有意识到暗示对于他们疾病产生的安慰剂效果，也没有认识到疾病或者治疗的身心特征；④江湖骗子，有些治疗师会欺骗和诈骗那些无辜的人[②]。

---

① 引自 Jerome Frank, "The Medical Power of Faith" (*Human Nature*, August 1978, pp. 40,47), in Neher, 同上, p. 165. 参见 Jerome Frank, *Persuasion and Healing* (New York: Schocken, 1963)。

② Neher, 同上, p. 172 - 173。

埃德加·凯西：从精神上诊断疾病

我们将通过对 20 世纪最著名的一位通灵人——埃德加·凯西（Edgar Cayce，1877—1945）进行评价，继续讨论"通灵医学"。凯西有大批追随者，凯西的独特之处在于，他声称能够通过进入"催眠状态"来诊断和治疗疾病。通灵是一种典型的超自然现象，引起了人们很大的兴趣。通灵者声称进入一种催眠状态，并且和"冥府"的无形身体进行交流，他们传达了所谓的特殊或隐含信息。凯西是一位来自肯塔基州的乡村治疗师，在九年级之后再也没有接受过学校教育，但是他却声称自己拥有非凡的超自然力量。他第一次治愈的是他自己。传说他被棒球击中后，陷入催眠状态，之后他指导母亲为自己敷上一些药膏，据说第二天伤口愈合了。他开始将该方法运用到他的朋友和亲戚身上，声称他能治愈他妻子的肺结核和大出血，并且能恢复其儿子因在事故中受伤的一只眼睛的视力，尽管这些都遭到医生的反对。

他采用的方法如下：他躺在家里的一个沙发上，然后进入所谓的催眠状态。我们不知道这是不是真的。但他声称自己能够看到患者的健康问题和诊断情况，并推荐治疗方法。他的许多治疗方法很简单，有些是基于令人怀疑的顺势疗法（homeopathy）和脊椎按摩法（chiropractic）。这包括肌肉和关节的按摩、灌肠、蓖麻油包，以及摄入蔬菜、葡萄汁、糖浆。他的一些秘方是很奇怪的。比如，对于硬皮病，他推荐："……按照以下方式混合……两盎司的可可脂……加入俄罗斯白油、黄樟油、金缕梅酊剂。"[1]凯西推荐饮食要避开"大量淀粉

---

[1] Thomas Sugrue, *There Is a River: The Story of Edgar Cayce* (New York: Dell Publishing Company), 1970, p. 366.

质食物……不要吃生苹果、生香蕉"①。

　　1931 年，凯西在弗吉尼亚海滩创立了探索与开悟协会（Association for Research and Enlightenment），该协会的档案馆有14 000多份解读资料。该协会现在由他的儿子和信徒领导。他们认为，牧师、医生、精神病医生可以查阅这些解读资料，以帮助他们治疗患者。它们的主题从增殖腺炎、酒精中毒、中风到痔疮、多发性硬化、不孕不育。另外，弗吉尼亚海滩中心保留着成千上万封感恩追随者的感谢信，他们证明自己因为凯西的解读而被治愈。这些是由于安慰剂效应和暗示的力量，还是他们真的被治愈了？

　　对怀疑的调查者来说，关键问题是，凯西的说法是否有足够的证据。那就需要通过参考医疗记录对疾病进行独立诊断，并在治疗后对患者进行评估，以确定凯西的疗法是否确实有效。他们这方面的做法令人怀疑。

　　凯西并没有亲身为他的大多数患者进行直接的检查，他也没有使用 X 光、验血、验尿等其他诊断方法。因此，说他能准确地诊断出这些症状的原因是一种轻信。如果没有独立的临床对照试验，他的大部分医学专业知识一定会引起怀疑。怀疑论者需要保持开放心态，而不是先验地排除判断。尽管如此，由于不能独立确认，我们只能对此表示怀疑。对凯西通灵力的其他方面也相当值得怀疑，这是尤其重要的。由于他声称可以预测未来，所以我们能够独立地评估

① Thomas Sugrue, *There Is a River: The Story of Edgar Cayce* (New York: Dell Publishing Company), 1970, p. 371. 有趣的是，凯西的很多健康建议都被认为是骗人的。他没有警告他的患者咖啡因和尼古丁的危险。他告诉他的门徒"咖啡是一种液体"，"对大多数人来说，适度吸烟是健康的"，他也没有警告他的患者不要过度用糖。毫无疑问，他是在吸收当时的医学建议，而不是提供超凡的真理，当时人们还没有完全认识到咖啡因、尼古丁和糖的危害。

他的成功率。他的大多数特定的预测最后被证明都是失败的。

杰斯·斯塔恩(Jess Stearn)是《埃德加·凯西：一个沉睡的先知》(*Edgar Cayce*, *the Sleeping Prophet*)①的作者，也是一名信徒。他认为凯西是"有史以来最有天赋的先知!"安德鲁·内尔让他的一个学生研究凯西的平均成功率，并发现了许多错误。凯西预测："到1936年，俄罗斯、美国、日本、英格兰或者英国将会解体;1936年将会发生战争和地轴的移动;1958年，人们将会发现一种能够使铁和石头漂浮的力量……希特勒将不会因为行使权力而被消灭;1968年或1969年，大西洋海平面将会再次上升;截至20世纪70年代中期，许多包括加利福尼亚和乔治亚南部的陆地将会消失……②"这些预测，都没有实现。

对凯西的评价特别有趣的是，他非常相信转世，而且确实声称自己能够回到历史的早期。他的催眠状态可以让生活在过去的一个实体进入到他的意识中。凯西表示，他是这种灵魂的唯一通道。这种催眠状态让凯西经历了17次轮回。

在《幸福永生：埃德加·凯西的多世》(*Many Happy Returns*: *The Lives of Edgar Cayce*)③一书中，丘奇(W. H. Church)指出，凯西在前世化身的日期记录中有严重差错。特别有趣的是，凯西声称该实体的埃及化身是在"拉塔(Ra Ta)"时代(凯西的解读资料5748-6号)。这本应该发生在公元前10500年，但丘奇指出，准确的日期在几种解读资料中是不同的。凯西认为，大金字塔的建造时间是从公元前10490年到公元前10390年，但是我们都知道，埃及金字塔的建

---

① Jess Steam, *Edgar Cayce*, *the Sleeping Prophet* (New York: Bantam, 1968).

② Neher, op. cit. , p. 160.

③ W. H. Church, *Many Happy Returns*: *The Lives of Edgar Cayce* (New York: Harper and Row, 1971).

造时间比这个要晚好几千年，所以如果凯西的历史日期是对的，那考古学的发现就是不对的。丘奇还发现了凯西的波斯周期存在一些困难，如"尤尔德"(Uhjltd)，一个游牧统治者。没有具体日期，似乎是公元前 8000 年至公元前 9000 年。但是在凯西的解读资料 1097 - 2 号和 3356 - 1 号中，波斯转世似乎是在摩西(Moses)时代(约公元前 1300 年)之后，比以色列人在巴比伦的流放时期(约公元前 600 年)要晚①。

在不同的解读材料中，还有其他按顺序给出的转世例子。凯西显然不清楚已知的历史记录，也不记得他以前说过什么，因此总是前后矛盾。尽管他的辩护人声称他是"真诚的"，但这却指出了他捏造事实和/或潜隐记忆。特别有趣的是在失落的大陆——亚特兰蒂斯的"爱米修斯"(Amicius)统治期间的转世化身。解读资料 364 - 3 号告诉我们，爱米修斯的统治是在印度罗摩时代之前的 100000 年，这指的是公元前 103000 年的转世。如果凯西是对的，那么在尼安德特人(Neanderthal Man)之前，他是一个生活在失落大陆上的有教养的人②。所以，我们可以合情合理地问，我们面对的是真实的历史还是纯粹的虚构？对于凯西的催眠状态，最合理的解释是，它们呈现了凯西的幻想，有意识或无意识地从他的想象中剥离出来，而不是回归到前世。但是，在提出这种解释的过程中，怀疑论者当然必须要小心，否则，他们可能会被超自然主义者指责为教条式揭穿(dogmatic debunking)。尽管这样，根据我们对转世和凯西自称是治疗师的详细研究，对于凯西超自然能力最有可能的解释是，如果它们真的发生

---

① W. H. Church, *Many Happy Returns: The Lives of Edgar Cayce* (New York: Harper and Row, 1971), p. 23.

② 同上，p. 35。

了,那将是自然的,凯西和他的追随者们都没能证明他具有超自然能力。

结论

我在本章试图阐述的是,假定一个超自然的领域是没有任何根据的。有些事情是我们当前肯定不知道的,也可能永远都不会知道。这些事物可能远远超出人类理解或探究的范围。但是,声称我们所遇到的超自然现象没有自然原因,或者声称这些原因是不可救药的"神秘"的,只不过是为我们的无知(ignorance)找了一个借口罢了。如果没有已知的原因,这就不允许我们将之归为一个隐藏的或神秘的原因或一个超验的来源。

我已经从使人类着迷的两个方面对此进行阐述:①人类灵魂及转世单独存在或先存在的可能性。我没有找到充足的证据或令人信服的理由,充分证明这种说法。②信仰治疗和其他"神奇治愈"的效果。如果人类生病了,疾病和死亡可能是由传染病、免疫失调、衰老和(或)事故造成的。如果心身疾病真的得到了治愈,那可能是由于安慰剂效应或其他心理影响的自然原因,而不是将其归因于神秘的心理作用或超自然力量。

怀疑论者唯一明智的方法是对这样的说法保持开放心态,认真调查那些所谓的现象,不断探究可能的因果因素,以便了解它们是如何发生的以及为什么发生。但这一过程与自然科学是完全一致的,它不涉及超出可观察现象的范围,也不涉及对自然宇宙之外现象的假设。

我也可能犯错误。也许对超自然声称的持续细致研究,将会揭开表明人类精神力量和超验实在的证据。如果这被证明是有科学原因的，它并不会使我的论点没有价值，那是客观的研究方法，包括怀疑论也是研究过程的一部分。无论在哪个领域，这些仍然是确立真理主张的最可靠的方法。

第七章 幻想与错觉

信念心理学

毫无疑问，人类总倾向利用批判性智识（critical intelligence）来理解自然并处理在自然中遇到的问题。如果要让社会运转并存续下去，那么很明显，我们需要认识自己所处的现实世界。不过就本性而言，我们除了能做出理性反应以外，还拥有许多与自身认知能力相悖的冲动、兴趣和需求。这些东西会给我们带来极大的诱惑，使我们欣然抛弃现实原则，转而接受明显虚假的事物。在我们的一生中，时不时就会有一些强烈的需求，促使我们将难以置信的东西认作真实的，甚至还要粉饰它，崇拜它。对于一个善于思考的人而言，怀疑论探究是十分重要的，同时这也是世上可靠知识的重要来源之一，世人若想好好生活，必离不开这些知识。尽管如此，很少有人能够始终坚持怀疑性思考。人们常常没有足够的时间来检验每一个所谓的真理，或者仔细地权衡其后果。甚至有很多人十分厌恶怀疑论探究，因为它可能会动摇他们的核心信仰与价值观，或者威胁其宗教前景。也许能够理性地过完一生的人只是少数中的少数，也许这只是一个虚无缥缈遥不可及的理想状态。对于大多数人而言，W. K. 克利福德、伯特兰·罗素以及 T. H. 赫胥黎所推崇的客观探究标准——悬搁对于证据不足的信念的判断，只接受那些已被证实无误的信念未免过于激进。事实上,轻信(credulity)和笃信(faith)常常左右着人类事物。

苏格拉底是历史上怀疑论探究的坚定支持者,因为他致力于质疑与定义思想,以求更加靠近真相。然而,由于挑战了雅典人不容置疑的习俗,他成了牺牲品。为什么轻信总是比反身怀疑论(reflective skepticism)更受欢迎呢? 这个问题困扰了许多怀疑论探索者。我认为,解决办法要到人类本性中寻找。要想理解我们是谁,我们不能去看大脑皮层,而是要看自己的下半身,去解开那错综复杂的网络。人类在这颗星球上已经繁衍了几百万年。在人类漫长的历史上,迷信和轻信四处泛滥,直到最近人们才掌握了怀疑论探究的能力。

客观方法乃是理想方法,一经使用,它便能产生强大的效应,但是我们大多数人都不愿广泛使用这一方法。人们觉得它具有威胁性,因为,它不允许我们沉浸在自己美妙的幻想中并把幻想当作现实。我们的历史文化生动地记述了许多时常发生的不可调和的冲突,它们广泛存在于怀疑论者与信徒之间、数学家和神秘主义者之间、逻辑学家和诗人之间、行动家和梦想家之间,以及宣扬怀疑论理性之理念的人与力求限制怀疑论理性之霸权的人之间。

文艺复兴、启蒙运动以及现代主义遭到了浪漫主义、神学基要主义以及后现代主义的排斥。我们可以很清楚地看到:人类既可以诉诸理性,也可以寄身于情感,但这两者都无法单独决定我们的生活方式。无论我们多么崇尚理性,在我们内心深处总有强大的力量会涌出来盖过它的影响力或者至少限制它对我们的影响。

要明白为何普天之下男男女女都会被错觉和幻想所诱惑,关键在于我们的内心。所谓认识宇宙的钥匙与人类命运紧密相连的信念,不过是一种假设性的自我欺骗,而这种自欺欺人深深扎根于我们的生物心理社会学的本性。我们应该弄清的不是神、轮回、永生或其他超自然现象是否存在，而是为什么人们有如此强烈的意愿去相信它们。我对当代世界极度盛行的各类非理性崇拜进行了详细的研究，并得出了一些惊人的结论：我曾在其他章节提出了"超验诱惑"这一概念，来解释超自然传说以及宗教神话，缘何经久不息且具有强大力量。但这又密切地牵涉到人类心理中其他令人疑惑的特征。

关于人类的第一个惊人事实：一种信仰即便不是真实的，也会被人们接受。事实确乎如此，大多数为世代人所称颂，所坚守，甚至为之牺牲的信仰体系，很明显是虚假的。但是，它们的信徒，依然坚信不疑且充满了热忱。信徒们其实不知道这些信仰体系是虚假的。他们坚信自己的信仰是真实的，只是其真实价值尚未得到证据的证实。在人类历史上，人们信奉过的时尚与谬论、错觉与幻想实在是数不胜数，它们已然构成了我们文化结构的重要部分。错误信仰体系的名单没有穷尽：占星术、颅相学、飞碟学以及唯灵论；法西斯主义以及自由放任主义；庸医术和江湖骗术；南海泡沫与投机狂热。我们富有创造性的工作与娱乐建造了一座座沙滩城堡，正是它们构成了人类文化。它们同时是丰富想象力与对其他世界的极端向往的产物。人类文明的网络既包含了人类为精准了解和应对世界所发展出的巧妙方法，又囊括了那些自欺欺人的权宜之计和障眼法。

这里的要点在于，我们的信仰并不只是意识的认知状态，同时也并非基于经过仔细检验的真相。求生时对指路明灯的渴望，远远盖过了检视明灯所必需的高度耐心与严谨程序。为了满足自己热切的需要，我们可以欣然地放弃客观性。作为一种行为形式，信仰中掺杂了情感、欲望、恐惧以及渴望。一套信仰体系无论多么虚假，都可以融合并定义一种生活方式。经整理成典并制度化后，它就变成了一种社会文化性的控制形式,可以在它的倡导者与世长辞后继续生生不息地存在下去。它可以牢牢嵌入人类的习惯和风俗之中,甚至拥有了自己的生命轨迹。我们都被困在了文化遗产的罗网之中,那些根深蒂固的人类信仰体系,往往都建立在不可靠的基础之上,即便如此,在实际操作中,在这些虚假基础上建立起来的上层建筑,以及从中衍生的经典文献和行为仪式,却可能拥有真实性。但同时它们的基本前提是虚假的,甚至是具有欺诈性的。在观察和解读它们时,我们必须戴上有色眼镜,但这么做只会扭曲我们对人类欲望的真实认知。

这类信仰体系之中,仍会点缀一些真理的碎片,它们融于现实又游离现实,偶尔还会触及经验世界。但是,它们往往都是人类满溢的欲望和利益的投影。我们所相信的世界,常常只是我们内心独白的演绎。因此,我们对现实的看法,只是观察者眼中的一己之见。虽然对人类信仰的这种分析有消极怀疑论的嫌疑,但我觉得,在很大程度上,它能够解释人类文化中的主要制度以及我们的宗教体系、政治体系、伦理体系以及法律体系。这些制度界定了规范行为,并规定了信仰和行为。我们所恪守的信仰,并没有忠实地描绘我们所处的文化之外的自然世界,我们用以表达自我的语言模式,我们的审美隐喻,或是我们珍视的价值。在规范文化信仰这一领域中,我们不只是讨论描述性真理本身,还要理清我们应如何生活;这些信仰本质上确认了人类自身的努力。谈到对宇宙的认识时,主流信仰体系和超自然体系的真理宣称都被误解了。它们只是人类的建构。也只在人类世界中,它们才真正有意义。有人会问,我们有没有某种客观的参考模式可以用来检验规范性宣称,还是说只能陷入彻底怀疑论? 我们有没有可能过上完全合理的生活? 我想说明的是,世上并没有纯粹的科学。科学本身也是一种规范的行为模式,它恪守着固定的调查和行动方法。关于规范性信仰的讨论,我会在本书的第四部分展开讨论。

在本章中,我会着重检验那些明确声称自己是真理的关于世界的信仰。尽管这些声称对接的是我们的其他行为方式,但是它们至少要以一些事实基础作为支撑。正如我曾指出的,我认为我们有一个可靠知识的基础,这个基础参照现实世界进行了实验性检验。同科学方法相比,其他的方法都是不可靠的。人类总倾向忽视那些质疑他们珍爱信仰体系的反面证据。

让我们重点看一下占星术,也许相信占星术的人比相信其他信仰的人都要多,尽管占星术的几种他择性系统(西方版、中国版和印度版)是相互矛盾的,而且天文学、生物学和心理学也已经充分否定了占星术的大前提。占星类信仰的起源,可追溯到几千年以前的古巴比伦和古埃及。西方世界中,占星术首次编纂成典是在公元 2 世纪,当时的托勒密编写了《占星四书》。后来尽管遭遇了哥白尼革命和现代天文学的发展,但它依然在大体上保持了原样。占星术的古典体系假定,地球为宇宙的中心,而其他行星,太阳和月亮则在这宇宙中穿行。占星术士基于一个人出生时间地点给出的预言,能够告诉我们当时的天体所在位置。据说占星术士能够解读天象,并由此分析出一个人的心理和生理特质,以及他未来的命运。

在此,我并不打算对占星术进行详细的科学评判。我只想指出,对占星术最为详尽的检验证明了它的假说都是虚假的[①]。占星术士

[①] 关于批评占星术的文章,参见 Geoffrey Dean, "Does Astrology Need to be True?" Parts Ⅰ and Ⅱ, *Skeptical Inquirer*, Winter 1986 — 87 and Spring 1987. 也可见 Roger Culver and Philip A. Ianna, *Astrology: True or False*? (Buffalo, N. Y.: Prometheus Books, 1988)。

既不能准确地描述一个人的性格特质，也不能预言哪些行为是吉利的或不祥的。占星术士一度在统治者和皇帝的宫廷中扮演了强大的角色，他们声称能够解读征兆，预言开启战争的吉时，并指导国家政策。尽管今非昔比，但他们依然对公众意识有着强大的影响。有相当多的通俗文学推动着占星术的发展。在科技时代，我们必须承认一个令人遗憾的事实，那就是占星术士的人数超过了天文学家的人数。不幸的是，有些占星术的声称是不可证伪的。但是在那些可检验的部分中，它们无一例外地被证明是假的。怀疑论科学家揭穿占星术的努力遭遇了很大的阻力，这阻力不仅来自占星术士，还来自某些认为怀疑论者"心胸狭窄"且"自以为是"的科学家。尽管如此，那些不懈地去证实太阳星座占星术与星相解读的尝试仍不断地以失败告终。尽管有以上的科学批判，社会广大公众仍然对占星术十分着迷，并接受其大部分未经检验的声称。

导致这一现象的其中一个原因是人类行为的另一准则，也即占星术和其他超自然现象的真相，存在于观察者眼中。换言之，所谓真相是被人的成见、偏好、偏见和个人理解主观性地证实的，而不是通过客观的对外部世界求证得以证实的。有时候我称之为"扯袜子原则"（stretched-sock principle）。一个人今天买好的袜子，可以被拉扯到适合任意尺寸。类似的，占星术读物都可以自我校验，并且每个听闻它们的人都会认定它们是真的，这同样适用于"通灵类读物"。

俄勒冈大学心理学家雷·海曼（Heiman）教授，曾就"冷读术"[①]（cold reading）发表了独到的见解。他证实，特定的心理学因素

[①] Ray Hyman, "'Cold Reading': How to Covince Strangers That You Know All About Them," *Zetetic (Skeptical Inquirer)*, Spring/Summer 1977.

有可能诱使人们对通灵类读物信以为真。他发明了一种"堆砌解读术"(stock readings)①,并声称任何人都可以掌握。整个大学生涯,海曼都在以自己的方式看手相。被他看了手相的人都给予了正面的反馈,这令他印象深刻。一位友好的持怀疑态度的评论家建议海曼,对自己的手相解读规则做一些修改,把解读规则反过来解释手相。他确实这么做了,并且很惊讶地发现,他依然得到了那些被看手相的人的正面肯定。由此,他证明了冷读术的力量,这种力量在权威的光环中尤为强大。

冷读术不同于"热读术"(hot reading),即基于事先对一个人的了解的解读。这些了解都是通过秘密调查获得的。在这种情况下,利用这些事先了解的情报显然是一种欺诈行为。与此相反,冷读术则更多的是临场发挥。对于解读者而言,面前的人是完全陌生的。但是,通常冷读术的效果非常好,因为解读者给出的描述十分宽泛,可以套用到任何人身上。举个例子,很多或者大多数人都承认以下内容适用于他们:

> 你的好意总是被误解。你想交一些真朋友,但有时你觉得要找到一个能够完全信任的人会很困难。尽管你常常帮助别人,却没得到应有的感激。

同理,一个高明的冷读者可以对一个人的未来做笼统的预测,其中某些可能真的会实现,毕竟人类行为本身具有这样那样的可能性。

---

① 堆砌多种可能性,总有适合的,有时被看的人会自己对号入座,而肯定看得准,类似于"以多取胜"技术。——译者注

在解读的过程中,冷读者经常会通过观察行为、面部表情和其他视觉线索来帮助自己进行预测:

> 我能看到未来一年中会有人要去医院,要么是你,要么是你的亲朋好友。(两者可能性相等。)
>
> 你正为一个深爱的人而悲伤。(如果一个身着黑衣的女人出现,你可能会据此推测她家中将有亲人离世。)

若非如此,冷读者还可以做一个可能性较大的预测:

> 未来一年中你身边会有人离世。(唉,几乎每个人都有这种遭遇。)

或者冷读者还会说:

> 你经济上有问题。(敢问谁没有?)
>
> 我看到你的工作给你带来了压力和混乱。(大多数人都是这样。)
>
> 我看到你近期有桃花运。(假如这个人确实单身,希望这个人能主动寻找成功的机会,并使预言成真。)

下面再提一个特别有效的例子:

> 我看到了字母 M。你知道这暗指谁吗?是迈克尔、玛格丽特,还是玛丽?("是我妈妈!"之前,我做冷读术的时候,曾经有

人这么跟我说。)

从以上的预言中,主人公会努力挑选一些他所认为的占星术士或通灵解读人已准确描绘的部分。或者还有一种是自我实现的预言,其中提到的内容会帮助实现这一预言,从而愿望会最终成真。因此,尽管那些给出解读的人没有任何通灵能力,但事后人们仍会把这种能力赋予他们。这种文饰行为在那些倾向相信占星术或通灵现象的人身上尤为常见,他们总是竭尽全力地为他们未经检验的信仰体系辩解。占星术中纷繁复杂的宫位体系和行星构型,只会增加它的神秘性,并激起信徒的热情去证实其预言。

这一原则的另一生动表现是一种通过选择性验证来证实一个现有信仰体系的欲望。如果你一贯就有自己的信仰体系,你就会通过忽略不利证据强调有利数据,来刻意证明自己的信仰。这个体系之所以正确无误,只是因为你相信它,并且你倾向选择一些事实来支撑它,从而强化你的信仰;而另一方面,你又会轻易地忽视那些有可能弱化你信仰的事实。

其中的原因在于,信仰体系是一种精神稳定剂,它能给我们的生活提供意义、方向和体系。我们遇到的所有事情都要经过信仰的过滤,并在体系中找到合宜的位置。对立的证据(contrary evidence)必须搁置,否则可能引起不稳定乃至混乱。因此,为了保护信仰体系,批判性证据的标准一直被忽视。除非有一个新的体系能够取代旧的,否则动摇现有体系无异于摧残人的理智。在历史上确实有某些旧的信仰体系崩溃了,但是新的体系又很快取代了它们。由此,信仰体系给个人和文化提供了一个源远流长、意义丰富的整体建筑。即便它们本身不是真实的,人们依旧接受它们,因为它们给我们带来了

有序(order)而不是无序(disorder)，显然从心理上讲，它起到了重大
作用。

　　所以，占星术信仰体系给无数人带去了慰藉，他们相信自己的命
运与宇宙相关，且他们的出生时间地点与行星构型相关。在这种魔
幻的想象中，人们还能找到一丝安慰。

　　第三种"相信意愿"的表现是，在某些情况下，人们会忽略或者不
采信任何对立证据——有一些预言对于核心信仰(core beliefs)是十
分重要的，因而对于它们的证伪很可能会削弱人们对信仰的信任，但
人们一样会忽略这类证据。费斯汀格(Festinger)、里肯(Riecken)和
沙赫特(Schachter)在他们的著作《当预言失败时》①中研究过一些现
代人群，他们相信，末日审判将会降临人间，世界将不日终结，这一预
言基于《圣经》中的内容。预言中的事件并没有发生，证明他们的信
仰是假的，但这非但没有影响他们的虔诚，反而增强了他们的信念。
随着时间的继续推移，那些虔诚的信徒，自相矛盾地不断提出临时的
说法，使错误的预言合理化。这种行为是异常的吗？是一群迷失方
向的人所特有的古怪想法吗？不是。因为，历史上这样的例子太多
了。毕竟，耶稣在他所处的时代预言了世界的终结，而宣扬世界末日
和救世主的领导人又不断向子孙后代重申了这一点。19世纪美国
的米勒派(Millerites)就是一个极能说明问题的例子，这个邪教组织
(religious cult)在1844年做了同样的末日预言。米勒预言了世界的
终结。当预言没有按时出现时，他"更正"了他原定的日期。末日第
二次"失约"时，他自己也不再抱有幻想了。很多预言都是模糊笼统

---

① Leon Festinger, Henry W. Riecken, and Stanley Schachter, *When Prophecy Fails: A Social and Psychological Study of Modern Groups That Predict the Destruction of the World* (New York: Harper and Row, 1956).

的,但这个例子中的预言是十分具体的,当预言中的事件没有发生时,因此就很容易证明它是假的。不过,颇为矛盾的是,他的信徒竟不受影响地摆脱了困境,这也引发了一个新的运动,即所谓的基督复临安息日会(Seventh-Day Adventists),尽管面对一片嘘声,它依然发展壮大起来了。

费斯汀格、里肯和沙赫特发现,很多人经历了这种动摇信念的事情后,还能坚守他们的信仰。他们称,当一种信仰被"深信不疑"且"与行动相联系"时,这种情况尤为常见。为了时刻保持这种精神状态,这个信徒必须诚心诚意地信奉它,同时为了保持信奉的状态,他必须努力完成某种重大的行动。但是,最重要的是该信徒得到的社会支持,这能够让他经受住一切对其不利的反证以及来自怀疑者的嘲弄的批驳。有趣的是,这些负面证据似乎还让信仰焕发生机。甚至有的人会搬到一个新的地点,然后令自己确信救世主的第二次降临,尽管这次降临的时间又被推迟到了未来的某个新的时刻。

这种现象反反复复一直存在。在很长一段时间内,显然某种社会并没有实现它们给民众许下的承诺,但坚定的信徒们依然相信,他们的事业是正义的,并终将得到历史的证明。他们的信念只会愈发坚定。问题的关键在于,如果人的心中有其他强大的冲动和需要,那么他就会忽略一切证据,同时还会继续加强他的信念。怀疑论者说,对于明显虚假的信仰抱以坚定的信念是不理性的,但是,在人类历史上,这种事太多了,我们确实难以理解。

在人类行为中还有第四种心理倾向引起了我们的注意。我指的是在态度、观点、信仰和行为的形成过程中,易受暗示性作用的影响。有的人明显比其他人更容易接受暗示。同时还有部分极具号召力的人,可以对他人产生超乎寻常的影响,使得很多人心甘情愿地惟命是从,为其赴汤蹈火,乃至牺牲生命。托马斯·霍布斯发现,但凡人们能细细咀嚼那些领导者喂给他们的所谓奇迹,他们可能还会吐掉,但如果人们只是囫囵吞下,那他们就没有机会分析这些"奇迹"了。不过这还不单纯是"天真"或者"易骗"的问题,因为这种现象太普遍了。某种意义上讲,人类是一种易受暗示的物种。人类的大多数沟通和联系都依靠暗示,但是无疑,易受暗示性也有不同程度。

我们可以在实验室中证实,暗示发挥作用有多容易。如我在第六章中对催眠进行讨论时指出的,被催眠者也许不会进入一种特殊的"恍惚状态",但他们可能既受所谓的催眠师控制,也受意识形态或宗教上的先知所控制。易受暗示性乃是人类行为中极为普遍的一面,它定义了我们的文化和社会存在,同时它也如水泥般将我们紧紧连在一起。所谓"易受暗示性",可定义为一个人回应一种暗示性交流的倾向。这种回应牵涉到态度、观点、信仰或行为上的改变,并且,过程中不包含批判性的回应。在一本关于暗示的经典著作中,鲍里斯·塞德兹(Boris Sidis)将其定义为"对某种思想的入侵;会面对交流者或多或少的反对;最终被不加批判地接受;几乎自动被意识到。所谓易受暗示性,是指一种易于接受建议的奇特的思想状态"[1]。

有人认为,易受暗示性是有心理学和生物学基础的。约翰·F.舒梅克(John F. Schumaker)曾提出:易受暗示性可能在物种生存中提升了适应性,从而助其取得优势[2]。暗示允许人们超越现实和自身,释放他们的情绪,从传统中逃脱出来,保持社会的凝聚和稳定。

---

[1] Boris Sidis. *The Psychology of Suggestion*,1898 年首次出版,1973 年由亚诺出版社重印。

[2] 参见 John F. Schumaker, ed. T *Human Suggestibility: Advances in Theory, Research, and Application* (New York and London: Routledge, 1991). 特别参见第五章;也可参见 John F. Schumaker, *The Wings of Illusion* (Buffalo, N. Y. : Prometheus Books, 1990)。

舒梅克表示，易受暗示性在人类行为中随处可见，它几乎是全世界通用的。他甚至认为，所有文化中都存在易受暗示性，而且离开它，社会就会出现冲突和混乱。

从理性的怀疑论者的角度来看，易受暗示性带来了一个特殊的问题，因为它表明了不理性的行为是多么普遍：怀疑论目前陷入了一大窘境——人们不加批判地自动接受信仰，并且信仰可以在毫无逻辑和证明的基础上进行传递和分享。强调用证据支撑主张的现实原则已被随意弃置，尤其是在涉及基本的信仰承诺时。在实现我们的终极关怀——我们是谁？我们去往何处？——之时，人们是否极度需要秩序与和平？这能否解释人们接受信仰的强烈意愿？恐惧乃是一个绝佳的均衡器。它使得很多人为了强烈的需要以及对慰藉和希望的追求而倾覆了理性。在这种心理倾向风行的地方，对于认知审慎的要求就完全被湮没了。

第五个因素，可以形象地说明以上提到的每一个人类行为的特征：如果对某一激情有足够强大的兴趣，人们就会不惜做任何事情来满足这种兴趣。在此我指的是一种合理化原则——证据失效时，信仰可能会被强化。

在暗示过程中，我们的批判性思维似乎就"缺位"了。因此，暗示并不是感知或理性的结果。人们在不加理性考虑的情况下，被说服接受某一事物或采取某种行动。而在这么做的时候，他们会抑制自己的逻辑能力和批判能力。所以，整个判断流程就停止了。舒梅克将其理解为一种"分离式反应"（dissociative response）。现实被扭曲，要么是存在误解，要么是理解过程中存在高度片面性。他不再坚称颠覆我们的认知能力是一种不正常的现象，相反，他认为，这是文化和社会的重要方面，并且以微妙的方式运作着。权威人物指导并引导着信仰和行为,但整个文化也在利用奖赏与禁忌来维护并加强它所珍视的符号、隐喻、价值与信仰。神话正是通过暗示这一机制来适应文化,传递到后世,并不断地调整和增强。

就这点而言,魅力型领导者(charismatic leaders)或许扮演了一个重要的角色:他们可能会有意识地相信当前的正统信仰,并且就像其他人一样相信它们的真实性。但是在其他情况下,他们也可能正是虚假承诺的提供者,他们可能会有意识地说谎,耍花招,成为技艺高超的行骗者。其中的一个极端是那些追求权力、名望、财富的骗子,他们为达目的不择手段。他们始终戴着面具,只有私底下在他们最亲密的同伙面前,或者在自己的卧室里才会摘下面具。但是通常情况下,欺骗与自欺是同时存在的,他们最终会相信自己的雄辩口才与绝对正确。他们能够利用修辞以及说服的艺术,在成功取信于民众及亲密同伴的同时,也令自己深信不疑。这一点在强大帝国、辉煌王朝以及巨额财富的塑造者身上随处可见,那些白手起家的男男女女成为他们拥戴者心中的英雄,而他们也就真的因自己的力量而妄自尊大了。

要使暗示在更大规模上发挥作用,一群被动且顺从的听众是必不可少的。同时,还需要一位引人注目的人来担任魅力型领导者的角色以便他人跟从:亚历山大(Alexander)、伊丽莎白一世(Elizabeth I)、拿破仑(Napoleon)、林肯(Lincoln)。在超自然信仰横行的集市中,我还见证了各类小规模的暗示、轻易受骗、欺骗与自欺欺人。在这种环境中,有意和无意的欺骗时刻在上演。一个骗子可以哄骗一群易上当的人,因为他们只会被动地顺从他的强势要求。

但是,这些都是暗示在人类文化中比较极端的例子,我曾说过,易受暗示性在人类社会中是一种很常见的现象,具体可表现为:沉醉于教授学识之中的学生,被推销员兜售了保险的客户,被占星术士或通灵人看手相的顾客,对恋人神魂颠倒的人,被律师掌控的陪审团,以及被朋友和邻居影响甚至说服的普通人。

性情、倾向与欲望

目前为止,我只论及人类行为中的部分心理机制,它们会诱导我们放弃或逃避对现实的认知。不过,我们还可以从另外的角度来解读问题,这个角度就是"性情、倾向与欲望"。人类常常被强烈的欲望驱使,摒弃自己的判断力和理智,而去认同盛行的错误观点。这类倾向确实很普遍,可能在所有文化中都是如此。如果这样的话,就能够解释人类在近乎疯狂地追寻圣杯的过程中,为什么会甘愿放弃自己对世界的感知和认识,并甘愿丢弃真理。

了解未来的渴望

了解未来的渴望触及每个人的内心,有两种极端情况。第一种是对未知的恐惧以及因绝望而不断袭扰的悲观情绪,例如敌人已大军压境,随时会猛扑过来击溃我们;又或者敌人就在我们之中,预谋倾覆我们的价值观并摧毁我们。我们可能会担忧经济衰退或崩溃,疾病或死亡,地震或干旱。惊慌失措时,我们会极度想要知道明日将发生什么。另一种情况是,我们希望迎来更好的明天,我们要去实现各种各样的目标,拓宽自身的视野,完成设想的所有工作。我们希望经济繁荣,政治力量日益强大,还有新的领域等着我们去开拓,新的挑战等着我们去克服。所以,人类始终致力于探知未来,想要未卜先知,这也一直刺激着人类的好奇心。我们永远都处在十字路口。无论我们的情绪是积极还是消极,我们都想要探索前人未曾涉足的领域。因此,人类的意识总是聚焦于未来,努力去了解未来,去为未来做准备,甚至如果可能的话去塑造未来。

陷入爱情的人问:"如果我告诉她我爱她,她也会爱我吗? 还是说我的爱得不到回应?"

农民则在想:"今年的收成会更好吗?"或者"这次干旱什么时候是个头?"

投资者在心里算计:"明年股市是涨还是跌? 利率是高还是低?"

将军犹豫不决:"敌军究竟是要进攻还是后撤?"

母亲在想:"这次我女儿能不能通过律师资格考试? 还是说还得等下次再试呢?"

赌马的赌徒在想:"谁会得第一呢?"

这类预测只能适用于日常事务。如果我们要在世界上生活或生存下去,我们就需要预知未来。如果足够审慎,我们可以为预测获得最佳的证据支撑。我们能总结过去,我们也能预测未来。最可靠的办法就是了解正在起作用的因素。在此,我们的假说是概率性的。我们的行动以可靠知识为先决条件。我们之所以没法做出明智的判断,常常是因为没有充足的信息。碰到这种情况,审慎的人就不会轻易下结论。

但是,人类并不满足于这种状态。我们强烈地渴望预知未来。所以,我们会进行猜测。这种猜测,往往很大胆。我们可能会利用直觉,或者依照预感行事。有时这会非常成功。举个例子,一个人买彩票时选了一注号码,希望能中大奖,而他确实中了大奖。他孤注一掷,祈求下一轮骰子能摇出他的号码,他成功了! 幸运女神与他同在! 奇迹发生了!

为了迎合人心而进行预测的预言家和先知,大有人在。和过去一样,如今的算命先生、占星术士、灵媒、巫师、魔法师、风水先生,都声称能够通过法术预知未来。他们能够操纵符咒、护身符、水晶、内脏、手相、占星术、水晶球、茶叶以及塔罗牌来预测。每天都有大量的庸医和骗子,通过欺骗那些轻易上当的人谋生。

诺查丹玛斯(Nostradamus)就是一位这样的预言家。他于 1503 年出生于法国,是一名医生兼占星术士。他在 50 岁时出版了一本书,名叫《百诗集》(Centuries),里面全部是押韵的四行诗预言。尽管这些预言看似主要针对的是他所处的时代,但随后的几个世纪乃至今日,这些诗仍被沿用。他的预言高度概括且意义模糊,因而可以适用于任何时期。从下面这首四行诗中我们可见一斑。在第一章,诗六十中,写道:

> 帝王在意大利附近诞生,
>
> 他让帝国付出巨大代价。
>
> 那些他团结在麾下的人都说,
>
> 他更是屠夫,而不是王者。

这首四行诗说的是拿破仑(生于科西嘉岛,靠近意大利),希特勒(生于维也纳,靠近意大利),斐迪南二世(神圣罗马帝国皇帝)还是铁托(生于南斯拉夫)? 根据扯袜子原则,这四个统治者都符合条件。问题就在于,你打算把时间线扯到距离诺查丹玛斯生活和写作的年代多远[①]。

如今,宣称能够预测经济发展趋势的经济学家和财务顾问取代

---

① 欲了解对该预言家说法的辩证检验,可参见 James Randi, *The Mask, of Nostradamus* (New York: St. Martin's Press, 1990); 和 James Randi, "Nostradamus: The Prophet for All Seasons," *Skeptical Inquirer*, Fall 1984。

了这些古老的预言家和先知。在此,自我实现或自我毁灭的预言是可以自行证实的。如果人们相信股市会涨,他们就会抢着去买,这样股市的确会飞涨。相反,如果他们相信股市会跌,他们就会出于恐惧争着抛售股票,导致股市行情下行。但是,如果有足够的人能够坚持反向投资,那这种情况就不会发生。在所有的经济决策中,心理因素都至关重要。对于投资者而言,对未来的认知是无价之宝。有这么一个故事,讲的是为何伦敦的银行家族罗斯柴尔德(Rothschild)能够比其他人先知道拿破仑在滑铁卢之战的失败,因为他们雇佣了一批快递信使,把这个消息先传递给他们,这样,他们就能够先于大众来垄断伦敦股市,赚得盆满钵满。

政治分析家通过撰写一些国内政治或国际格局中可能发生的灾难事件,制造出他们最担心的状况。我绝对不是说我们无法对未来做出审慎的预测。我们经常可以做到这一点,我们的所有科学成果能够确保它成为可能。问题在于,愿望往往胜过现实,为了胜过其他人,人们可以听风就是雨,买进或者卖出常常只在一念之间。在这里,怀疑论被幻想之翼所阻挠,深远想象力一旦试图洞穿未来,则不可阻挡。

对健康的渴望

在人类的心中,尚有许多其他的强烈欲望在悸动,它们可以让一个人抛弃理性。对健康的欲望无疑是强有力的。医学科学使人类受益匪浅,延长我们的寿命,治愈我们的疾病,减轻我们的痛苦。然而,人们仍常常希冀从别处获得解药或灵丹妙药。为什么会有那么多人怀诺信仰疗法,轻信骗子的话呢? 一种说法是,当一个人身患绝症,科学医疗已挽救不了他的性命时,他便会尝试任何方法寻求缓解,至少使自己心理上有些慰藉。在这种情况下,任何一个巫医都能获取他的信任。当其他所有疗法都失败时，奄奄一息的病人就会绝望。他们会死马当活马医，会尝试任何不曾听过的疗法。他们总会抱有那么一丝痊愈的希望。有时心理因素的影响十分强大，安慰剂也可能产生奇迹般的治疗效果。

历史上的一个事件为此做了最好的注解。奥兰治王室的一位王子在 1625 年布雷达之围中，声称自己治愈了士兵们的坏血病①。这位王子给他的医生送去了两三个小药瓶，里面装有苦艾、甘菊以及樟脑混合制成的无害药水，并谎称这种药来自东方，有神奇的医学功效。他宣称它的药效十分强大，只要在一加仑的水里加上两三滴就可以治愈坏血病。这种药其实毫无价值，但是士兵们相信他们的领袖，在饮下药水后，他们据称都很快痊愈了。安慰剂并不总有效，尽管如此，世人仍会放下所有戒心，追求所谓的神奇疗法。对于某种疗法的信仰，无论多么牵强，总会有发挥疗效的时候，但前提是这个病的病根得出在心理上。如果这个病是生理上的或机体上的，恐怕就不会产生疗效。在第六章中，我们讲过信仰疗法的危害。

人类历史上，竭力找寻灵丹妙药的故事不胜枚举——从访求圣地仙人，到求助巫术、魔法甚至磁力。这些故事里包含了神秘药水和草药，脊柱按摩师和通灵外科，针灸和虹膜诊断，戴尼提（Dianetics）和神奇维生素，桃核和苦杏仁苷，生命力箱（orgone box）和樟脑包，还有热水澡和鸡汤。这些"灵药"里面有的可能药效不错，但大多数并没有什么效果。尽管如此，一旦出现性命之危，很多受苦之人还是会放弃一切客观手段。

---

① Charles Mackay, *Extraordinary Popular Delusions and the Madness of Crowds* (London, 1852).

有关炼金术的传奇故事，或许是人们追寻神秘魔法力量的最佳写照。上千年来，人们一直在苦苦追寻炼金术。其目标在于发现"哲人石"（philosopher's stone），它可以熔化一切贱金属，如铁、铅和铜，并将它们转化成金子。社会上形形色色的人物都加入到了这场追寻之中，即便是世上最伟大的哲学家和科学家也不例外。人们相信哲人石还可以治愈疾病并无限延长人的寿命。它是一块值得追寻的珍宝，因为它可以赐予人们健康和财富。众所周知，炼金术士们的努力最终付诸东流。尽管如此，这种追寻也有其积极的一面，因为它最终被化学所取代。化学没有炼金术雄心勃勃的目标，但其表述却经得起实证检验。

对于性满足的渴望

对所有动物来说，对性的热情都是一种强大的动力，人类也不例外。雄孔雀会抖动它带着豹猫般花纹的美丽羽毛，无比骄傲地展示给雌孔雀。雄孔雀那斑斓的金色和绿色羽毛都是用来吸引异性的。它昂首阔步，顾盼生姿，自命不凡地展示自己。人类也是一样，会耗费大量精力吸引性伴侣。在这场旷日持久的对性满足的追求中，我们常常会被激情冲昏头脑。理智会为腺体的悸动与荷尔蒙的奔涌所击溃。无数的十四行诗、韵文与信函，都记载了人们为追求倾慕对象所付出的种种努力。为争夺配偶而产生的竞争，为性愉悦而进行的斗争，以及强烈的繁殖冲动，始终激励着人类的行动。人的认识常常会被本我和对力比多（libido）的下意识追求所击败。弗洛伊德学派认为，性欲无论是有意识的还是无意识的，都是人类动机的最终裁决者，他们这种观点或许有夸张的成分。尽管如此，很多人确实会为了满足性愉悦的需要而不顾一切。性是一口深深的泉源，它引导着我们的行为，装点我们的信念与态度。有时，是否得到了性满足，可以在某种程度上决定我们是消极还是积极，是喜悦还是悲伤。我们的认知信念常常是我们性生活状态在发生作用。通过了解一个人是否为性生活困扰，还是享受其中，亦或是极度恐惧，我们就能很好地知道他的观点，比如他是一个怀疑论者还是幻想家。

对青春的追求

人类的另一强烈冲动就是永葆青春。所有人，无论男女，都害怕变老。历史上，无数人追寻能够返老还童、永葆青春的灵丹妙药。浮士德（Faust）与魔鬼摩菲斯特（Mephistopheles）定下契约，想要俘获玛甘蕾（Marguerite）的心，为此，他愿意出卖自己的灵魂。如今，工业的发展使得人们有望阻止年龄衰老给人体带来的破坏，并帮助人们看起来更加年轻，以满足其虚荣。化妆、整容、植发、特殊食谱以及其他药物，在这个推崇年轻的文化里大行其道。人们追随着那些承诺能够带给他们年轻体魄、充沛精力以及性能力的人。要保持健康和身材匀称，我们可以做很多事：锻炼、节食并减少压力。然而追求永葆青春仍是空想，尽管是一个很难拒绝的空想。

对财富的欲望

要说世界上最臭名昭著的骗局会出现在哪里，那一定是在追求金钱、财产与财富。毫无疑问，不同的文化中，这种追求的强度是不一样的。在某些社会里，财务顾问、银行家、企业经理、律师、房地产商和证券经纪人比比皆是，在社会体系中争夺他们的财富。每一天，都有上当受骗者帮助他们成功。

在此，我们不得不提到1711年著名的南海泡沫事件（South Sea bubble）。南海公司由第一牛津伯爵罗伯特·哈利（Robert Harley）创办。英国政府将南美洲沿岸的垄断经营权交给了这家公司。所有听说这份巨大财富的人，都想要购买这家公司和其他公司的股份。

至此，一阵投机狂热之风开始积蓄力量。人们将他们所有的资金都投入到了这项快速致富的事业上，谨慎被抛到脑后。不幸的是，当人们发现财富并没有快速增长时，他们怀着忐忑的心将股份全部抛售，于是泡沫旋即破灭。类似的投机狂热还出现在 17 世纪的荷兰，史称"郁金香狂热"（tulipomania）。郁金香在 17 世纪中叶被引入欧洲，很快，这些可爱的色彩斑斓的花朵，受到了阿姆斯特丹富人们的追捧。随着需求的上涨，郁金香的价格也一路走高。最终，市场饱和，价格骤降，人们损失惨重。同样的投机狂热以及随后的经济崩溃，在历史上屡见不鲜——贪婪总是能打败谨慎，人们依然会根据错误的建议进行投资。1929 年美国的股市大崩盘，19 世纪 20 年代的佛罗里达房地产崩盘，以及 19 世纪 80 年代投机性收购竞标，都生动说明了人们想要大赚一笔的冲动以及血本无归的风险。它说明了理性如何被贪婪取代，对财富的渴望又如何使人盆满钵满抑或血本无归。

人们都非常珍视金子、钻石以及其他的珍贵金属和石头，这不仅仅是因为它们的美丽，还因为它们"内在的价值"。但是，价值是社会交往、需求以及可获得性在共同起作用。价格取决于人们打算为商品或服务花多少钱，还取决于商品或服务的稀缺性以及需求的相对性。经济学家关于经济价值本质的争论由来已久。从根本上说，它到底是市场调节作用的产物，还是取决于凝结在其中的无差别人类劳动，还是某种性质的内在价值呢？对一个荒岛上口渴的男人而言，水的价值要比某个国家所有财富的价值还高，对于生活在多雨的西雅图的人而言，水却几乎没有价值。我当然不指望能在此解决这个问题。经济学家假设，完全理性的投资人、生产商以及消费者，皆基于个人利益审慎地进行决策。他们的理想模型能帮助他们解释并预测市场中的经济学行为。可惜，激情深深植根在人类身上，对财产和财富的渴求,以及对高调消费的欲望,很可能会碾压任何对真实需求的理性评估,并主导着其他一切考量。

对权力、名望和荣耀的渴望

对权力、名望和荣耀的渴望,令无数人展开了矢志不渝的追求,但是,这同样使他们丧失了批判思考的能力。将军和政治家,行业巨擘和金融巨头,科学家与学者,诗人与小说家,演员与歌手,无一例外地臣服在"金钱和成功"的神坛之下。他们常常不择手段地发展自己的事业与/或臭名。面对不达目的誓不罢休的野心,理性只能在混乱中匆忙败退。诚然,人与人之间的种种动机总是因人而异的。

有些人对积累财富没有兴趣,他们宁愿享受平静的喜悦,过着适度节制的生活。同理,有很多人对于控制他人没有任何兴趣。他们可能是被动的,更愿意服从他人的领导。他们不想争权夺利。也许只有很少一部分人会出于对权力的渴望,而不择手段地争取。渴望权力的暴君会不遗余力地打造军队,攻城掠地,建立大大小小的帝国。有些人渴望的并不是权力本身,而是权力的象征。

有些人并不追求统治他人的权力,他们只要名望或荣耀。他们希望得到他人的赞赏,想要变得有名,让自己的才华和成就得到他人的仰慕。名望和荣耀的来源有很多。对有的人来说,他们希望得到他人的爱,包括性爱,或者得到他人的认可和珍视;对其他人而言,他们希望以一个有创造性的天才形象受到他人吹捧,或者被人奉若神明。有意思的是,成为社会名流的追求永远不会满足,对吹捧的需求也永远没有尽头。一旦受到吹捧或称赞,他们的心跳就会加速。对某些人而言,社会赞许并非他们所求,他们要的只是为人所知。他们可以臭名昭著,成为过街老鼠,却不能忍受藉藉无名。他们唯一的需求就是自己的名字不会被人写错。

与追求权力的人相反,有的人怨恨成就,因为他们自己没有任何成就,并且/或者不能实现伟大的成就。尼采(Nietzsche)不屑地称之为"羊群心态"(herd mentality)。弱者恐惧并反对强者,为此他们集聚起来,保护自己免受后者的伤害。与怨恨紧密相连的是对成功者的财产与成就的嫉妒和羡慕,包括他们的美貌和荣华。这种激情可能会颠覆理性,使一个人淹没在偏见与仇恨之中。如果这些人易受他人影响,或者他们的领导充满个人魅力,那么他们可能会顺从地退缩乃至阿谀奉承;或者如果他们没有办法达成自己的成就,那么他们会转而毁掉他人的胜利果实①。

与怨恨对立的是骄傲,一种与权力、野心、名声以及成就相关的品质。有些人会拒绝相信任何违背甚至侵犯其骄傲的事物。权力和顺从,荣耀与羞怯,骄傲与怨恨之间,存在一场永恒的战争。勇于开创的人坚持不懈地追求更高的高度,而他们的奇思妙想又不断推动他们前进。神秘主义者只会退缩到被动的顺从之中,隐藏起他们的进取心苟且偷生。勇于创新的人在开疆扩土,神秘主义者却在故步自封。前者敢于挑战神祇,后者在对神灵的畏惧中颤抖。他们要么欣然臣服于开拓创新的领导者,要么在怨恨、憎恶与暴怒中起来反抗。

攻击行为的冲动

人类行为中另一种强劲的冲动,乃是攻击(aggression)。有些作家,比如康拉德·洛伦兹(Konrad Lorenz),认为攻击行为是一种生理本能,也是其在人类历史上屡见不鲜的原因。他认为,攻击行为是有

---

① Robert Sheaffer, *Resniment Against Achievement* (Buffalo, N. Y,: Prometheus Books, 1988).

遗传学依据的，在进化过程中发挥了重要的作用。并且，其他动物也有这种本能①。令人吃惊的是，攻击行为不仅是不同物种间的捕食者为了生存而针对猎物的斗争，有时也针对同一物种的其他成员。搏斗，乃至杀戮的本性，最直接地体现在任意物种中雄性为争夺雌性交配权的斗争。公牛会进行惨烈的搏斗，直到胜出的那一头公牛将牛群中所有的竞争者赶走，如此它便能吸引母牛并获得后代。无数其他的物种，小到金鱼，大到大猩猩，都存在这种现象。洛伦兹猜测，这能使物种延续下去，并把最强大的、最具适应性的基因流传下去。这也适用于人类物种，对抗不仅局限于个体之间，还出现在部落或民族国家之间。

洛伦兹相信，这能够解释人类社会互相征伐，并战斗至死的倾向。他评论说，我们就是裸猿（naked apes），我们的所有倾向都扎根于求生的本能之中。他相信攻击的本能表现在很多方面：对政治和经济力量的争夺，以及对名望、荣耀和财富的追求。他说，竞技运动是一种将这些破坏性的力量释放出来的健康方式。在运动中我们只求赢得比赛，而不会伤害对手的身体。胜利只是象征性的，不是真实的击倒。参赛者可以在竞争中释放天性，观赛者也能与自己的主队一同经历悲喜。对于屠杀原始部落的嗜血军队的赞扬，此刻落在比试耐力的运动冠军身上。洛伦兹是对的吗？换句话说，暴力攻击和赢得竞争的欲望只是人类文化的产物，而且是可以被理性压制的吗？能否被压制当然还要取决于当时的社会条件，以及占据统治地位的伦理道德水平。

对于财富和权力，骄傲和怨恨，性支配和臣服的追求，是否有单

---

① Konrad Lorenz, *On Aggression* (New York: Harcourt, 1966).

一的解释？问题的关键在于攻击的本能，还是说如弗洛伊德所言，在于我们的力比多之中？很多人都倾向简单化解读，但是很明显，不管根源是什么，激发人类动机的总是一系列多元化的人类激情和利益，并且很难确定潜藏在多种情感下的单一动机。尽管如此，有一点是肯定的，那就是它们全部都在颠覆理性。

纽带：亲属关系

与攻击行为紧密相关的是我们保护自己血亲的天性。夫妻之间、亲子之间、兄弟姐妹之间都有对彼此的爱，同一家族或部落的成员之间也有着密切的联系。我们背负着与家族成员联结的道德义务，而这种联系比任何其他关系都要强大。我们追求的并不是个人的财富、权力、健康或者性满足，我们只是想保证家族的延续。在王朝与王国的建立过程中，这一点表现得淋漓尽致。但是，这也意味着男男女女都要建立亲密的关系。理性如果与家庭的爱、孝道、兄弟情义或叔伯之责相悖，也必须要让步。

民族忠诚与沙文主义

对族群忠诚，就是把对个人的亲密关系延伸到同一部落、民族或种族的所有成员的行为，尤其在抵御外敌入侵时最为明显。在此，我讨论的是民族忠诚、种族忠诚以及国家忠诚。人们与自己同类集会并交往，似乎是一种根深蒂固的情愫。这种倾向使同一族群的人们互相合作，拥有共同的价值观，建立共同的目标。可是，它也会带来分裂。隔离主义（separatism）既源于语言文化差异，也与血缘关系有关。如果任其发展，它可能会引起我们对陌生人的仇恨，进而导致压迫、残酷的暴力，甚至对不同肤色、不同民族、不同信仰、不同语言或不同习俗的人的杀戮。随着地球上孤立的生存圈逐渐被打破，不同民族和种族的人类开始了大规模的交往与联姻，偏见能否消失，我们又能否忽视外表上的差异呢？意识形态和政治纲领往往会利用民族和种族差异做文章，这样便能唤起无端的仇恨——如纳粹德国和隔离主义的南非所发生的情况。利用反犹主义或种族歧视煽风点火，就能唤醒丑恶的仇恨。这只是出于亲近同类，而厌恶并恐惧陌生事物的天性吗？它能否被克服？

面对死亡

我们要考虑的最后一个强大的情感，就是对死亡的恐惧，这是所有人共同拥有的不变情感。就目前而言，人类似乎是唯一能感受到死亡临近的动物，尽管大多数人很难接受这个现实。人类极端恐惧死亡——自己的死亡，爱人的离世，朋友或可敬领导者的与世长辞，所以他们会编出自我安慰的故事以求对抗死亡。死亡常常不期而至，残忍而无情地屠戮人类的全部理想与抱负，人类又有什么办法呢？死亡不仅会降临在年老体衰的人身上（他们已经走完一生），还会带走年轻美丽的生命，哪怕看起来没有章法和理由。正是意识到人类的限度，所以男男女女不顾一切地发明了一个又一个逃避死亡的方法。通过抗拒死亡，他们试图使自己幸免于对未知的恐惧和黑暗的吞噬。他们发明了被唤作父或母的保护神，来拯救自己免于坠入深渊。这样做可谓一举两得——既可以将我们深爱的人从灰飞烟灭中拯救出来，还能够满足我们身后与故人欢聚乃至永享天堂之乐的欲望。

如果说人的一生只在弹指一挥间，那么生命就没有了意义。于是，人们拒绝接受死亡的事实，他们渴望人死后还有另一个超验的世界。富有创造性的想象力开始往这股热情中注入符号和隐喻，随后这些符号和隐喻拥有了自己的生命，并且得到了人们无条件的信仰，怀疑论者要求看到客观的事实真相。信徒则嘲笑他们，因为他们自身渴望的并不是事实真相,而是慰藉,只有慰藉能帮助他们通过精心设计的理论解释来颠覆理性:关于生命的意义(meaning of life)这个问题,我们可以通过拒绝死亡和实现自身的永生来解决。

因此,科学、哲学和怀疑论质疑在面对心理层面以及存在层面的欲求时几乎不值一提。重点并不是它们是否存在。无论如何,有些人就是需要神秘的或超自然的信仰。正是对它们的需要、渴求和欲望,使它们最终成真。

我们离开神话就无法生活?

在人类的意识中,实在原则是否过于强大,导致人们不得不创造谎言来使世界正常运转?如果我们要生存下去,是否必须允许某种程度上的欺骗,甚至"疯癫"?是否有的时候,我们应该与现实世界脱节,乃至有意地认知失调?为了保证正常的心理机能并维持理智,错觉与幻想是否至关重要?

以上的问题都很棘手,并且不存在简单的答案。但是,人类文明史已经有力地表明,几乎没有文明可以脱离神话而存在,并且神话在人类行为中有着机能性作用。这也就隐含着一个悖论,离开了错觉与幻想,人就会变得癫狂。我也不愿承认这一点,但是人类的非理性一直顽强地存在着,实在令人费解。作为一个长期身陷超自然信仰、崇拜论者以及宗教信仰研究泥潭的怀疑探索者,也许我对人类信仰的总体状况有些曲解。另一方面,我发现非理性信仰不一定都是偏差反常,相反,鉴于其普遍存在,它可能恰恰是通则。这或许能部分解释为什么原本理性的或者高智商的人总是欺骗自己,并且为了其他诱惑而甘愿放弃真理。

为了更加精确地定义术语,我们有必要区分自我欺骗的各种形式：幻觉、谬见、错觉、幻想以及神话。

很多人都受到幻觉的困扰。他们没法正常地生活。他们的行为就像精神病。所谓幻觉是一种主观体验，他人无法体会。拥有幻觉的人声称自己能感受到真实存在的刺激，但实际上那只是他们的想象，其他人没法感知到任何所谓的刺激。幻觉导致的想法或体验完全是主观的，是想象中的虚构事物。产生幻觉的人是迷失的，与社会现实和自然存在相脱节。举一个比较形象的例子：有人认为，自己是腓特烈大帝（Frederick the Great）或者玛丽·安托瓦内特（Marie Antoinette），并且按照这种幻觉行事。还可以看看身患精神分裂症的人，感受一下躁郁症患者的情绪波动，情形大抵就是如此。这些人常常无法正常生活，完全脱离了现实。这种行为也被精神病学家称为"精神错乱"。

与幻觉相反，错觉有部分根源来自经验世界，正是这部分触发了反应。但是，这部分外界刺激受到了误解。所谓错觉，是指一个人感受到了某种刺激，并相信它实际存在，而不是想象。在这种情况下，外界的观察者也能感知到这一刺激，同时他们也能够证明该刺激受到了误解。举个例子，人们把月亮上的暗点解读为人脸（月中人），把灌木丛中的日光解读为天使，把暗影解读为鬼魂，或者把某个人认作一个比他/她本人伟大得多的英雄。这就像是海市蜃楼（在无边的沙漠中赫然出现了一座绿洲）。

谬见就夹在幻觉和错觉中间。谬见不仅会影响个人，还会波及群体。整个社会或文化可能会持有同一个谬见。谬见是错误的观念、错误的见解或者习惯性误解。但是人们还是坚信这种观念是对的。从精神病学角度来说，谬见在妄想症中也很常见，比如妄自尊大。在词典中，谬见是比错觉语气更重的词，因为它意味着一个人有意识地被欺骗或误导了。谬见还隐含事物本身拥有的某些属性，这些属性被认为是真实的，但实际上并不是。个人的谬见可能十分怪异，完全没有得到社会认可。谬见有可能被一个人深信不疑，哪怕其他所有人都不信，他也绝不动摇。谬见可能源于认知缺陷（cognitive deficit），比如逻辑分析能力缺失，或者信息处理出现错误。如果谬见在个体的一生中过于突出，它可能会（像幻觉那样）妨碍社会运转、个人工作以及与他人的交往。个人的谬见会遭到他人的否认，因为人们不相信他的说法。所以这种谬见是不合情理的，但是这个人似乎仍深信不疑①。

　　幻觉牵涉到个人的某些生理或心理疾病，但谬见则不同，流行的谬见可能会得到很多人的认同，这些人倒不是看错了眼前的东西，只是对他们看到的产生了误解，并把自己的信念建立在误解之上。没人能理解幻觉产生体验，但古往今来这种荒谬的信仰体系在各个文化社会中都屡见不鲜。诚然，无论是个人还是社会，都会形成对某种信仰体系的顶礼膜拜，尤其是当整个社会都趋之若鹜的时候。再举个例子，在中世纪的时候，大家都相信女巫的存在。这个信仰体系太强大，以至于无数的无辜女性都被认定为邪恶的女巫，并被处以火刑。类似的，纳粹认为犹太人控制了世界。这种观点的基础，是关于种族优劣的学说。荒谬的信仰也不一定都是消极负面的。比如说，可能有一种文化认为和平主义是公民美德，于是不顾一切地维护它，哪怕证据表明，这与最近敌人可能发起的侵略相冲突。基要主义信仰也是与现实世界脱节的，它同样带有荒谬的信仰的色彩。这种阴

① Thomas F. Octmanns and Vrendan A. Mather, eds., *Delusional Beliefs* (New York: John Wiley, 1988).

谋论心理会将整个群体煽动起来对抗世界。所有拒绝这一信仰体系的人，都会遭人唾弃，甚至被认定为邪恶的罪人。类似的情况还包括历史上横扫整个国家的投机热和战争潮。

错觉相对比较温和，并且较少出现精神错乱的症状。它可能完全是个人化的，也可能完全是社会化的。我们有充分理由说明，幻觉和荒谬的信仰体系从群体的角度来说，与整个世界是脱节的，并且它们从根本上就是不正常的，尤其是当个人与社会发生冲突时。然而，有证据表明，没有人能够独立于错觉而生活，尽管基于这些错觉的信念在他们看来远比证据重要。

我们有没有可能按照怀疑论者的方式那样生活？那就意味着利用证据去检验每一种说法，在某一观点缺乏充分基础的情况下悬搁判断，只接受通过可靠知识检验的观点。答案就是这是一种理想判据，但只要有可能我们就应该努力达到，当然，我们并不指望每个人都能做到。诚然，有些错觉可能是具有疗效的，对于健康生活十分重要。换句话说，把每一种错觉都打破不一定是明智的，因为这样做可能会损害他人对生活的信念、投入与动力。

因此，男人都愿意相信他的妻子是世界上最美的女人。他深深地爱着她，他们的关系符合规范。不要试图说服他，说他的妻子相貌平平，这非常不可取。如果说情人眼里出西施，那么让他擦亮他的眼睛看清楚，恐怕不是明智之举吧？苛刻的怀疑论者会回应说：是。但是怀疑论就必须永远向事实妥协吗？还是说生活中尚可以有其他的利益点，比如对和睦的需要？生活中有些事并不那么重要，你完全可以选择撒一个善意的谎。假设一位女性朋友花了一天时间，为你特别制作了一道点心，比如说舒芙蕾，你尝了尝，感觉味道很差，那你是不是要直率地告诉她："真难吃，呕！"还是说你会给她留点面子，让她相信自己是一位拥有高超厨艺的法国大厨？我们假设这位朋友刚刚离了婚（她的丈夫因为她长相平凡、个子不高、身材肥胖而离开了她）。此后她一直深陷绝望之中，直到有一天她在夜校爱上了烹饪。现在，她有了新的兴趣爱好：法餐。我们不该鼓励她继续这项新发现且充满创意的活动吗？你可以把批评的部分用评价的方式做个缓冲，比如说"嗯！挺不错的！就是有点太甜了。"或者"你做的这道点心我真的很喜欢，不过我其实不太爱吃舒芙蕾。"意思就是，希望她能继续相信自己是个好的主厨，把这项爱好坚持下去，只是下回可以考虑做点别的。不管怎样，毫不掩饰地说出真相，肯定会带来灾难性的后果。如果你告诉她，舒芙蕾做得很难吃，她可能会泪如雨下："我太差劲了，一无是处！"然后放弃刚刚培养的烹饪爱好。

　　类似的问题还出现在对学生的表扬中。学生都渴望得到老师的褒奖，而他们的兴趣和动机取决于他们的成绩。你会怎么跟你的学生说？是"你真蠢"，还是"你资质平庸"，抑或是"你一点用都没有，我看你还是辍学捡垃圾去吧"？这是一个很尖锐的问题：如果一个人对自己和自身能力拥有了与事实相左的错误认知，这种错觉会对他的人生产生什么影响？在这种情况下，有人可能会说，这种错觉对于人生而言是必要的。如果人们真的相信他们没有资质，就可能会觉得自己毫无价值，并放弃斗争。生活就是不断地克服困难，因此有志者事竟成这样的信念是不可或缺的。若要相信某些人就是无能的，那他们可能真的就会变得无能，因为他们甚至放弃了开始，认为这不过是没有希望的困兽之斗罢了。

　　同理，如果我们残酷而现实地评价当下的社会风气，即只有少部分人能够成功，那么人们可能会相信，要经过艰难而漫长的斗争才能达到自己的目标，并且成功的希望十分渺茫。他们会不会接受这种现实原则从而放弃一切努力呢？生活充满了梦想与抱负，其中很多都是徒劳和虚幻的。还有很多根本不可能实现。让现实压垮理想，就意味着他们真的没有了实现梦想的可能。生活充满了不可能的梦想，有的梦想成真了，那是因为这个人坚持不懈，下定决心，从而将不可能变为可能。如果人们粉碎了所有的梦想与错觉，打击了自己的信心以及对生活的热情，他们会面对什么呢？恐怕只能在绝望中忧郁而终，或者借酒浇愁了。

我们每天都能看到很多自我欺骗的案例：比如在男权社会里，出现了第一位想要去医学院学习并成为医生的女性，虽然她会被拒绝入学和毕业。在当时，一份现实的评估可能会促使她放弃自己的决定。再看史蒂芬·霍金（Stephen Hawking），尽管罹患衰竭性疾病，这位物理学家依然在世界上青史留名。或者还有人相信，自己会成为伟大的小说家，并为之奋斗终生，尽管他只会写乏味的作品。也许他根本不该写作，但如果不试试，他就会失去对生命的渴望。

这么说，一些错觉，至少个人自身的错觉，就不合理了吗？对于所有错觉的揭露，可能意味着生活中所有意义与努力的破灭。不过从另一方面说，人必须要对自己的潜能和能力有现实的评估，否则就像堂吉诃德（Don Quixote）一样，只会跟假想敌作战，无的放矢。

让我们再区别一下另外两种类型：幻想和神话。幻想无疑是创造性想象的产物，就像我们给孩子读的童话故事。小红帽的故事并不是真的，尤其是狼吃人的部分，怎么可能囫囵吞进去呢？更别说猎人抓住了它，并划破它的肚子将奶奶救出来的情节了。尽管故事情节是虚构的，但里面的寓意却是真实的：小红帽要当心大灰狼。狼一直遭受偏见，它们并不像故事里说的那样虚假。三只小猪这个故事则夸张地表现了另一点：只有第三只精明的小猪，由于造房子时使用了砖块而不是稻草或树枝,才成功躲过狼的侵袭,并且当狼要从烟囱里进来的时候,它还烧了一锅开水把狼抓了起来。这个故事在流传过程中,被赋予了教育价值。有些教育者认为,这个世界上不应该有童话故事存在,并且在教育孩子的时候务必要谨慎,只能告诉他们真实正确的内容。圣诞老人只是个童话故事,那就应该给孩子说清楚。教育孩子相信不可思议的东西,只会让幻想插上翅膀,让孩子脱离现实。

所以,有的时候我们要告诉孩子:"弗吉尼娅,圣诞老人并不存在,他也不会从烟囱里下来。是我和妈妈把礼物放在烟囱边上的圣诞袜里的,而不是圣诞老人。"童话只能作为消遣,绝不能当真。它们是文学隐喻和寓言,而不是真实的故事。沃特·迪士尼的充满动物角色的梦幻世界,令男女老少都乐享其中——前提是他们知道这些都是幻想。如果有人把它们当真了,那这个人对现实的理解就出了大问题。

不幸的是,有些人就是倾向幻想,并且他们相信很多不真实的东西。如果这种倾向主导了他们的生活,他们很可能会变得不理智。但如果他们会有选择地去相信,那他们或许还能正常生活。在此,我并不是想为幻想发声,我只是要指出,在知道童话故事是幻想的前提下听故事是一码事,但是相信童话故事为真则又是另一码事。当人们无法分辨虚构和真实,或者真实世界和虚假世界的边界变得参差不齐、模糊不清时,问题就出现了。当对一个已经变成神话传说的幻想的信仰主宰了个人的生活时,这个问题就尤其突出。在此,怀疑论者有权站出来反对欺诈和自欺行为。

那么,神话传说呢?神话可以是一个寓言或一段传奇,至于它的历史渊源已经无从知晓。神话往往牵涉到与类神生物或拥有神力的神祇相关的故事。像古希腊神话故事就是这一类的典型,它的起源大约来自荷马文学。神话信仰体系常与神秘和悖论相关,往往会激起人的恐惧和敬畏。神话在其他流行的超自然一神教中也很适用。它们有什么作用吗? 我们的生活可以没有它们吗? 当然,实事求是地说,它们是假的,就像童话故事一样,它们传播谎言和欺骗。但如果只是把它们当做诗歌和隐喻呢? 约瑟夫·坎贝尔(Joseph Campbell)作为一位不可知论者,相信神话在美学、道德以及存在层面都可以对人类生活产生强大的影响[①]。在他看来,它们有隐喻和象征意义,描绘了人类的现状,并表达了我们克服难题的愿望。

我必须承认,假设神话不再被信以为真,我便很难认为它们还能拥有力量。神话和寓言可能会给某些人带来美学或道德上的裨益。

所以,我主张神话有很多类型。充满了诗歌与隐喻神话,要比其他的更为传神。在此,神话只是神话,它或许十分有趣,甚至令人情绪高涨,但它终究不是真的。我可以把神话当做文学来品读,但是要让我把它当真,我做不到。

那么,世俗神话(secular myths)呢? 它们是必要的吗? 有关永生或来世的神话,由于需要在下辈子实现,很难轻易否证(disconfirmation),因为它们可以无限地往后推移。这类神话利用的是对死亡近乎变态的恐惧,以及对一个超验宇宙的荒谬的渴望。这个宇宙永远无法在今生找到,所以在根本上是不可证伪的。

怀疑论者是否也不需要关于人生终极目的的神话呢? 旋即浮现在脑海里的是普罗米修斯神话,它激励了世世代代的无神论者,促使他们追求无可比拟的人生高度。这个神话讲的是什么呢? 它要表达

---

① Joseph Campbell, with Bill Moyers, *The Power of Myth* (New York: Doubleday, 1988).

什么？它也只是个错觉吗？普罗米修斯从众神那里偷盗火种，并在他们的居所挑战他们，他把火种连同艺术和科学带给了人类。这个神话激励了想要效仿他的人类，他们也想在众神的居所挑战他们，他们要奋力拼搏，他们要活出精彩，他们要利用自己的才智和勇气实现永垂不朽。后来这个神话更强调英雄品质、对科学的信心和对人类进步的信念，确信人类也可以掌控某些事物。据传普罗米修斯将神力赋予了人类，他批判了因恐惧或依赖而退缩的行为。在普罗米修斯传奇的第二部分中，消极悲观成为主导。普罗米修斯被宙斯绑在了一块岩石上，只能任由秃鹫啄食他的肝脏。

在第三部分中，由于普罗米修斯预言了宙斯的未来，宙斯出于感激将他释放。普罗米修斯从折磨中解放出来，他赢得了胜利。在这个故事中，普罗米修斯挣脱了束缚，其中蕴含的乐观因素给了我们一个人性化的范例。这也是无用的错觉吧？我们最终不还是被死亡征服了吗？我们所有的为实现永生而制定的计划和方案，不都会消失吗？这么说来，无神论者的处境似乎并不比有神论者好到哪里去，毕竟他们也只是在充满信念与热情地表达人类的远大抱负，不是吗？"虚荣啊，虚荣！"关于普罗米修斯摆脱束缚的理想也会陷入流沙之中，这样的话，最后我们不都会深陷怀疑与犹豫的泥潭之中吗？我们最后还是回到这个永恒的问题——如何生活？这又会带来进一步追问——为什么活着？归根结底，对于意义的终极追问是否没有答案？我们是否终将走向纯粹的彻底怀疑论？

回顾完人类本性中反对怀疑论的几个较强的倾向，我希望我们不要过于悲观。我们讨论的不仅是怀疑所扮演的角色，同样还包括有效地批判智识所起的作用，因为两者不可分割。我确信，在生活中我们需要同时利用好怀疑与理性，问题只在于程度与时机。

当然，怀疑论者不能不带任何批判性异议地接受错觉、谬见、幻想或者神话。不论作为个体还是社会成员，他们在生活中也需要理想，但是这些理想肯定要有经验概率作为现实基础。我们不希望在它们最终的可行性上自欺欺人。所以，仍有必要继续进行怀疑论探究。怀疑论探究不一定是消极的、虚无主义的或是破坏性的。新怀疑论也可以是有用的、建设性的。所以，有些怀疑论探究对于过好生活是不可或缺的。真理仍然还是我们不能贬低的一种价值。在形成我们赖以为生的实践判断的过程中，真理扮演着至关重要的角色。

至此，我们来到了本书的最后一部分：对于伦理生活与人类选择的基础的考察。我们能否为伦理道德建立起某种理性的、可靠的、现实的基础呢？如果可以的话，它的方向又在哪里？很重要的一点是，我们必须先考察怀疑论在道德伦理和政治中的表现，然后再试着应对挑战，看看我们能否，以及在何种程度上，建立起真正的善行慧。

第四部分
实践判断

第八章　怀疑论与伦理探究

　　我们在第一部分和第二部分分析了怀疑论在发展关于世界的真正信仰中所发挥的作用。但是，正如我们所见，人类不单靠知识生活，也不总是为了真理而寻求真理。相反，知识最终是为了使我们能够达到目的：无论是名利、权势、爱、幸福还是上帝。我们应该寻求什么目的？我们能说什么是终极的善吗？我们能发展规范知识吗？探讨"善""恶""对""错""正义"和"责任"是否有意义？有所谓的"伦理真理"吗？

　　从普罗塔哥拉和智者学派一直到休谟和情感主义者，存在一个悠久的历史传承，否认理性伦理或科学伦理的可能性，并将伦理判断简化为主观判断。这些怀疑论者否认价值观应服从认知判断，或者否认可以解释客观标准。我认为，它们都是大错特错的，一个修正的自然主义和语境理论可以为伦理的合理性和客观性提供一定根据。

　　接下来，我想回顾一下古典怀疑论反对伦理知识可能性所提出的关键论点，以及我对它们的回应。我们可以区分三种类型的伦理怀疑论，对应我们在第一章中概述的三种类型的认识论怀疑论。

伦理虚无主义

第一种怀疑论是伦理虚无主义,即彻底的、消极的怀疑论。这种观点认为,不能够经验地或诉诸理性来检验伦理判断。这个有多种形式。让我们从本体论价值的批判开始。我认为,伦理怀疑论者正确地观察到,不可能在宇宙中发现任何独立于人类经验的道德框架。相反的情况更有可能发生,也就是说,人类倾向于在自然中解读他们最美好的希望,并将道德品质诉诸宇宙,但这些都表明人类在事物格局中为自身价值寻找永恒的落点。

对错误的道德外推最常见的例证,是神圣存在(或存在)的假设,以及他或她(或他们)对至善的归属。对亚里士多德来说,不动的推动者(unmoved movers)进行"努斯"(nous),纯粹的思考,他们在思考思考本身。这被认为是人类所能达到的最高尚卓越的形式,亚里士多德自己也把它视为至善。

怀疑论者正确地证明了所有的人类价值观和伦理原则都与人类状况有内在的联系。否认道德理念的实在独立于人类存在的伟大智者普罗塔哥拉说:"人是万物的尺度,是存在的事物存在的尺度,也是不存在的事物不存在的尺度。"神学道德体系并不背离这一点,因为他们的道德信仰和诸神是浸透在人类的意义以及与人类相关的人文关怀上的。

类似的控诉可以针对任何柏拉图式的道德现实主义,也就是说,永恒的道德理念隐含在一个存在的领域中,而人类理性的任务就是发现并将这些本质应用到生活中。苏格拉底试图定义"正义"和"善",希望他对绝对思想的定义能作为个人灵魂和城邦的灯塔。对于柏拉图来说,自然被解释为超越习俗的"善"的基础。怀疑论者正确地拒绝了这个理论,认为它是纯粹的假设,没有合理的理由或证明。本质的具体化是一个无根据的认识论飞跃。根据普罗塔哥拉的观点,伦理有一个相对的基础:"对一个城市来说,无论看到什么,所看到的一切都是对这个城市而言的。"

类似的批评也指向了对自然主义理论,即任何试图在"人类本性""自然法则""历史进程"或"进化过程"中找到伦理的终极基础的努力。当然,这些自然主义力量并非没有人类的参与,因为它们与人类的制度有关。因此,相对主义似乎是任何价值概念的起点。

然而,必须在相对主义和主观主义之间作出一个重要的区分,因为说道德与人有关并不一定意味着道德是不可还原的主观的。相对主义和主观主义是不一样的,前者并不意味着后者。一个人可以是相对主义者和客观主义者。完全消极的怀疑论者认为,没有客观的标准可以用来评价个人或城市,认为其是公正或好的。他们认为,说某件事是好的或是对的,仅仅意味着我们觉得这是事实,而且我们的情感倾向喜欢或不喜欢它。有些形式的主观主义,会是虚无主义。因为,如果道德信仰归根到底仅仅是品位、感情和情感的表达,我们就不能真正证明一种信仰比另一种信仰更好。如果从国家的角度来看,任何公正的东西都与惯例、习俗或权力有关,就没有规范判据来判定差异。"正义就是强者的利益,"虚无主义者色拉叙马霍斯在《理想国》中肯定地说[①];所以"可能是对的"。它是社会上最强大的宗派,它定义道德公正,制定法律来裁决利益冲突。道德不偏不倚就是这样。

由逻辑实证主义者在 20 世纪引入的情感理论,也表达了强烈的伦理怀疑论形式。情感论者区分了三种陈述:描述性陈述,它们可

---

① 《理想国》,19 页。

以通过事实观察或实验直接或间接地证实；分析性陈述，它们是同义反复的，通过演绎推理在形式上确立为真；情感话语，没有认知或文字意义，但具有表达力和强制性。

极端主观性导致我们陷入困境，因为我们需要继续与社群中的其他人生活在一起。虚无主义，乃是一种我们在现实生活中很难接受的姿态。因此，我们面临一个严重的问题，即将伦理还原为主观性是否符合我们的伦理经验。因为坚持认为在伦理问题上没有认知判据，而归结为仅仅是情感或力量的问题，似乎对轻信施加了巨大的压力。

要论证道德中立主义者的立场，即一个人必须对所有道德问题保持"道德中立"同样是错误的。我同意某些道德上的困惑很难解决，特别是当权利和善行间存在冲突时，我们不能同时拥有两者，或者当需两害相权取其轻时，我们必须选择一种。然而，道德虚无主义者所主张的，敦促悬搁普遍的道德判断，并未随之而来。如果一个怀疑论者不能在任何道德问题的两方之间作出决定，因而拒绝选择或采取行动，他或她岂不是否认在道德经验和反思的现象学特征方面存在类似的盲点？或者，如果一个人行动，仅仅是出于感觉，或者因为一个人认为遵循传统习俗是最安全的途径，那么他不是对道德生活的深层次细微差别漠不关心吗？如果坚持捍卫这种立场，就变成了一种反常的道德独断论。

然而，不可知论者的怀疑论并非没有可补救的优点。因为在反对道德绝对主义或狂热主义的同时，通过自以为是的宣称，即一个人的道德理论是终极真理，怀疑论可能是家长式或威权式拍板的有效解毒剂。道德绝对主义者认为他们的观点是现实的固有观点，他们都很乐意压制那些持异见者。有些人会试图运用理性、进步、美德，来强加一些单单掩盖自己偏好的观点。因此,他们用独断论代替了探究。另一方面,持续否认存在任何道德真理,这样的主张如果一直被坚持,则在很大程度上基于认识论错误,掩饰了自身的道德的不妥协;因为,否认有任何道德真理或可靠知识,就是蔑视我们人类集体智慧所拥有的大量可靠的道德知识。

温和伦理怀疑论

第二种怀疑理论不如第一种那么极端。我们可以称之为温和伦理怀疑论。它具有多种形式。特别是,它指出,尽管情感是在所有人类价值的根基上,但这仍然为理性批评和控制留有空间。

我们可以再次看到,这个立场首先由智者学派提出。格劳孔在《理想国》中概述了社会契约理论,该理论后来被托马斯·霍布斯等现代政治哲学家详细阐述:所有人都寻求满足自己的欲望,而自私自利主导着他们的选择。但他们很快就发现,如果个人有权随心所欲地去做他们想做的事情,就会发生"针对所有人的战争",在这种情况下,生活会变得"孤独、贫穷、肮脏、野蛮和空虚"。因此,理性的人愿意抑制自己的激情,融入社会约定,同意限制自己的自由,遵守法制。这里的标准是社会福利,这是公正的,因为建立一个和平、法律和秩序的框架符合每个人的自身利益,在这个框架中,公民组织和国家提供共同的保障和保护。其中一个变种,乃是功利主义理论。也就是说,我们同意遵守社会的道德规则,因为它们为所有人提供了幸福的条件。这一理论并没有试图在上帝、绝对(Absolute)或自然中建立正义。伦理原则与人类利益有关,具有传统的基础。但是,它们也提供了一个间接的实验检验。虽然它们是相对于个体的,但并非只有主观性规定,因为伦理判断仍然可以接受理性批判,并可能依靠其工具有效性得到辩护。

休谟对古典伦理理论中隐含的某些假设持批评态度,因为他认为道德判断本质上涉及感情:当我们判断一种行为或性格特征是好是坏时,我们会说我们赞同或我们不赞同,我们这样做是因为我们有愉悦感或不悦感,和/或我们认为它有用或有害。休谟认为,事实判断(judgments of fact)和价值判断(judgments of value)之间存在根本的区别。事实判断可以确定是真是假。相反,道德判断(judgments of morality),就像味觉的判断,是不可以的。休谟由此推断,理性本身不能决定道德判断,也不能单独作出道德区分或解决道德困窘。"道德情操"(moral sentiment)是行动的源泉,而不是合理性。我们认为,好与坏取决于道德情操是否与之相关,他所说的感觉是愉快或有用的。因此,休谟是一个道德怀疑论者,因为他认为理性本身不能解决道德问题。他所说的"理性是,而且应该是,激情的奴隶",既具有挑衅性,也具有争议性。他希望指出的一点是,道德判断既不是由观察所检验的事实陈述,也不是与思想有关的逻辑推理。

休谟在他的《人性论》[①]中指出,在所有已阐明的"道德体系"中,支持者都将从"寻常的推理方式"开始。例如,他可能试图证明上帝的存在,或者他可能描述人类社会,但在某处,他做了一个跳跃,从"是"或"不是"的问题,突然引入到"应该"或"不应该"的问题。在这里,不包含在前提中的内容突然被引入到结论中。论据中有一个毫无根据的分歧。"应当"不是从"是"中推导出来的,而是从作者的情感或感觉悄悄得出的。休谟从他的分析中得出的结论是,我们不能从"是"中推断"应当",任何试图这样做的努力都是错误的。有趣的

---

① David Hume, *Treatise on Human Nature* (*1739*), Book III, Part 1, Section I.

是，尽管他有怀疑论立场，休谟最终成了一个保守主义者，因为如果没有终极指引或道德真理，那么我们应当遵守行为的习惯准则。

在 20 世纪，从乔治·爱德华·摩尔（G. E. Moore）到情感论者，哲学家们花费了大量的精力来分析道德语言（moral language）。摩尔用"自然主义谬误"这个词来描述所有试图对"善性"进行的动议。自然主义谬误，类似于休谟的"是-应当"二元论[1]。摩尔认为，任何关于"善性"的定义都容易受到公开问题论证的影响，它适用于神学和自然主义伦理体系，也适用于约翰·斯图尔特·穆勒（John Stuart Mill）和托马斯·阿奎那。他问，"为什么我们要接受你对善的定义？"他终止任何试图对"善"进行的质疑和定义。摩尔自己的认识论理论是柏拉图实在论的一种形式。"善"被限定为"无法定义的、非自然的属性"，这就是它不能被定义的原因。

其他 20 世纪的新康德主义者［普里查德（H. A. Prichard）、亨利·西奇威克（Henry Sidgwick）、罗斯（W. D. Ross）］一致认为，伦理谓词不能从非伦理谓词中派生出来[2]。他们认为，基本的伦理术语是义务论的（"对"和"错"、"责任"和"义务"），而不是目的论的（"好"和"坏"、"不合理"和"无价值"），并且这些术语是不可定义的，因为它们包含了一种隐含的义务性。尽管他们不能定义伦理术语，摩尔和直觉主义者都不认为自己是伦理怀疑论者。普里查德认为，古典伦理学探究是建立在错误之上的，因为它试图证明它的本原，而一个人的道德义务可以在道德情境中直观而直接地被认识。

---

[1] G. E. Moore, *Principia Ethica* (*Cambridge*, 1903).

[2] H, A. Prichard, "Does Moral Philosophy Rest on a Mistake?" *Mind*, 21, 1921; Henry Sidgwick, *The Methods of Ethics*, 6th ed. (New York: Macmillan, 1901); W. D. Ross, *The Right and the Good* (Oxford, 1930).

　　我们已经提到了情感主义者,特别是查尔斯·史蒂文森(Charles L. Stevenson),他是伦理怀疑论者,尽管有些人是温和伦理怀疑者[①]。他们认为,我们之所以不能定义伦理术语,是因为它们不是描述性的,比如"硬"或"脆",在特性上是情感性的。伦理词汇是表达性的或唤起性的,更类似于"啊"或"呦",或是命令性的,如"去死"或"吻我"。这些术语发泄了我们的情感态度,它们表达了我们的愿望,即其他人同意我们和/或照我们的吩咐去做。他们认为,定义这些术语的努力充其量只是"有说服力的定义",因为它们只是表达我们自己的道德情感。

　　特别重要的是,情感主义者坚信,道德领域的分歧往往退化为争议各方之间的争端,即使在原则上也无法解决。这是因为,分歧是"态度上的分歧",不同于"信仰上的分歧"。作为温和伦理怀疑论者,他们说,当争端的两个或两个以上的当事方对事实主张存在分歧时,如果是信仰上的分歧可以通过经验的、理性的方法来解决。如果道德争议是基于事实的话,这些分歧至少在原则上可以克服。在某些情况下,争端可能是纯粹分析性的,涉及一个术语的含义,这些可以通过定义加以澄清,并再次加以克服。例如,C坚持一个胎儿重8盎司,D声称他/她重6盎司。他们可能会称一下胎儿的体重,决定这个事实问题。或者,如果C和D不同意"安乐死"的定义,不管是自愿的还是非自愿的,那么大概通过明确他们的意思,他们可以克服某些形式的分歧。然而,史蒂文森认为,如果争议具有明显的道德性,那么它是态度上的,我们可能无法解决分歧。例如,如果D说"堕胎是

① A. J. Ayer, *Language*, *Truth and Logic* (Oxford, 1936); Charles L. Stevenson, *Ethics and Language* (New Haven: Yale University Press 1943).

错误的",因为胚胎是一个人,E 说"堕胎是正确的",因为它是基于妇女选择自由的原则,那么我们可能无法解决这一争议,因为分歧不是纯粹的事实,而是关于接受哪项原则的态度上的区别。因此,可能会出现困境。

这种道德争议,原则上是不可解决的。F 可能认为安乐死是错误的,因为我们不应该夺去他人的生命,而痛苦不一定是邪恶的。G 可能认为如果是自愿的,安乐死是正确的,因为不必要的痛苦和折磨是邪恶的。除非双方在痛苦和折磨或自愿死亡和非自愿死亡的基本态度上达成一致,否则他们可能永远无法解决道德争议。

第二种形式的道德怀疑论是温和怀疑论,因为尽管在情绪、感觉或情感上存在最终的主观差异,道德生活并没有完全脱离理性的考量,一些道德上的分歧可能是基于信仰,而不是态度的。例如,如果 H 说她赞成死刑,因为这是对未来谋杀的威慑,因为这种信念取决于威慑问题,我们可以做一个事实研究来解决分歧。同理,如果 J 反对死刑是因为她认为它不能阻止谋杀,我们可以通过做一项社会学研究来解决这个问题,检查那些有死刑的国家或州和那些没有死刑的国家或州的谋杀率,看看是否有统计数据的差异。同样,我们可以研究死刑实施或废除前后的这些国家或地区,看看是否存在显著差异。如果这些道德判断是支持或反对事实的一个判据,那么如果他们误解了事实真相,相关人员可能会改变他们对死刑的信仰。

温和怀疑论者还可以引入其他的论点来说服其他人改变他们的判断。他们可以诉诸一致性准则。如果有些人持有一个特定的道德原则,但却对此提出特例,那他们就是在自相矛盾。例如,他们可能会说他们相信民主是最好的政府形式,但他们可能会将社会的一部分排除在行使选举权之外。想必,如果我们向他们表明,如果他们剥夺了黑人的选举权,我们就会反对南非的种族隔离;或者,如果他们剥夺了妇女的选举权,我们就可以提出普选的理由。如果我们的道德学家相信一致性,他们会改变他们的观点,因为他们想以某种一致的形式来排列他们的价值观。

同样的考量也适用于对后果的检验,也就是说,那些坚持原则的人,即使有强烈的意愿,也可能不理解由此产生的所有后果。例如,他们可能被承诺所有 18 岁(个人可以投票或被征兵参军的年龄)以上的成年人享有平等的法律权利。然而,他们可能愿意在这一普遍原则之外留出特例,如禁止 21 岁以下的人在酒吧里饮酒。他们可能改变了观点,因为危险的后果(高致死率的汽车事故)已经摆在他们面前。在这里,一致性可能会让位于对后果的考量,在权衡后者时,他们可能会愿意凌驾于前者之上。

因此,即使价值观从根本上是态度的,它们也可以通过理性的考量被重构。我们必须在这个世界上生活和工作,并根据这些考量来改变我们的态度。

然而,主观怀疑论者反驳了这一点,因为有些人相信威慑是因为他们发现谋杀在情感上是可憎的。他们发现酒后驾车令人憎恶的原因是疏忽而意外死亡,这也与他们的情感格格不入。同样,他们认为普选是正确的,因为他们在态度上赞成普选。即使是温和怀疑论者也同意,理性的批评最终被接受,只是因为它们基于非理性的理由。他们认为,这些道德假设没有任何超越情感的认知理由。

意识到道德中固有的认识论陷阱,一些怀疑论者力主回归习俗,并且采取了保守的偏见态度。如果没有哪种情感最终优越于任何其他情感,我们最好选择那些对社会危害较小和/或那些不妨碍个人自由的情感。即使这种立场,在正当性上也是温和的。其他怀疑论者,在同意道德或政治没有理性基础时,可能会选择自由主义的或激进的立场。但怀疑论者认为,归根到底,这种立场也更可能基于品位,而不可能有合理的证明。

伦理探究

这走向了与探究有关第三种形式的怀疑论。这个立场,涉及一个从未被完全抛弃的怀疑论部分:怀疑论探究过程中的认知。因此,我们对伦理判断的追求,与我们对人类所致力的所有领域中的可靠知识的追求相一致。至少,我们的选择是基于我们对世界和我们自己的了解。知识与价值的关系,乃是伦理探究概念的核心。

如果我们说伦理选择可能与合理性有关,那么随之而来的问题是,是否有任何终极原则是我们伦理选择的基础,即如果我们能够理解伦理合理性,我们就必须致力于这些原则。我必须承认,我极不愿意断言,在我看来,至少到目前为止,为了找到这种先验本原所做的一切努力都失败了。

最突出的一点是,伦理与人或社会的特定的生活相联系,它植根于社会历史状况和具体行为。因此,伦理原则处于中间层次,它们是最接近的,而不是终极的。我们不以抽象的方式思考道德生活,希望其有意义,我们总是从此时此地开始,是当下社会中的某个人面临着这个选择。伦理的基本主题乃是行动和行为。它本质上与围绕实践的命题无关,正如一些分析哲学家所认为的,它是与实践本身有关。我们寻求的知识是实践知识:选择什么,如何行动,以及如何评估我们面对的行动过程。我们有兴趣表述明智、谨慎、有效的实践判断。这并不否认我们可以概括人类实践,并且确实制定适用于类似情况或价值观的行为准则,这些情况或价值观仍然具有更广泛的吸引力。

我们的判断内容具有具体的指代性。

我们很少会从一开始就进行伦理探究,除非在危机状况/关乎存在的状况下,我们被迫审视我们的根本价值观。相反,我们发现自己置身于实际的需求和冲突之中,试图弄清楚把我们卷入其中的决策和行为网络。我们之间的关系包含了大量的我们随身携带的规范性数据:我们珍视或尊重的东西,或者我们憎恶或拒绝的东西,以及我们所承诺的原则。当我们对我们应该做什么感到困惑,或者矛盾的价值观和规范之间存在冲突时,就会发起伦理探究。在这里,怀疑论探究是至关重要的:因为正是在行动中的开放思维愿意审视我们的价值观和原则,并选择那些看上去近似的。从最佳意义上讲,伦理探索者致力于运用反身智识,在这种智识中,他能够界定和澄清自己的价值观和原则,并寻找最适合探究语境的可选择的行动方案。

道德探索者和科学家一样追求知识,但他并不是简单地描述事实情况,也不是通过因果理论来解释事件。对达到分析或形式上的真理,他也不感兴趣。他的目标是非常实际的:选择一些能够引导行为和影响世界的知识。这种知识与应用实践科学和艺术中所追求的知识类型相似。在某种意义上,它类似于在医学、教育学、工程和建筑等领域使用技术技艺,在这些领域中,我们关心的是做事、改变事件或者创造、制造或生产事物。这需要一些技巧和专业知识,谨慎地调整手段以达到目的。医生、律师和教师希望达到特定目标:治疗病人、保护客户的权利和教育学生,而且,有可靠的程序可以实现这些目的。工程师希望建造一座桥或建造一个空间站,有相当多的技术知识来指导他或她这样做。古希腊和古罗马的技艺还没有发展到应有的程度,如果发展到现在,他们就会意识到自己的巨大影响,而哲学上的怀疑论流派可能也不会取得什么进展。针对技术知识的虚无主义怀疑论和中立怀疑论在今天是没有任何意义的,因为技术以自然如何运作的因果理论为前提,其原理是通过实验来检验的。然而,所有这些技术领域,在回答伦理怀疑论者时会预设他们的目的,例如,改善健康的渴望,实现快速旅行的渴望等。伦理怀疑论者问道:如果不是出自情感,我们从何处达到我们的目标呢?

评估基础

我的答案是,认知在表述我们的目标中起着作用。但是,让我们再次从中间开始,我们已经有了一套关于我们的目标的伦理原则。任何情况下,目标的评估都是受检验程序的一个功能。在任何伦理探究的背景下,最好将伦理信仰(包括从过去继承的信仰)视为假说。每次都要参考相关事实和评估基础进行检验。这是什么意思?

共同道德准则

首先,存在一套我所说的共同道德准则,就是我们从人类文明中继承的道德智慧。我在这里引用了大量的证据证明人类,不管他们是什么文化,都有相似的需求,面临相似的问题,例如生存、维持健康和找到足够的食物和住所的需要,性交和生殖,养育、保护和教育儿童,等等。尽管存在文化相对性,但对生活问题都有类似的反应。为了满足人的需要,引导人与人之间的交往,形成了一套共同的道德准则。在我的《禁果:人文主义伦理》(*Forbidden Fruit: The Ethics of Humanism*)[①]一书中,我列举了以下基本道德准则:①诚信:诚实、守信、真诚。②守信:忠诚可靠。③仁慈:善良意志、非渎职、性认

---

① Paul Kurtz, *Forbidden Fruit: The Ethics of Humanism* (Prometheus Books, Buffalo, N. Y., 1988).

同、仁慈。④公平：感恩、问责、公正、宽容、合作。

举例来说，我们应该说实话、应该信守诺言的原则是一般适用于所有文明社会的准则，尽管在某些情况下，它们之间可能会有冲突，并且可能会有例外。我们在现实情况下的实际职责与我们表面上的一般职责不同。那些违背了共同道德准则的人，挑战了约束人类道德行为的伦理真理的基本体系，这是作为人类集体智慧流传下来的。我承认，仍然存在相当大的文化多样性，并不是所有的社会都承认这些准则。此外，在价值观和准则上，存在着许多几乎不可调和的争议。但我认为，人类已经到了基本道德准则被有反思能力的人普遍接受的阶段，甚至被赋予了一些"神圣"的意义或给予法律制裁和支持。"文明的"一词，实际上等同于承认共同道德准则；未开化或野蛮的行为，意味着他们受到了严重的侵犯。

基本的人类需求

同样地，我们发现了一组基本的和不变的人类需求，这对人类所有成员都必不可少。如果人类要以一种有意义的方式生存和生活，这就需要一些满足感。在我的著作《抉择和人类状况》（*Decision and the Condition of Man*）和《完满的人生》（*The Fullness of Life*）中，我列举了这些需要是什么[1][2]。

首先是生命的需要（biogenic needs）：①生存的需要：需要保护自己免受自然灾害、野生动物的威胁。②稳态需要：充足的食物、衣服和住所。有机体需要保持一定的平衡，以抵御对其健康的威胁，并且在受到干扰时，恢复体内平衡。③生长需要：婴儿、儿童和成人生

---

① Paul Kurtz, *Decision and the Condition of Man* (Seattle, Wash.: University of Washington, Press, 1965).

② Paul Kurtz, *The Fullness of Life* (New York: Horizon Press, 1974).

长发育的正常模式,包括站立、行走、交谈、阅读、性发育和成熟。它们是物种生物学固有的、具有一定的遗传基础,尽管它们也具有社会文化维度。

其次是心理-社会需要(psycho-sociogenic needs):④爱与情感的需要:与他人有亲密关系,满足个体需求。爱需要在许多不同的层面上对他人给予深情的尊重,不仅是接受爱的能力,而且是给予他人爱的能力。这不仅意味着性爱,还意味着生儿育女和其他形式对他人幸福的依恋。⑤从属于社群:在友谊和共同生活中,与他人面对面地认同的能力,包括慈善关系和一些利他主义的关心。⑥自尊:对自己能力的自信在正常的成长和发展中必不可少。自尊可能在一定程度上反映了一个社会如何评价一个人,但它也取决于一个人的自我确认。⑦自主性:自主选择、自主决定、自我指导的能力;不追随他人的命令或随大流而具有自己思考或行动的能力。⑧创造性实现:具有创造性地工作、制定新颖的目标、重新组织各种信息、引入环境变化的能力。⑨认知能力:推理和思考的能力;发展广泛的智力技能,包括作出实际判断的能力。

与这些需求相关的是一系列的优点或美德。我们可以通过比较标准来评估一个人是否达到了健康和活力,是否发展了爱的能力,是否从属于某一社群,是否具有自尊,是否具有自主性和创造性,以及是否做出明智的反应。它们是我们用来评价美德的标准。这些高贵的定性标准适用于道德品质和行为。

现在我意识到,上述评估基础内的要素可能会面临怀疑论挑战。有人可能会问:为什么要接受共同道德准则?为什么要正直或值得信赖、仁慈或公平?对此我的回应是,可以对每一项准则在特定情况下的应用进行一些反思性的探究。这些只是表面上的一般规则,为我们提供了一些一般准则,而不是绝对准则。然而,一个虚无主义者可能会试图否定所有这些。

怀疑论批评家可能会对我上面提到的"基本人类需求"的概念提出类似的怀疑。"为什么要实现我的潜能,或者寻求成长,或者变得明智?"吸毒者或酗酒者为了享乐,可能会不顾一切,放弃健康。"你能证明或论证我为什么不能推翻所有这些准则吗?"他辩护道。我的回答是,道德的人有内在的成长过程,我们可能是道德的人,无论是对他人还是对我们自己。然而,为了欣赏到真正的美德光环,个人需要经历发展阶段。我的前提是要有一种伦理意识或良心,即个人在生命的某些阶段需要理解和认识。人类有一些自由的方式,他们可能选择放弃道德生活的召唤,疯狂地追求权力或乐趣。或者,他们可能希望通过下定决心努力鼓动命运,去思考不可想象的事情,去完成怪诞的表演。有些道德狂魔会撒谎、偷窃、欺骗、折磨、残害他人,或者因为他们是自我毁灭的。我们该怎么说呢?

我认为,这些人严重未开化,他们是道德残废(moral cripples)。他们的道德理解受到阻碍或削弱,他们不受道德真理的影响,不适合从事道德行为,有些人无法进行数学计算,有些人缺乏技术知识或音乐能力,有些人无法更换保险丝或修理漏气的轮胎。同样,道德行为也依赖于一定程度的道德知识,有些人可能在这方面有缺陷,他们可能需要接受道德教育,以便养成负责任的习惯,对他人拥有真正的尊重或关爱。他们可能缺乏自律、自制、节欲、节制、谨慎或实用的道德智慧。当然,我承认有些人可能是精神病患者(如连环杀手),尽管这可能是由于某些遗传缺陷和精神性欲的发展而出现的一些扭曲。他们在年轻时可能缺乏适当的道德训练,因此他们从未发展出成熟的道德鉴赏力。但这更多的是关于他们个人的迷失方向,而不是关于作为文明行为宝库的伦理真理的存在与否。

价值多元化

现在我把"共同道德准则"和"基本人类需求"纳入我们可以诉诸的评估基础中。但这无疑太笼统了，无法告诉我们在特定情况下该怎么做。此外，人类的需求、价值观和原则也千差万别。它们因人类性格的不同而不同，并随着社会的变化而变化。在食物、葡萄酒、体育、艺术、服装和行为举止方面有着广泛的品位，文化价值观也是多元化的。许多不同类型的特殊需求成为虚拟需求（virtual needs），并与我们的基本生物和心理社会需求相联系。伦理选择总是基于每个人独特的、深刻的个人品位、欲望、愿望和偏好的。我们所做的选择也与我们生活的具体社会文化历史框架有关，这包括我们社会的特定法律和社会习俗。古代的埃及、以色列、希腊或美索不达米亚的生活、中世纪的中国生活以及现代的日本、中东、西欧或美洲的生活，都各有不同。

所有这些差异都必须纳入评估基础中，它们影响我们做出选择。因此，事物是好是坏，是对还是错，是由我们所生活时代的实际价值和估价、风俗习惯、法律和制度要求所决定的。古雅典伯里克利（Pericles）的明智选择，可能在罗马政治家塞内卡（Seneca）、阿伯拉尔的爱洛依丝（Abelard's Heloise）、沃尔·特罗利爵士（Sir Walter Raleigh）、玛丽·渥斯通克拉夫特（Mary Wollstonecraft）或佩里上将（Admiral Peary）那里，完全不同。因此，所有选择都有一个内在的相对性和语境性（contextuality），因为它总是与特定的个人和文化相关。然而，尽管选择的相对性在伦理生活中是普遍存在的，但仍可以概括出一些人类状况的普遍伦理品质。这就是为什么我们可以同情哈姆雷特（Hamlet）、奥赛罗（Othello）或麦克白夫人（Lady Macbeth），因为他们在与道德困境搏斗时,向我们每个人都传达了一种普遍的情感信息。

　　我要说的是,伦理经验有一个现象学结构,一些客观的考虑与选择有关。就我们面临的选择而言,我们的个人价值观和原则可能会在一个比较的尺度上受检验。它们可以通过其有效性进行评估。它们可以通过与我们所持的规范的一致性来进行评估。在判断时,我们可以估计我们的选择在世界上的真实后果,在相互作用的范围内对我们和其他人产生的影响。在我们考虑到这些因素的范围时,一个反思部分介入了判断过程。约翰·杜威区分估价(prizing)和评价(appraisal)①,前者是指我们评价某事时涉及到即时性、感觉和快乐因素,后者则是认知因素介入。他说,这是事实上接受给予和法律上保证它符合情况之间的区别。两种评价的区别在于评价涉及一个变革性的方面,即在探究过程中,反思性判断可以成为评估的组成部分,并可能改变估价。

　　例如,我可能在市场上买一辆新车。幼稚的做法是,购买车身线条和颜色最吸引人的汽车。一个青少年的反应就是仅仅因为喜欢运动车型就去买它。但是,一个成年人会说他需要评估汽车的价值。在评估过程中,成年人用比较尺度来衡量价值:“我能负担起这辆车吗?”“我的折旧有多少?”“里程数好吗?”“它有多安全?”“它与其他制造商的其他车型相比如何?”在这个过程中,这个人在计算了比较成本、有效性和结果之后,可能会购买一个不同的车型。虽然一个人的感觉在估价过程中是相关的,但最终的决定也与一个人的认知信念

---

① John Dewey, *The Theory of Valuation* (Chicago, 1939); *The Quest for Certainty* (New York: Minton, Balch, 1929), Chapter 10.

有关。汽车价值的估计,乃是物体客观质量的函数。一个人的估价,取决于其他人对他的评价。拉尔夫·巴顿·佩里(Ralph Barton Perry)将价值定义为"任何利益的对象"①。我将把这个定义修改为"价值是对一个对象中所负载的人们同时评价和赞赏的利益"。

　　规范性信仰与描述性信仰不同。第一种需要对一个行为过程进行评估和规定,第二种需要描述或解释一个事实状态。然而,阐述一个规范性信仰与检验一个描述性信仰并无不同。在这两种情况下,我们都试图证明我们的信仰是真实的或规范的。在评估问题上,我们诉诸理性来证明我们的选择是正确的。我们考虑证据,考虑一致性和后果,存在一个我们借鉴的、经过检验的伦理原则体系。我知道,如果我头痛,我吃两片阿司匹林就可以减轻我的疼痛。这是一个经过经验验证的规范性建议。同样,我也知道,如果我对别人撒谎,我会不被信任,如果另一个人对我撒谎,我们的关系也会受到破坏。因此,我了解到说真话是最稳妥的策略,作为一个成熟的成年人,我从认知和态度的角度强烈地感受到这种共同伦理准则。

　　我所描述的是决策制定过程中的构成性作用。思想对于伦理生活的方方面面都非常重要,因此我们在发展自己的伦理情感方面起到了一定的作用。我们不必从固有的或终极的原则中得出我们应该做什么就能解决道德问题。"应当"不能轻易地从"是"中推导出来,但在任何理智思考的过程中,它都可以是评估性探究中的一个功能。我决定要做的事,与事实真相、我面临的情况、我面临的各种选择、对我所能支配的手段的考量以及我的行为可能产生的后果皆有关。我

---

① Ralph Barton Perry, *General Theory of Value* (Cambridge, Mass.： Harvard University Press, 1926,1954).

做出选择所依据的评估基础的内在价值,是有价值的数据:我以前的估价和评估、共同伦理准则、我生活的社会的伦理原则、对人类需求的考虑,以及我自己的愿望和欲望。我们不必从绝对的普遍规则中推断我们的责任。道德推理(moral reasoning)不是简单处方的应用,也不是对过去进行归纳总结的过程。伦理推理(ethical reasoning)包括一个我称之为行为推演的过程①。我的意思是,我们考虑到目前的评估基础采取最合适的行动。在此基础上,可以说有些选择在这种情况下比其他选择更合理。

伦理可误论

伦理知识有与之联系的一定程度的概率论(probabilism)和可误论(fallibilism)。我们需要认识到,有他择性的生活方式和各种各样的人类价值观和规范。这就要求我们对人类生存状况的脆弱性有一定的理解,并对我们终极的可完美性持怀疑态度。因此,伦理智慧认识到生活充满了不确定性。在某种意义上,不确定性无处不在。如果是这样,我们几乎不能绝对地确定任何事情。我们能掌握的结局寥寥无几。我们总是面临新的挑战、新的问题和冲突、新的发现和机遇。人类存在的普遍特征,乃是我们永远面临着不明确。没有人确切知道明天、明年或下个世纪会发生什么。我们可以做出预测,这些可能会实现,也可能不会实现。我们注意到规律和趋势,我们发现自然和社会(在科学和日常生活中)有一些秩序,在此基础上我们可以做出明智的选择。哎,生活充满了惊异:一场意外的事故扰乱了我们最好的计划;一场反常的风暴刮倒了一棵树,压在了我们的房子

---

① "行动-引导"的讨论参见 Paul Kurtz, *Philosophical Essays in Pragmatic Naturalism* (Buffalo, N. Y. : Prometheus Books, 1990), Part Ⅱ。

上;奇异的事物突然闯入了我们的生活世界。世界上存在突发事件或偶然事件。种种异常现象,诸如台风的突然袭击或是夏天的冰雹,困扰着我们。因此,一个人永远不能完全依靠自己过去的经历或成就。总有新的事情要处理。我们会遇到矛盾、困境和困惑。我们可能会面临无法承受的困难或痛苦的选择。我们的选择可能是可怕的。我们可能会遭受巨大的经济损失,濒临破产。或者我们可能在政治或战争中取得压倒性的胜利,尽管我们不能无限期地维持英勇的努力而不致筋疲力尽。其他人或社会可能出现挑战我们的霸权,这可能导致冲突。两极性处处都在,有道德的人可能会腐败,腐败的人可能会改过自新,好人会变成坏人,在我们的巨大成功之后,接踵而至地可能是不光彩的失败。我们的每一个举措,都存在其他人的反举措。生活充满了悲伤和泪水,也充满了欢笑和喜悦。

考虑到这些与人类状况有关的不可磨灭的共性因素,我们无法逃避做出选择的过程,无论这些选择多么痛苦或令人兴奋。我们应当做什么,取决于情况。我们面临的困境,往往没有解决办法。有时我们必须在两种无法消除的邪恶之间做出选择,或者在两种我们珍视但不能拥有的物品之间做出选择。怀疑论者、犬儒主义或悲观主义者习惯指出,任何实现乌托邦、终极完美或涅槃的努力都是一种错觉,是注定要失败的。然而,有些乐观主义是有道理的。人类物种有史以来的稳步进步和成就会激励我们。这都在于人文主义的美德:勇气和忍耐力,面对障碍不畏艰难险阻的意志,运用批判性智识(夹杂着同情心)来解决问题,以及竭尽全力过上美好的生活的努力。这种伦理立场,可被描述为向善论的(melioristic)。它无法达到不可达到的,无论是在今生还是来世,但它确实相信,我们可以改善人类状况,如果达不到至善,我们可以在一定程度上做得更好。但要在生活中取得成功,就需要不断运用伦理合理性。考虑到生活中的局限性和发现的机遇,我们要尽最大努力。在做出选择时,我们可以利用我们对共同伦理礼仪、我们的道德遗产和人类智慧宝库的了解。但是,伦理探索者必须准备好根据变化的环境来修正他们的信仰。

因此,道德具有修正主义的特性,因为新的原则不断被发现和引入。人类历史经过很长时间才最终消除奴隶制,并开始将妇女从男性统治中解放出来。直到相对而言的近代,"人人都有权享有平等对待"这样的伦理原则才得到认识。在医学伦理学领域,"知情同意""自愿选择"和"成年患者自主权"的原则现在为医学实践提供了指导。一大堆全新的"人权"正在世界范围内得到承认。因此,当我们从经验中学习并在科学中做出新的发现时,我们的伦理价值观和原则会不断地修正。然而,我们经常遇到道德绝对主义者、保守派或反动派,一方面是激进的创新者,另一方面是希望用道德狂热代替伦理探究。

因此,某种程度的怀疑论是一切形式道德独断论的必要解毒剂。我们不断地被自以为是的道德家包围着,他们声称自己拥有绝对的真理、道德美德或虔诚,或者知道通往进步的秘径,他们希望把自己的信念强加给其他所有人。他们因夸大了的自我正直感而膨胀,对缺乏他们的道德信仰的不道德的罪人严厉谴责。这些道德狂热者愿意镇压或牺牲任何阻碍他们前进的人。

最好的解毒剂是某些怀疑论和进行伦理探究的意愿,不仅是关于他们的道德热情,而且是关于我们自己的,特别是如果我们试图把我们自己的伦理探究的结果转化为戒律。这里提出的认识论理论,即怀疑探究的方法论原则,具有重要的道德意义。因为在认识到自己的易犯错误时,我们可以学会宽容其他人,欣赏他们的多样性和多元化的生活方式。如果我们准备进行合作性的伦理探究，那么也许我们要准备好，给其他个体和团体留有自由，让他们追求自己喜欢的生活方式。如果我们能够待人宽容如待己，那么这能在一个自由开放的民主社会中得到最好地实现。如果我们有分歧，我们应该设法讨论我们的分歧意见，也许能达成共识。如果这不切实际，我们至少应该为我们的共同利益而努力妥协。伦理探究的方法，要求对我们自己的价值观以及他人的价值观进行一些明智的审查。在这里，我们可以尝试通过诉诸认知信念来改变态度，并通过对相关证据的检查来修正态度。在一个和谐社会中，这种妥协的建设性批评至关重要。在学习理解不同类型的美好生活时，我们能够扩大自己的道德觉知的维度；这更容易通向一个和平的世界。

　　我这样说，并不意味着任何事情都可以或应该被宽容，并且/或者一件事与下一件事一样好。我们应该准备好批判把道德废话（moral nonsense）炫耀为美德。我们不应该宽容那些不可宽容的事物。如果需要，我们有权强烈反对那些我们认为是基于错误估计、误解或明显错误或有害的价值观或实践。尽管如此，如果探究取代了信仰，审慎取代了激情承诺，说教和劝解取代了权力和战争，那么我们可能生活在一个更好的世界。我们会意识到理智行为的力量，也会意识到人类的局限性，以及需要用富有同情和共情的心来消解冷漠和冰冷的理智。因此，我得出的结论是，在伦理生活中，我们有能力发展出一套向善的原则和价值观，以及一种明智地处理问题的方法。存在一种善行，让我们可以学会欣赏和生活，并且可以将智慧融入进去。当我们的伦理判断基于伦理探究时，它们更倾向表达出卓越和高贵的最高境界，以及文明的人类行为。

第九章　善行慧

知识融合的必要性

现在我们又绕回本书一开始提出的问题。假设在可靠知识的发展过程中，怀疑论起到了重要的作用，而且如果它不是完全否定，也不是简单修正，那么它与人类事务又有什么关联呢？它能否为伦理、政治与生活中的真挚承诺和强烈信念留有空间？或者，任何这些态度都与怀疑态度本身背道而驰？怀疑论探究是否以本原作为先决条件？如果是的话，这些本原是否同其他本原一样都是超越证明的？如果是的话，假设将怀疑论探究的方法用到怀疑论探究本身，是否会导致信仰的非正当跨越和对怀疑论探究本身的违背？

我们在如今的知识领域，面临着一场独一无二的大危机。这场危机必定不是源于知识的匮乏，而恰恰相反，是源于知识令人尴尬的丰富，因为科学发现增长如此迅速，以至于难以彻底消化和理解庞大的知识体系。随之而来的是日益发展的高度专业化。不言而喻，通过劳动分工最好地实现了科学知识的进步，也就是说，复杂的理论和技术问题可以通过高度集中的工作得以实现最优化解决。通常一个领域中的伟大进步都是由一小部分人实现的，这些人遵循专业文献，精通其理论框架，熟练运用数学方法，他们的贡献也经过了同行评议。知识的部门化获得了巨大的成功，但与此同时，由于专家们的领域如此细分,使得同一行业下的成员常常无法与专业领域及扩展的子领域下的同行们互相交流。

这种两难困境的例子在医学领域最容易找到,全科医生的影响日渐式微,病人们都被推荐至专科医生那里进行疾病的诊断和治疗。我们面临的问题是,我们无法确定某一领域中的发现如何与其他领域中的发现有所关联。哥伦比亚大学前校长尼古拉斯·默里·巴特勒(Nicholas Murray Butler)曾将专家定义为"在越来越窄的领域中知道的越来越多的人"。显然,同一行业中的专家会与同行互相交流,有时也会进行跨学科交流。但是,其他科学家以及受过良好教育的公众普遍还是追求跨专业的概括性知识,他们寻求具有更广泛意义的概念、假说和理论。

以前,还有可能在知识前沿领域提出普遍性解释。这通常是哲学家的任务,他们擅长分析与解释。亚里士多德总结了他所处时代的主要科学、伦理及政治知识,至少是广义上的知识,他通过形而上学范畴实现了知识的综合。他提出的四因说,即质料因、形式因、动力因和目的因,对自然如何运转以及我们如何体验和理解自然给出了综合性的概述。他的自然观是有机的:物种是固定不变的,并且人类意识可以理解整个宇宙。古希腊时期的自然观被后世神学家们彻底修改,神学家们认为宇宙由上帝创造,实现一个以人类为中心的计划。牛顿 伽利略式的世界观拒绝了目的论,颠覆了亚里士多德的观点和有机宇宙观。新的自然观认为,自然是物质的、机械的、确定的。近代时期的伟大哲学家们,包括斯宾诺莎、霍布斯、笛卡儿、洛克、莱布尼茨和康德等,都曾试图根据牛顿的体系来解读自然。19世纪,出现了一个历史性的焦点,并最终导致了黑格尔与马克思的影响广泛的历史理论。这也是生物学跨越式发展的一个世纪,达尔文的进化论假说取代了物种固定不变的理论。它在试图理解和研究人类的心理和社会行为的社会科学和行为科学领域也出现了重要进展。20 世纪则见证了量子力学的发展，以及相对论对牛顿理论的修正，我们在宇宙尺度上的天文学知识，以及微观层面上的核物理、化学、遗传学、生物学知识都有巨大的进步。此外，新兴的技术还带来了空前绝后的科学进步，例如计算机科学、空间技术以及生物基因工程。

如今，要提出一套全面统一的关于自然和人类物种的理论日益困难。科学哲学的重点更在于认识论层面，而不是解释我们已有的知识。因此核心问题就是关于自然和生命，科学告诉了我们什么？我们能否发展出一种宇宙尺度的科学理论与世界观？今天，任何一个想达成这个目的的人，都必须拥有能理解前沿知识领域中概念性和理论性的发展的巨大能力。现在有成千上万的学术期刊文献，并仍在以指数级的速度增长。我们需要一个超级亚里士多德才能处理这些知识。一个人的大脑里能有足够多的脑细胞来吸收和理解如此海量的知识吗？

不过，人类对于普遍知识的渴求同过去一样迫切。也许我们不需要存储数以百万兆计算的信息，甚至也不用分类整理这些知识，我们只需要编制程序并加以理解。如同过去一样，我们今天需要开发的东西是智慧，即 *Sophia*。智慧是一种协调并/或整合我们知识的能力。显然，现在在科学领域内必须努力发展出更高一级的统一理论，从中可以推导出相对低级的理论和假说。很多领域都已经尝试发展高度概括性的理论：物理学、天文学、心理学、生物学、社会学、人类学以及历史学。这些理论致力于整合某一特定领域中的所有知识，并且有些富有创造性的科学家也在尝试这样做。在这些努力中，我们看到许多大胆的见解，但也有可能是陷阱：黑格尔和汤因比（Arnold Toynbee）的历史理论，弗洛伊德对性行为的概括性解释，以及怀特海（Alfred North Whitehead）的《过程与实在》（*Process or Reality*），等等。所有这些都是雄心勃勃的计划，但也都有各种陷阱。尽管如此，我们仍需要对知识有一个更全面的解释。当特定的一般范式主导了科学想象力时，这些解释在某一段时期内是恰当的，但是当引入了意外发现和未确定的新理论时，这些统一解释最终可能要让位。

　　与以前时代相比，后现代的知识世界正处于混乱状态，因为我们尚未发现一种伟大的综合理论，而且我们可能永远无法成功创造出一种这样的理论。让今天的哲学家们担起提供综合性宇宙观的重任，是极其困难的。当代哲学的独特问题在于，它本身已变得高度专业化，细分成了有各自代表人物和文献的独立学派。缺乏交流，通常会产生巨大的分歧。按照传统，提供关于知识的综合而系统的体系被视为形而上学家的责任，但传统形而上学已经声名扫地，因为大多数形而上学家都试图脱离于经验科学发现来创立关于实在的推测性理论。他们认为，可以分析自然的逻辑和本体论结构，而无须将其概念体系与知觉经验联系起来。很多哲学体系是纯形式的，与现实世界无关，也与具体科学发现无关。实际上，很多哲学家曾经是，或者如今依然是反科学的，或者充其量是非科学的，他们借助于完全与科学探究无关的形式逻辑、文学或者艺术。存在主义者、现象学家、后现代解构主义者以及分析哲学家，曾尝试探究实在的深度，或者语言和外部世界的关系，却没有从根本上考虑过科学在实在领域的发现。一些哲学家，如海德格尔，鄙视一切与科学或技术的交集，提出回归到语言学意义上的存在。有些人则求诸神学文献以及神话来弄清实在的本质。然而,很难理解为什么今天还有思想家会始终无视关于世界的科学解释。因为在发展可靠知识的过程中,科学探究的方法是最有效的工具,科学概念、假说和理论,才应该是我们的出发点。

人类与之邂逅的自然界是多元的。我们发现,事物看起来既有序又无序,机遇与混沌共存。因此,我们可能永远都不会发展出一套包含自然界所有进程的归纳统一理论。然而,与我们所发现的多样性和多重性相对应的是各层次的描述和解释,以及具体科学中的统一理论。寻求能解释一切的综合理论,也许面临着无法克服的障碍。任何一个大脑都不可能吸收我们掌握的复杂多变的知识,更不用说理解,而且我们每个人都会受到所处特定时空的限制。我们每个人都受到文化的束缚,受到我们所处时代的知识、哲学与科学范式的支配。不过,尽管任务艰巨且繁重,人的生命复杂而短暂,但目前迫在眉睫的是,我们至少要尝试着理解集体知识的意义。

任何对知识体系的充分解释都不能只关注我们现世的文化框架,因为与我们现在的处境相比,我们需要某种历史视角来确定我们过去所在的位置。这就需要我们对历史文献有某种鉴赏能力,从中可以知道过去人类是如何披荆斩棘地探索世界并从中学习的。对于他们的突破与发现,或者失败与绝境,也会有所评判。炼金术、放血疗法、数字命理学、心灵研究、颅相学和占星术,均被证明是过去失败的伪科学,数代人曾在这些领域潜心研究,从某种角度来看,如今尚有人在研究。任何试图整合知识的努力都必须具备宏大的历史概念体系,这些概念体系大部分已被取代,曾经辉煌一时的伟大文明如今也已陨落。

但是,我们还需要了解那些保留下来并融入经过检验的知识体系中的伟大成就。此外,我们需要对知识未来的发展扩张的前沿前景以及我们追求的新理念、新目标和新需求的广阔视野有所了解。这些都是我们可以共同参与的人类冒险旅程的一部分。但是，我们创造出的任何世界观都与我们在历史中的特定位置相联系，而且在未来时代中遇到新的挑战和机遇时，是极大可能需要让位的。

　　然而，无论什么时代，人们对意义的需求都是永恒的。所以我们要问：这一切意味着什么，又如何融合在一起？我（或我们）在万物格局中的位置是什么？这对我（或我们）意味着什么？

　　不幸的是，一直存在着某些文化滞后，因为咀嚼和消化我们已有的知识是需要时间的。矛盾的是，很多如今主导人类信仰的综合体系可以追溯到一千年、两千年，甚至三千年以前。那些我们的祖先在游牧农耕时期靠想象力编造出来的关于神或精神力量的解释性故事和寓言，至今仍是大部分人的精神寄托。它们是慰藉的神话，因对神圣的向往而产生，由超验诱惑而滋养。

　　令人无法抗拒的是，生命短暂而脆弱，生命转瞬即逝。每个人，注定都被时光之沙埋葬。在孤注一掷地努力应对人类生存状况中固有的偶然性和模糊性时，人们被引导开始假设自然之外的隐秘根源。生命在任何阶段都是不定的和未决的，充满了悲剧。所以，人们自欺欺人地寻求永生，在未知的存在之海中为自己漫无目的漂泊的船只寻找停泊之地。显然，这解释了为什么人会执着于已受到怀疑的神话，并一直固守他们的承诺。还能有什么能帮助自己理解这个没有意义的世界呢？如今我们在对宇宙的理解上已有了长足的进步。我们已经完全明白，末世神话故事只不过是毫无依据的幻想。那些寻求慰藉的人，可以寻求神父和先知的帮助，让他们的生命之路不那么难耐。那些追求真理的人，却不能从自我欺骗中获得任何慰藉。怀疑论已经击碎了神庙中的偶像。

人类的前景又该怎样？人类智慧在孤寂的宇宙中茕茕孑立吗？有可能找到一种基于理性的可靠的他择性理论吗？不过，我们该转向谁寻求指引呢？遗憾的是，我们不能指望那些科学家，他们把这个世界割裂，只研究自己关注的那一小部分，不知道如何将世界重新整合起来。那我们是否可以指望那些以研究宇宙智慧为己任的哲学家？唉，这些哲学家，身陷于研究过程的各个方面，常常无法做出定论或是解决任何一个问题。自古以来，哲学一直对分析意义和揭示奥秘充满兴趣，但哲学家常常犹豫不决，无法解决难题，也不愿激发动机或行动。人类想要求知，不仅是为了求知本身的乐趣，而在于求知可以行动。寻求答案是生命的职责。我们需要那些实践着的人帮助我们解决具体的问题：医生和律师，面包师和裁缝，工程师和建筑师，以及商人和政治家。

但是，我们还需要更多。我们要的是通才（generalists），他们要以广阔的视野来审视科学之间的联系。我们需要历史学家，他们充分理解过去的人类文明。我们还需要理想主义者，他们富有创造性的想象力，对创造未来的可能世界有一定的想法。当然，我们只是凡人，而非神祇。我们之中有谁能宣称可以概述或者规划整个人类前景呢？我们需要对乌托邦主义者有所怀疑，他们宣扬其他世界不可信的整体论愿景，并竭力要将我们带到那里。我们需要理想，但是我们也需要保护自己免受来自幻想者们的错误估计和不幸。

善行慧者

在我看来，我们此时给善行慧留出空间，这是全新的知识领域和全新的技艺①。世俗人文主义者将尽力成为通才，竭尽全力去领会科学传达给我们的关于自然和生活中的知识。因此，善行慧者会认真学习科学：人类学与古生物学、心理学与社会学、经济学与政治学、遗传学与生物学、物理学与天文学。他们将尝试与其他通才携手合作来提出普遍性体系理论，并寻找打通各学科且看来最为可信的一般性概念和理论。他们将尝试同时结合历史学家和未来主义者的方法。但他们还仍是怀疑论者，因为他们会质疑那些虚假的未经检验的声称。他们可以分析各种术语和概念的意义，检验信仰的现实依据。他们在探索的过程中将努力保持客观。

善行慧者将关注两大任务：①他们会追寻 *sophia*，即智慧，一种从概括性的视角对当今最可靠的关于自然和人类的知识的总结；②他们同时还关注 *eupraxia*，其中 *eu* 代表"善"，*praxia* 代表"行为"，简而言之就是良好的行为。换句话说，他们将尝试用智慧的标准内涵来指引我们的生命实践。

善行慧者接下来怎么做？首先，他们会应用合力推理原则。如果他们无法找到一种综合所有科学领域的统一理论，至少他们可以发展出一种要素分析方法。换言之，他们可以通过参考多元因果假说来理解或解释自然。探究有不同层次，其中各个层次都描述和说明了具体的事实数据。这些同时来自微观与宏观层面，并运用到物理、化学、生物学、心理学以及社会文化学的体系中。它们包括亚原子、原子、分子、细胞、器官、有机体、人类、文化、社会制度和全球系统。它们与我们的星球，太阳系、银河系、其他星系，乃至整个宇宙联

———————————

① 在我的著作 *Eupraxophy: Living Without* (*Buffalo, N.Y.: Prometheus Books, 1990*)中，我详细地阐述了这一概念。

系在一起。我引入了合力推理这个术语来描述这种理解方法①。显然，这种聚合性的解释逻辑，要同时考虑到还原论与整体论。在对人类进行研究的主要领域，他们要同时允许对人类和社会行为的物理主义和目的性解释。

作为一种方法过程，合力推理鼓励寻求一般性的物理主义解释原则，但同时它允许目的性解释。因为它必须处理好经由观察得到的不同层次的数据，以及那些为了解释更高体系的复杂性而引入的概念。因此，在人类行为层面上，合力推理同时为生物化学解释，以及心理学、行为学和社会文化学解释留下了空间。对于所提出的任何类似理论，我们都必须时刻准备进行怀疑批判。对科学的选择性怀疑在探究中至关重要。尽管如此，我们承认，我们已有很多经过检验的假说和理论，我们的宇宙观最为广博智慧，并参照可靠的知识体系不断变化。在此，我们的智慧不是不变的，而是我们所生活的历史文化时代的函数。

善行慧者还对伦理和社会问题有浓厚的兴趣，能帮助我们形成关于实践的可靠判断。根据经验知识，无论个人选择还是公共选择都能很好地得到指引。我们关于好坏、对错的评估，很大程度上参照一个价值基础来制定。这个基础包括关于世界和人类的事实、技术假说及理论。这包括因果知识、手段/目的的知识，以及对我们所做选择的后果预测。价值基础还包括负载价值的规范和伦理原则。这包括我们实际上的自我褒奖，以及我们对人类物种的正常需求、共同的道德品格和在我们自己的社会文化历史语境中普遍存在的公民美德

---

① 关于合力推理的进一步讨论，参见我的 *Decision and the Condition of Man* (Seattle: University of Washington Press, 1965)，第 5 章。

的理解。我们在任何道德抉择语境中决定要做的,都时刻接纳批评。所有的选择,都是试验性和假设性的。因此,作为共同体中具有反思性的成员,某种程度上有助益的伦理怀疑论内在于我们的生命中。尽管如此,我们仍可以获得一些可靠的道德知识。我们的良好行为(我们认为有价值的事),是与我们的宇宙智慧(我们对于自身所在宇宙的理解)联系在一起的。

我们中间是否有足够多的善行慧者呢? 令人遗憾的是,人数太少。哲学家约翰·杜威、西德尼·胡克和伯特兰·罗素给出了善行慧生活的例证,他们感兴趣的不仅是知识,而且还有行动。他们所追求的不只是爱智慧,还有良好行为。他们对超自然的、神学的和超验的理论持怀疑态度。作为自由思想家,他们利用科学来了解世界,他们拥护人文价值观,捍卫自由社会。

我认为,各个大学和学院显然都需要设立一门新专业——善行慧。除了训练科学家或技术官员,经济学家或哲学家,我们需要人们有兴趣追求智慧并将之运用于美好生活。善行慧者关注与生命意义有关的问题,也关注科学和艺术同生活中实际判断的关联。这无疑是自由教育的任务之一。学生接触到众多艺术和科学领域的广博知识,从而扩展他们欣赏和理解的视野。不幸的是,今天许多的大学课程已被狭隘的专业化需求所阉割,学生们接受的是一个主观选修课的大杂烩,他们解释不出自己所学的东西,也不能将其与价值体系相协调。而且,几乎没有学生真正领会了批判与怀疑论探究的方法,也不理解可靠知识的本质。很多时候,以文科名义毕业的学生往往是科学盲。善行慧应该成为每个受过教育的人的标志:具有反思性判断和怀疑论探究的能力,对自己所生活的宇宙有所了解并具有形成实践判断的能力。

信念

我想谈的最后一个问题是,那些在所有知识领域中致力于怀疑论探究的人是否可以充实地生活? 他们能否被充分地激发起来去执行重大的任务? 或者怀疑论是否会侵蚀他们的判断力,破坏他们对生活的热情,扼杀他们对探索和发现的渴望?

这是一个经常被提到的关键问题,但它的解决方案是心理学的,也是理论上的。它与人类动机相关,也涉及如何挖掘重要的潜能来过充实的生活。善行慧的真正考验是它能否激发信念。它是否具有充足的动力让人们觉得自己的生活兴趣盎然? 他们是否愿意坚定地踏上勇于开创的征程?

在此,关键是要认识到在激发伟大的行动的过程中,我们必须超越纯粹的认知思维。人类不是徒有智慧的躯壳,而是内在地拥有强烈的感情,深深地受他们内心的情绪和渴望的影响。思维不能也不应支配一切。我们能被美和艺术打动,也能受道德选择的激励。事实证明,人类感兴趣的不只是弄清楚他们的信仰是否正确,而且也关心如何满足他们强烈的渴望。充实的生活饱含热忱与情感,这样的生活充满爱和深情,愤怒和骄傲,恐惧和希望,荣耀和绝望。

无论我们的内心独白还是公开言论,必然都会受到自己的思想和情感、信仰和态度的影响。然而,尽管我们需要品味情感生活中的瞬间(激动人心的激情和精致的美味佳肴),但怀疑论探索者要求个人信念不应受情感的欺骗性影响,并且这些信念应根据探索进行修改。它们始终存在诱惑,令我们为了其他兴趣而牺牲思想。有时,我们需要重获认知上的泰然自若。因此,要对不受约束的性情加以限制,在真实信念和欺骗性激情的较量中,前者终将胜出。

柏拉图看到，"灵魂马车"由三匹马牵引：理性、欲望和激情。智者的目标是不能让激情或欲望超越理性这匹马，以免缰绳缠住马车引起侧翻，但是，我们需要让三匹马齐心协力。如果想要和谐，灵魂马车应由理性牵引，但在充实的生活中，欲望和激情仍有一席之地。因为人类都有无法回避的情感，我们会深深坠入爱河，会被笑声感染，会因胜利激动。我们需要品味并享受生活的乐趣，我们需要致力于帮助他人，拓展自己热爱的事业。

有时，我们的幻想可能会遮挡住自己清晰的思维。有时，我们可能会陷入假的先知、宏伟的格局或虚假的计划。我们需要批判那些充满幻象的神话系统，批判那些对我们自己和他人都无裨益的无限目标。

我们需要对人类状况进行现实的评估，这包括对生活中积极成就的欣赏（在此需要允许乐观主义）。但是，有时也包括死亡、失败、疾病和痛苦这些悲剧性成分（在此就与现实的悲观主义相关）。善行慧者意识到普罗米修斯精神的无限潜力和享受愉悦生活的机会，然而我们一定不能忽视自己遭遇的泪水与悲痛。善行慧者需要为失去亲人者提供一些安慰，否则他们必然会被那些兜售永生的虚无承诺的神学家所超越。《旧约》告诫我们要牢记"如茵陈和苦胆的困苦窘迫"[①]。此外，悲剧作家再次提醒我们："向暴风雨布道，绝望中找寻理性，但不能和困难之子说生活是公平的"[②]。

务实的人回应：生活必将继续，我们要竭尽全力。毫无疑问，我们需要对人类状况做出现实的评估，但必须要注入一些潜在的乐观

---

① Lamentations 3：19.

② 出自 *Lines on Reading*，英国年轻诗人亨利·柯尔克·怀特（Henry Kirke White，1785—1806）的作品。

主义,否则有些怯懦者意图放弃,感叹"这有什么用?"因此,怀疑论人文主义者仍坚持一条基本的激励原则:生活是好的,或者能是好的,因此生比死好。确实,生活可以令人激动,充满欢乐与热情。无数人的人生已经被实践证明生活极具意义,他们怀疑却又热切地投身于追求伟大的梦想,投身于坚定地实现快乐生活。毫无疑问,这是怀疑论人文主义者第一原则:生命无须其自身以外的证明。"为什么生活?"这个问题不具有认知上的意义。怀疑论人文主义者和无神论者无须放弃对自然神性的虔诚,这是对浩瀚壮丽宇宙图景的欣赏,尤其是当他们仰望夜空之时。"我的无神论,如同斯宾诺莎的一样,"人文主义哲学家乔治·桑塔亚那说,"它是对宇宙的真正虔诚,否认的只是人类根据自身形象塑造的神,因为这些神是人类利益的奴仆。"①

　　对于虚无主义怀疑论者的坚定回应:我们直面生活;我们发现生命的过程是美好的。生命的最基本问题不在于是否活着,而是如何生活。是否继续活着,这个问题也许会在某些关乎生死的情境中提到,身受绝症痛苦困扰的人可能会这样问。在此,自愿安乐死也许是一个有意义的选择。绝望也可能突然发生在那些生活在高压社会里的人身上。在此,反抗似乎是唯一的选择。尽管如此,我们面对的基本问题依然不是是否要活着,而是如何生活,以及如何生活得好。对于生命的强烈渴望,必须先于一切,如果没有对生命的渴望,那就无话可说了。因此,勇气、动力、自我肯定以及对于生命的强烈渴望是第一前提,但是,这个前提并非强加给生命的,而是自然而然的并贯穿整个人生——婴儿、儿童、青年、成年、暮年(如果这个人没有因病理原因陷入抑郁)。

---

① George Santayana, *Soliloquies in England* (1922).

　　怀疑论探究是我们的第二前提，但是由第一前提衍生而来。生命先于理性，理性只能是生命的奴仆。怀疑论批评者会说："啊哈！又一个假设前提！这个怎么证明？"对此我的回应是：如果我们想要活着，而且活得好，那么怀疑论的方法和对可靠知识的追求是我们对生命渴望的最有效工具。知识只能影响和改变我们的兴趣，但对生命的渴望肯定是第一位的。

　　无疑，知识本身是好的，因为它能带给我们内在的欢愉，但更为直接的是，它有着高度的实用价值，能帮助我们定义并解释我们是谁，以及自然界正在发生什么，它给我们提供了解决自身问题的最好工具。知识可以揭示自然界中的限制条件，它也可以发现创造性的新潜力，它还可以评估我们选择的后果。在生活的过程中，可以发现了解知识的理由，知识能帮助我们应对困难。因此，实践理性内嵌在生命各处。它定义了作为一个文明人意味着什么。

　　我们无法证实，我所捍卫的怀疑论探究最终能够证明给虚无主义者看。但它已经成为我们生命的中心。放弃它，就相当于退回到原始的生物性存在。扩展它在生命的所有领域的应用，则是在文明征程上前行。除此之外，没有也无须多言。

附录　超自然声称科学调查委员会

由于我长期关注人们普遍认为的超自然现象,并考虑到本书导言部分讨论的问题,因此 1976 年,在我的帮助下,怀疑论科学家和哲学家成立了一个组织,他们对于超自然和伪科学声称的审查很感兴趣。该组织名为"超自然声称科学调查委员会"(简称 CSICOP)。该组织的宗旨有如下三点:①客观地调查超自然声称,并对这些声称进行仔细测试;②发布和传播这些调查的结果;③尝试培养公众对于科学调查方法的普遍欣赏意识。

科学已经变得非常专业化,所以很难让各领域的权威机构花时间或培养专业知识来审查这些声称,比如占星术、飞碟学、超心理学以及各种异常事件。因此,CSICOP 和其旗下杂志《怀疑的探索者》这样一个由跨学科团队成立的组织就诞生了。该组织致力于调查那些没有公认科学权威的领域,并探究在科学和伪科学之间能否划出分界线。

CSICOP 宣布成立后,立即受到科学界的积极欢迎,这远远超出了我们的预期。因为许多科学家认为,他们已经被大众文化包围。在这种文化背景下,伪科学和超自然信仰的水平非常高,有时让他们很难去追求科学事业。例如,天文学家在班里会碰上这样的学生,他们相信埃里奇·冯·丹尼肯(Erich von Däniken)的"众神之车"①假说、维利科夫斯基的《碰撞中的世界》、飞碟学和占星术。心理学家经常被问到人类是否拥有"通灵能力",超感官知觉、预知、"千里眼"是否由超心理学家确立的。物理学家被要求评估意念致动(如意念可以使金属变弯)和悬浮等声称,这似乎是违背物理学定律的。那些相信灵魂永生的人目前也收到许多科学家们关于"濒死体验"的报告,这又支持他们坚信自己的信仰,据说,目前已有新的证据支持转世的说法。

这些声称引起的直接问题就是,我们怎样应对这些声称? 我们的方法应该是什么? 那些最初与"超自然声称科学调查委员会"相关的人是高度奉行怀疑论的,因为他们是非超自然论者和无信仰者,但是如果我们要进行科学的议程,我们将无法预判这些声称的真实性和虚假性,只能冷静公平地调查这些声称。

我们已经吸引了一些当今著名的科学家、哲学家,立场坚定的男性和女性,如行为心理学家伯尔赫斯·弗雷德里克·斯金纳(B. F. Skinner),天文学家卡尔·萨根(Carl Sagan),诺贝尔奖得主、物理学家默里·盖尔曼(Murray Gell-Mann),著名哲学家西德尼·胡克、欧内斯特·内格尔(Ernest Nagel)、威拉德·奥曼·奎因(W. V. Quine)、安东尼·弗卢(Antony Flew)、布兰德·布兰夏德(Brand Blanshard)。关于我们是否对案例进行预判,我们的回应是:①我们在调查中将会努力做到运用公开、公平、公正的方法。②我们将会对此类声称进行分析,之后决定这些声称是不是内部一致、连贯、可检验的假说和理论。

---

① 中译本:《众神之车》,厄里希·丰·丹尼肯著,吴胜明译,上海科学技术出版社,1981 年。——译者注

③我们将会对支持者所呈现的证据和实验以及轶事(如果有的话)进行审查。④我们会基于这些声称与经受检验的科学原则和理论之间的关系进行判断。⑤我们不会允许任何成见或偏见干扰我们审查那些异常现象报告,在查尔斯·福特(Charles Fort)编写了奇怪异常现象比如下青蛙雨的索引后,这被称为"反常事实"(Fortean facts)。主要问题是(根据卡尔·波普尔的判据)是否存在可被证伪的可检验假说。如果有足够的证据推翻现有的科学理论,我们会将这些事实公之于众。但是,我们指出,那些远离公认的科学理论的超常声称,需要超常的证据加以证实。例如,如果用于预知的实验证据有着很大的优势,我们就必须彻底改变我们对于时间和因果关系的观念,但是这些证据必须可靠且有力。⑥一旦有调查结果,我们将会发表出来以平衡人们的认知,也就是说,我们将会针对所谓的现象提供准确的事实信息和可能的因果解释。

我们迅速地陷入争议之中。信徒们认为我们思想保守、信奉教条、基于先验,我们已经决定好什么是正确的,什么是错误的,我们做的研究只是一个借口,去寻找能够证明这些现象的证据。他们会问,我们不是自称为教条式的非信徒吗? 另外,由于一些怀疑论者向公众揭露一些超自然声称荒谬可笑,因此有人指责我们存在偏见和不公。一些对于我们的努力持批评态度的人认为,我们唯一的立场就是要向双方展示每个问题。例如,对于占星术士、通灵人以及对他们持有批评态度的人给予同等的重视,之后让公众自己做决定①。据

①　马塞洛·特鲁齐(Marcello Truzzi),上述立场的早期支持者,执行委员会投了一篇不信任选票后,从"超自然声称科学调查委员会"辞职。尔后成立自己的团队和杂志社以实现上述目标。他大部分精力用于捍卫超自然论者,攻击怀疑论者。他声称自己是唯一一个对超自然声称持客观态度的怀疑论者。

说,我们决不会使用轻蔑性语言。犀利的科学作家和散文家马丁·加德纳认为,"一次嘲笑可能值一千次三段论,"他不断揭露许多荒谬可笑的超自然声称。魔术师詹姆斯·兰迪经常将通灵人或通灵研究人员置于极为妥协的位置,以便用最有效的方式证明超心理学家容易上当受骗。可是,我们的批评家认为这很不好。如何正面或笑着面对一个"食气者"——这种人声称不用吃喝就可以生存?

但是,这就引出一个深入的问题:如果我们是怀疑论者,那么什么是怀疑论? 怀疑论者应该怎样进行? 怀疑论等同于"不信仰"吗? 怀疑论者只是摇头族,拒绝所有信仰吗? 怀疑论调查的合适模式是什么样的? 怀疑论者仅仅是中立的吗? 更引人注目的是,怀疑论调查的范围应该是什么?

我们决定主要关注"超自然"。这个术语是由从事该领域工作的超心理学家引入的(希腊语中前缀"para"指的是"旁边、一边、超过、除……以外"),用于表示那些还没有被现有科学概念应对或解释的研究。心灵研究会于 1882 年在英国成立,美国心灵研究会于 1885 年在波士顿成立,致力于研究某些通灵现象,包括审查灵魂不死、预知、转世以及相似声称的证据。20 世纪上半叶,约瑟·班克斯·莱因试图研究一种针对超感官知觉和其他"psi 现象"的新型实验方法,贴上采用实验科学技术的标签。

尽管目前"超自然"这一术语已经应用到心灵研究以外的许多领域,比如,占星术、飞碟学和其他的伪科学,但是我们还是采用这个术语。我们决定将自己限制在一些领域,就是那些能够受到公众欢迎并且我们可以开始培养一些专业知识的领域。我们决心主要集中精力审查这些超自然声称的证据,大部分声称是无争议的。一些哲学家和科学家认为,那些通灵声称基于先验理由将会被排除,因为这些声称违反了物理科学的基本原理。例如,意念致动会严重破坏我们对有关物质因果关系的知识。同理,预知似乎暗示着反向的因果关系以及脱离肉体的生存。安东尼·弗卢问:"脱离肉体的灵魂可以见证自己的葬礼,这有意义吗?"[1]分析哲学派认为,许多这样的难题是由概念错误引起的,可以通过分析语言逻辑解决这些难题,同时也不必提出有关实证的问题。我总是对此种论证感到迷惑,因为任何一个时代的语言概念体系都是其知识水平的函数。因此,尽管语言分析对于任何一项调查都是必要且有用的,但在我看来,基本问题主要是实证方面:这些声称被客观实证研究证实过吗? 如果发现这些现象确实存在,那怎么解释? 是通过推测一些隐藏的超自然或者神秘的原因来解释,还是努力发现那些至今未知的自然原因? 物理学家默里·盖尔曼认为,"超自然"这一术语的定义几乎排除了自然的科学因果关系,因为科学研究人员绝不会放弃探寻自然的原因,即"正常"的原因[2]。因此,我们决定不排除调查之前的异常声称,而是搜集有关这些声称的证据。是否真的存在不属于现有科学范畴的真正的异常现象? 如果有,那会是什么? 如果证据可靠或很充足,毫无疑问我们必须修正或摒弃这些现有科学理论。这是科学中的正常程序,没有什么会因此受到伤害,因为这些都是科学调查的组成部分。

毫无疑问,我们大多数人都是不相信的,但是我们仍然对关于异常现象的现有报告感兴趣,我们确信异常现象必须要经过仔细审查。所以,我们会问:占星术的证据是什么? 它能奏效吗? 如果能,为什

---

[1] Antony Flew, *A New Approach to Psychical Research* (London: Watts, 1953), and "Is There a Case for Disembodied Survival?" *Journal of the American Society for Psychical Research*, 1972, vol. 66, pp. 129 - 144.

[2] 1986 年在博尔德的科罗拉多大学举办的超自然声称科学调查委员会年会。

么可以奏效？通灵人能够帮助警察抓到谋杀犯或者定位失踪人口吗？任何人都可以预言未来吗？真的有证据表明不明飞行物来自外太空吗？我们给出的结论都是否定的，因为我们没能找到关于这些声称的任何可靠的证据，只能提供一些自然解释。

译后记

保罗·库尔茨是美国著名的哲学家和世俗人文主义者，出版过大量捍卫科学理性、崇尚怀疑思考的著作，其中《新怀疑论》是保罗·库尔茨非常重要的一部著作，也是他世俗人文主义理论的哲学起点。

本书中，保罗·库尔茨首先回顾了历史上怀疑论的流派和不同表现形式，考察关于知识、客观性的讨论，并进而用怀疑论探究的精神来反思超自然现象等领域，提出人类应该回归到对自身生活的关注，过一种智慧的生活。作者从历史的视角、以哲学家的人文关怀来思考宇宙、自然和人类本身，主张运用科学和理性过一种世俗化的生活，认为人类要在生活中寻找到生命的意义。

本书导言及第一、二章由郑念翻译，第三至五章由赵菡翻译，第六章由齐培潇翻译，第七章由蒋政果翻译，第八章由杨家英翻译，第九章由王丽慧翻译。全书由郑念统稿，潘涛审校。中文翻译版本部分章节有删减。由于译者水平有限，书中难免有错误之处，敬请广大读者指正。

2020 年 5 月